Valor e verdade

Valor e verdade
Estudos cínicos

André Comte-Sponville

Tradução
EDUARDO BRANDÃO

SÃO PAULO 2019

Esta obra foi publicada originalmente em francês com o título
VALEUR ET VÉRITÉ
por Presses Universitaires de France, Paris.
Copyright © Presses Universitaires de France.
Copyright © 2008, Livraria Martins Fontes Editora Ltda.,
São Paulo, para a presente edição.

1ª edição 2008
2ª tiragem 2019

Tradução
EDUARDO BRANDAO

Acompanhamento editorial
Luzia Aparecida dos Santos
Preparação do original
Maria Fernanda Alvares
Revisões gráficas
Letícia Braun
Alessandra Miranda de Sá
Dinarte Zorzanelli da Silva
Produção gráfica
Geraldo Alves
Paginação
Studio 3 Desenvolvimento Editorial

Dados Internacionais de Catalogação na Publicação (CIP)
(Câmara Brasileira do Livro, SP, Brasil)

Comte-Sponville, André
  Valor e verdade : estudos cínicos / André Comte-Sponville ; tradução Eduardo Brandão. – São Paulo : Editora WMF Martins Fontes, 2008.

  Título original: Valeur et vérité.
  Bibliografia.
  ISBN 978-85-7827-004-9

  1. Cínicos (Filosofia grega) – Influência 2. Cinismo 3. Ética social 4. Valores (Ética) 5. Verdade I. Título. II. Série.

07-9874   CDD-194

Índices para catálogo sistemático:
  1. Filosofia francesa   194
  2. Filósofos franceses 194

Todos os direitos desta edição reservados à
Editora WMF Martins Fontes Ltda.
Rua Prof. Laerte de Carvalho, 133 01325-030 São Paulo SP Brasil
Tel. (11) 3293.8150 e-mail: info@martinsfontes.com.br
http://www.wmfmartinsfontes.com.br

Índice

Preâmbulo 9

1. A ilusão, a verdade e o carpete de Woody Allen 13
2. A vontade cínica (Virtude e democracia) 35
3. Montaigne cínico? (Valor e verdade nos *Ensaios*) .. 75
4. A alma-máquina ou de que o corpo é capaz 145
5. Progressismo e revolução (1789-1917) 179
6. Uma política do pior? (O socialismo entre conservadorismo e utopia) 201
7. Poder e saber (A propósito dos médicos, da tirania e do ridículo) 221
8. Moral ou ética? 251
9. O capitalismo é moral? (Sobre o problema dos limites e a distinção das ordens) 281
10. Humano, nunca humano demais (Humanismo prático e anti-humanismo teórico) 307
11. O universal, singularmente 329
12. A verdade e nós 355

Índice analítico 375

A Marc Wetzel

Preâmbulo

Os doze estudos que aqui seguem, embora de registro diferente e amplitude diversa, têm em comum versar sobre um mesmo objeto, que é a relação entre valor e verdade. Isso justifica seu agrupamento em volume, e também o fato de que são praticamente impossíveis de encontrar nas livrarias. Foram revistos, corrigidos e, às vezes, consideravelmente aumentados. Alguns lamentarão que eu não tenha feito deles um ensaio ou um tratado contínuo. Mas como é aborrecido expor de novo o que já foi dito e pensado uma vez! Quando sabemos o que vamos dizer, gostava de repetir Alain, escrevemos insipidamente: o verdadeiro estilo só se mostra na descoberta (Alain dizia "no improviso", mas a filosofia não se presta a ele), na surpresa, no risco da dificuldade ainda não superada. A felicidade de escrever é inseparável da felicidade de pensar, a qual supõe que ainda não se conheça a verdade. Haverá coisa mais aborrecida do que um manual? Além disso, na minha juventude eu gostava demais de livros que não eram verdadeiramente livros (ou eram descontínuos, fragmentados, como a própria vida), para me vedar o prazer, não de imitá-los, claro, seria melhor lê-los, mas de prolongar, na medida dos meus meios, o caminho que eles abriram ou traçaram: as *Cartas* e *máximas* de Epicuro, os *Ensaios* de Montaigne, os *Pensamentos* de Pascal, mas também, mais próximos de mim e, apesar de tudo, menos árduos, o *Para Marx* de Louis Althusser ou a *Orientação filosófica* de Marcel Conche... Como este último, desconfio da "elaboração secundária" e das "construções artificiais"[1] pelas quais os filósofos, com demasiada freqüência, agora só pensam para mostrar que têm razão ou, sobretudo, para impedir que mostrem que estão errados. Para que isso? Mais vale o pensamento livre e sempre recomeçado. Quanto ao mais, cada um faz o que quer: ninguém é obrigado a escrever um livro, nem a lê-lo.

O subtítulo *Estudos cínicos* é suficientemente explicado pelo que segue (especialmente pelos artigos 2 e 3). Trata-se do cinismo no sentido filosófico do termo, digamos, do cinismo de Diógenes e de Maquiavel, ou melhor, apesar do abismo que os separa, do que eles me pareceram ter em comum, que ainda pode nos guiar. O quê? Uma certa maneira, justamente, de pensar a relação entre o valor e a verdade, sem confundir ambos e, no entanto, sem renegar nem um nem outro. O cinismo filosófico é, nisso, o contrário do idealismo, que toma a norma ou o valor por realidade, mas também o contrário do cinismo trivial, que toma a realidade por norma. Um sonha, o outro se deita. O cinismo filosófico, recusando tanto a ilusão como a apatia, nos ajudaria, ao contrário, a nos manter despertos, e de pé. Seja em moral ou política, o cínico "faz da lucidez virtude" (Diógenes)[2] ou *virtù* (Maquiavel). Trata-se, no fundo, de

---

1. Ver, em *Orientation philosophique* (reed. PUF, 1990), as pp. 29-31, que eu faria minhas com muito gosto. [Trad. bras. *Orientação filosófica*, São Paulo, Martins Fontes, 2000]

2. Como bem viu Marc Wetzel, *La méchanceté*, Paris, Quintette, 1986, p. 108.

"não inventar histórias para não enganar a si mesmo", como dizia Althusser: foi o que ele aprendeu com Maquiavel, de quem gostava tanto, e talvez o que me ensinou. Ele via nisso o próprio espírito do materialismo. O cinismo, no sentido em que eu o entendo, é nisso como que um materialismo em ato, que se recusa a tomar seus desejos pela realidade, claro, mas também a ceder sobre a realidade dos seus desejos. Lacan via nisso a ética da psicanálise. Mas é muito mais que isso: é a própria ética.

1

A ilusão, a verdade e o carpete de Woody Allen*

(*Divertimento*)

A Françoise Dupont

O conceito de ilusão só é válido, e aliás só é um conceito, na medida em que se distingue do erro. Senão, seria apenas uma duplicata inútil, um simples bibelô de inanidade sonora ou filosófica. Mas o que distingue a ilusão do erro? Temos à disposição três respostas principais, que ainda podem nos servir.

A primeira consiste em distinguir o erro e a ilusão por seu campo de aplicação, gnoseológico no caso do primeiro, ontológico no caso da segunda: o erro seria o contrário da verdade; a ilusão, o contrário da realidade; o erro seria do domínio do discurso ou do conhecimento (seria um pensamento falso); a ilusão, do domínio do real ou do ser (seria uma falsa realidade)[1]. Mas a noção de falsa realidade é contraditória, e a de ilusão, nesse sentido, também o seria: uma ilusão não é uma falsa realidade (porque seria neces-

---

* Comunicação apresentada no colóquio sobre a ilusão, realizado em Calaceite, Espanha, de 10 a 17 de julho de 1989, por iniciativa da fundação Noesis (as atas do colóquio foram publicadas na Bélgica, nos *Cahiers internationaux de symbolisme*, n.º 68-70, Mons, 1991).

1. Ver por exemplo Patrick Ghrenassia, *L'illusion*, Paris, Quintette, 1989, p. 11: "A rigor, é o erro que se deve opor à verdade, e a ilusão à realidade como o não-ser ao ser."

sário, para tanto, que ela não fosse nada, o que a suprimiria também como ilusão), é algo que se toma falsamente por outra realidade que não aquilo que ela de fato é (a corda que se toma por uma cobra, a miragem que se toma por um oásis, o sonho que se toma por uma aventura...). A ilusão, nesse sentido, não passaria de um erro acerca do real, isto é, um erro.

Logo, é preciso encontrar outra coisa. É o que justifica uma segunda distinção, que encontraremos, por exemplo, claramente enunciada por Kant: "É ilusão", escreve este último na *Antropologia*, "o engodo que subsiste, mesmo quando se sabe que o objeto suposto não existe."[2] Em outras palavras, há ilusão cada vez que um erro ou uma aparência resistem ao conhecimento do verdadeiro e continuam a nos enganar quando já não nos enganamos sobre eles. É nesse sentido, explica Kant na *Crítica da razão pura*, que a aparência transcendental é "uma ilusão": de fato, é impossível evitá-la, "mesmo depois de termos descoberto sua ilusão"[3]. Mas é nesse sentido também, e mais comumente, que se fala de ilusão dos sentidos: "o astrônomo tampouco seria capaz de impedir que a Lua lhe pareça maior ao surgir, embora não se deixe enganar por essa aparência"[4].

Há portanto uma positividade da ilusão, como já mostrava Espinosa: se o erro nada mais é que uma privação de

---

2. Kant, *Anthropologie du point de vue pragmatique*, § 13, trad. fr., Paris, Vrin, 1979, p. 34. Essa segunda definição conserva, com a noção de "engodo", o que a primeira tinha de pertinente: a ilusão não é uma falsa realidade (porque então ela não seria nada e não haveria ilusão), mas uma realidade enganadora.

3. Kant, *Critique de la raison pure*, Dialectique transcendantale, Introduction (trad. fr., Tremesaygues e Pacaud, Paris, PUF, reed. 1963, pp. 253-4).

4. *Ibid.*, p. 253.

conhecimento (pelo que não é nada)[5], a ilusão – ou, como diz Espinosa, a imaginação – poderia reduzir-se tanto menos a ele porque ainda subsiste quando a privação desaparece[6]: saber que a Terra gira em torno do Sol nunca impediu ninguém de ver o Sol girar em torno da Terra... A ilusão não resulta portanto da ignorância, mas da impossibilidade em que estamos de perceber a verdade – muito embora saibamos qual ela é. Mais uma vez, é o caso da ilusão dos sentidos: tente ver de outro modo na água a vara que parece quebrada! Sem ser a mesma coisa que um erro, a ilusão, nesse sentido, não poderia portanto ser verdadeira: há ilusão, ao contrário, cada vez que a verdade, embora conhecida, se oculta ou se disfarça, e engana de certo modo mesmo aquele que a conhece. A verdade não é um espetáculo, eis tudo, e é nisso que todo espetáculo, sem dúvida, é ilusão[7]. "Os olhos não podem conhecer a natureza das coisas", dizia Lucrécio[8].

Essa distinção entre ilusão e erro, tradicional, é incontestavelmente útil e, por isso, pertinente. Mas não é a única. Encontramos outra, igualmente pertinente, parece-me (e, aliás, em nada incompatível com a precedente), na obra de Freud. "Uma ilusão", ele nos explica por sua vez, "não é a mesma coisa que um erro"; mas acrescenta (o que Kant não teria dito): "uma ilusão tampouco é necessariamente um erro"[9]. De fato, o erro nada mais é que um simples des-

---

5. Espinosa, *Ética*, II, prop. 33 e 35, demonstração e escólio.
6. *Ibid.*, II, 35, escólio.
7. Ver Lagneau, "Cours sur la perception", *Célèbres leçons et fragments*, 2.ª ed., Paris, PUF, 1964, pp. 235-6.
8. *De rerum natura*, IV, 385. Ver também meu artigo "Lucrèce et les images de l'invisible", *Une éducation philosophique*, Paris, PUF, 1989, pp. 219 ss. [Trad. bras. "Lucrécio e as imagens do invisível", *Uma educação filosófica*, São Paulo, Martins Fontes, 2001].
9. Freud, *L'avenir d'une illusion*, VI, trad. fr., Paris, PUF, 1971, p. 44.

vio em relação ao real ou ao verdadeiro, qualquer que seja, de resto, a origem desse desvio. O que define a ilusão, ao contrário, é sua origem: o que a caracteriza, escreve Freud, "é ser derivada dos desejos humanos"[10]. A ilusão se aproxima, com isso, da idéia delirante em psiquiatria, mas dela se distingue por sua relação com a realidade: "A idéia delirante está essencialmente – salientamos essa característica – em contradição com a realidade", ao passo que "a ilusão não é necessariamente falsa, isto é, irrealizável ou em contradição com a realidade"[11]. E dá o exemplo da mocinha pobre que acredita que um príncipe vai se casar com ela... Trata-se, é claro, de uma ilusão. Mas não é uma coisa totalmente impossível (alguns casos desse gênero, nota Freud, realmente ocorreram) e talvez venha a se produzir. Isso não altera nada: a crença em questão, ainda que acabe se verificando, não deixa de ser uma ilusão porque é o desejo (e não o saber) que a funda; e a moça com quem um príncipe de fato se casará, é esse o cerne da definição freudiana, não tinha a esse respeito menos ilusão que as outras... A ilusão, embora também possa ser falsa, e embora o seja no mais das vezes, não é portanto um certo tipo de erro (a que se reduziam, no fim das contas, as duas definições precedentes), mas simplesmente, e mais geralmente, um certo tipo de crença: "Chamamos uma crença de ilusão quando, na motivação dessa crença, prevalece a realidade de um desejo e, ao fazê-lo, não levamos em conta as relações dessa crença com a realidade, assim como a própria ilusão renuncia a ser confirmada pelo real."[12] Verdadeira ou falsa, uma ilusão é uma crença desejante (muito

---

10. *Ibid.*
11. *Ibid.*
12. *Ibid.*, p. 45.

mais que desejável) ou um desejo crédulo (muito mais que credível!). É um desejo que se toma por um conhecimento, e é por isso que, sem ser necessariamente falso, não poderia ser um.

Essa terceira acepção, longe de ser exclusivamente freudiana, é a mais próxima do uso corrente. Deixar-se iludir é, para cada um, como se diz familiarmente, "tomar seus desejos por realidade". Por isso, a ilusão tem a ver com o otimismo ou a fé – digamos: com a esperança. De fato, há esperança toda vez que um desejo ignora se foi ou será satisfeito: esperar é desejar sem saber[13]; e ilusão, toda vez que essa ignorância é negada ou desconhecida: iludir-se é esperar *acreditando* saber. Uma ilusão é uma esperança tida por verdadeira (o que também é a fórmula da fé), e é o que autorizava Freud a escrever que "as doutrinas religiosas são todas elas ilusões"[14]. A linguagem corrente nos ensina também que as ilusões se perdem, e isso é fiel a essa acepção: perder suas ilusões não é apenas livrar-se de erros, é renunciar a um certo número de esperanças ou de crenças reconfortantes. A ilusão é uma esperança que se crê tal; a desilusão, uma decepção que se sabe tal.

Essas duas últimas acepções, como eu notava de passagem, não são incompatíveis: a ilusão pode resistir tanto melhor ao verdadeiro (ilusão no sentido de Kant) quanto mais forte o desejo que a produz (ilusão no sentido de Freud). Se bastasse saber a verdade sobre o amor para não se apaixonar mais... Mas esses dois sentidos tampouco são equivalentes, nem sempre intercambiáveis. A ilusão

---

13. Ver minha conferência "Sagesse et désespoir", *Une éducation philosophique*, pp. 343 ss. (especialmente pp. 350-1) [trad. bras. "Sabedoria e desespero", *Uma educação filosófica*.]
14. *Op. cit.*, p. 45.

geocêntrica pode muito bem ser agradável ao desejo, mas não poderia reduzir-se a ele. O mesmo se dá, e *a fortiori*, com o tamanho da Lua ao surgir ou com a vara na água que parece quebrada: o desejo não tem nada a ver com isso, e mesmo assim a ilusão subsiste... Esses dois sentidos são portanto bem diferentes, não apenas em compreensão (por sua definição), mas em extensão (pelas ilusões, realmente distintas, que eles designam); e, como ambos são úteis e atestados, ambos devem ser conservados. Cada um que enfrente a sua dualidade e dela faça surgir, se puder, alguma luz.

De minha parte, é o sentido de Freud que primeiro me interessa. De fato, tiro dele esta conclusão importante: se chamamos de "ilusão" toda crença derivada dos desejos humanos, resulta que *todos os nossos valores são ilusões*.

O que é, de fato, um valor? É alguma coisa – ou alguma representação – em que cremos (o valor, assim como a ilusão, entra na categoria geral da crença) e de que gostamos (o valor, como a ilusão, é objeto de desejo). O bem, o belo, o justo... Qualquer que seja a concepção metafísica que tenhamos disso (quer sejamos, por exemplo, platônicos ou epicuristas), esses valores aspiram ao mesmo tempo à verdade e à normatividade, e é essa dupla vocação (digamos: descritiva e normativa) que os define como valores. Isso é evidente em Platão, não volto a discuti-lo[15]. Mas, mesmo em Epicuro, quando digo que o mel é bom, que uma música é bela ou que uma lei é justa, enuncio juízos que, por mais que sejam relativos a um sujeito ou a um grupo, têm pretensão à verdade (ainda que, é claro, por ca-

---

15. Ver *Le mythe d'Icare*, Paris, PUF, 1984, especialmente pp. 100 s. [Trad. bras. *Tratado do desespero e da beatitude*, São Paulo, Martins Fontes, 1997].

minhos diversos dos de Platão). Aliás, não fosse assim, não poderíamos filosofar nem viver, e é o que Epicuro sem dúvida objetava a Pirro ou objetaria aos niilistas de hoje. Os afetos (o prazer e a dor) são critérios de verdade, ao mesmo título que as sensações ou as antecipações[16], e ninguém se engana quanto a isso: fruir também é conhecer. O sábio, para Epicuro como para nós, é um *connaisseur*.

Mas em que, então, há ilusão? Em pretender fazer da verdade puramente subjetiva do valor (o mel é verdadeiramente bom *para mim*, esta lei é verdadeiramente justa *para nós*...) uma verdade objetiva que valeria, não para e pelo desejo, mas "em si", como diz Epicuro após Platão e para refutá-lo[17]. Objetarão que uma verdade simplesmente subjetiva não é mais verdade, e eu até concordaria. Mas o caso é que essas proposições normativas descrevem de todo modo um certo estado do real: é objetivamente verdade que este mel, esta música, esta lei... nos agradam, e é por isso que podemos falar verdadeiramente do seu valor. Mas essa verdade, por mais objetiva que seja como verdade (o fato de eu gostar de mel é uma verdade que se impõe a todos), só vale para nós (ninguém pode negar que gosto de mel, mas ninguém é obrigado a gostar de mel por isso), e é nisso que ela é tão-só subjetiva: ela descreve não o objeto que julga (como se o mel, a música ou a justiça fossem bons em si, e como se isso tivesse um sentido!), mas a relação (objetiva como verdade, mas subjetiva como avaliação) que mantemos com ele.

---

16. Ver p. ex. Diógenes Laércio, X, 31, e Marcel Conche, *Epicure, Lettres et maximes*, reed. Paris, PUF, 1987, pp. 25 ss.

17. *Maxime capitale XXXIII* (M. Conche, *op. cit.*, p. 241). Ver também V. Goldschmidt, *La doctrine d'Epicure et le droit*, Paris, Vrin, 1977, cap. III, pp. 71 ss. (especialmente § 23).

Ora, todo o mundo sabe por experiência própria que a tentação – sem dúvida irresistível, e é por isso que também existe ilusão no sentido de Kant – é objetivar, hipostasiar ou universalizar esse valor somente subjetivo. Como alguém pode não gostar de mel, de Mozart ou da justiça? É aí que o platonismo sempre reaparece, com virulência ainda maior por se tratar de valores mais elevados ou cujas implicações são mais consideráveis. Somente os imbecis fazem do gosto (o deles!) uma verdade absoluta em matéria de culinária ou de bebida. É mais difícil escapar disso quando se trata de estética, e é quase impossível quando se trata de política ou de moral. Como alguém pode ser iraniano? Aqui, cada um é prisioneiro da sua história ou do seu ponto de vista, dos quais não pode sair e que não poderia, de direito, impor a ninguém. Dirão que isso nos condena ao relativismo. Concordo, mas não seria uma refutação: podemos sem dúvida lamentar que todo valor é relativo (a vida seria mais simples se assim não fosse), mas lamentar não é argumentar. Tudo o que sabemos do homem confirma, parece-me, e cada vez mais, essa relatividade dos nossos valores, e não vejo como escapar dela – a não ser que se recaia na religião. "Relativismo sem apelação"[18], portanto, e é a isso que também tende o materialismo: se só existem corpos, os valores só têm sentido relativamente a eles. Foi o que viu Platão, que teve de inventar o platonismo para escapar disso, e é o que Epicuro, está claro, confirma: "Todo bem e todo mal estão na sensação"[19], e só há sensação para um corpo que sente. Logo, não poderia haver valores objetivos ou absolutos. A justiça, por exem-

---

18. Para retomar uma expressão de Claude Lévi-Strauss (*Anthropologie structurale deux*, Paris, Plon, 1973, p. 401).
19. Epicuro, *Carta a Meneceu*, 124.

plo, "não é um algo em si"[20], mas o resultado, historicamente determinado e variável, de uma convenção utilitária: "segundo a particularidade do país e de todas as outras condições, quaisquer que sejam, então uma mesma coisa não é justa para todos"[21], mas somente para aqueles a que ela é útil "na prática da vida em comum"[22]. Esse relativismo não é exclusivo do materialismo, nem poderia se reduzir a ele. Encontramo-lo em Espinosa, e bem no cerne do espinosismo, que é o escólio da proposição 9 da terceira parte da *Ética*: "Assim, fica estabelecido com tudo isso que não nos esforçamos por nada, não queremos, não apetecemos nem desejamos coisa alguma porque a julgamos boa; mas, ao contrário, julgamos que uma coisa é boa porque nós nos esforçamos em sua direção, queremo-la, apetecemo-la e desejamo-la." Todos nós temos a sensação do contrário, é claro, e é aí que está a ilusão. Começamos por acreditar, e toda lucidez tem preço. Daí o que chamo de desespero, que nada mais é que a desilusão levada ao extremo, ou o preço a pagar pelo ateísmo. Nenhum valor é verdadeiro, nenhuma verdade vale (já que esse valor ou essa verdade não poderiam ser verdadeiros ou valer, a não ser do ponto de vista de Deus), e é por isso que tudo se equivale, objetivamente falando, e nada vale. O real não julga, e não há nada que não o real. Todo valor, na medida em que pretende ser verdadeiro (mas, se não pretendesse mais sê-lo, ainda seria valor?), é portanto ilusório, sempre, tanto no

---

20. Epicuro, *Maxime capitale XXXIII* (trad. fr. M. Conche, *op. cit.*).
21. *Maxime capitale XXXVI*.
22. *Maxime capitale XXXVII*. Sobre o pensamento político de Epicuro, ver também *Le mythe d'Icare*, cap. 2, pp. 151-9, assim como o belo verbete "Épicurisme", que Jacques Brunschwig redigiu para o *Dictionnaire de philosophie politique* (Ph. Raynaud e S. Riais, orgs., Paris, PUF, 1998).

sentido de Kant (já que o conhecimento dessa ilusão não basta para dissipá-la) quanto no sentido de Freud (já que os valores, exprimindo aquilo de que gostamos, são evidentemente derivados dos desejos humanos). Nisso Espinosa, Marx e Freud estão de acordo e completam-se: todo valor é ilusão, que só vale (como valor) por seu desconhecimento ou sua negação (como ilusão).

Peço desculpa por esses desenvolvimentos que, no fundo, não passam de recapitulações e que devem parecer-lhes, acho eu, muito aborrecidos. Sou capaz de adivinhar o que vocês estão pensando. Estão se perguntando: "E o que Woody Allen tem a ver com isso tudo? Qual a relação com o carpete que o título anunciava? E nós que achávamos que pelo menos desta vez íamos nos divertir..." Bem feito para vocês! Assim aprendem mais uma vez que não há esperança que não se frustre, é uma experiência que temos sempre de refazer e que não me canso de lembrar, mesmo que seja à minha custa... Aliás, vocês têm de ficar bravos é com vocês mesmos. Dei um título, é verdade, porque me pediram; mas eu havia anunciado também, como era óbvio, que se trataria de filosofia: muito ingênuos os que imaginaram que iriam se divertir! Não há filosofia cômica, é uma descoberta que acabo de fazer e que me ensina muito sobre a filosofia e, talvez, sobre o cômico. Mas vamos ao que interessa. A relação entre Woody Allen e a ilusão é evidente e sem dúvida inesgotável (pensem por exemplo em *A rosa púrpura do Cairo*...). Quanto à relação com seu carpete, é bem mais estreita. Que eu saiba, ela cabe inteira, mas não é pouco, numa espécie de aforismo que vocês encontrarão no seu *Opus 1*. Vocês devem conhecer o texto, mas não resisto ao prazer de citá-lo: *"A dúvida me rói.*

A ILUSÃO, A VERDADE E O CARPETE DE WOODY ALLEN

E se tudo não passasse de ilusão? E se nada existisse? Nesse caso, eu teria pago o meu carpete caro demais."[23] De um tal abismo não pretendo esgotar a profundidade, e não gostaria tampouco de me expor ao ridículo de comentar essa graça com demasiada seriedade. Algumas observações, simplesmente.

A primeira é que, para Woody Allen como para todos nós, a verdade é um valor. De outro modo não daria para compreender como o seu carpete, se não passasse de uma ilusão (no sentido de Kant, ou mesmo como simples sinônimo de erro ou de aparência: um *engodo*), deveria custar menos. De fato, um carpete ilusório só poderá iludir se tiver exatamente a mesma utilidade de um carpete verdadeiro; logo, não tem a menor graça, poderíamos objetar a Woody Allen, você lamentar ter pago o mesmo preço por ele. Pode-se reconhecer aqui a posição dos nossos sofistas, que gostariam de nos fazer crer que a ilusão vale tanto quanto a verdade, e até mais. Se fosse verdade, Woody Allen não teria pago caro demais seu carpete ilusório e seu aforismo seria uma bobagem. Mas, nesse caso, não acharíamos graça. Logo, deve haver alguma coisa. O quê? A verdade, claro, o *valor* da verdade. Se um carpete ilusório deve ser mais barato do que um carpete de verdade, ainda que os valores de uso fossem por definição idênticos, é porque a verdade, como tal, vale mais que a ilusão, o que só tem sentido se a verdade, qualquer que seja (porque é claro que o que Woody Allen diz do seu carpete valeria também para a sua geladeira, para a teoria dos conjuntos ou para a biologia molecular), é ela própria um valor.

---

23. Woody Allen, *Dieu, Shakespeare et Moi*, Opus 1, trad. fr., Paris, Solar, 1975 (reed. 1985, col. "Point-virgule", p. 21).

Não parece, mas desembocamos aqui num problema temível, que é o nosso, e que justifica esse desvio pelo comediante nova-iorquino. Se a verdade é um valor (como Woody Allen confirma) e se todo valor é ilusório (como Espinosa, Marx e Freud ensinam), não se deve concluir daí que a verdade também é, como todo valor, uma ilusão? Nesse caso, a hipótese pensada por Woody Allen seria mais que uma hipótese: se a verdade é uma ilusão, tudo é ilusão, de fato, e não há mais verdade. Seria o triunfo do niilismo.

Podemos escapar disso? Podemos fazer do valor uma ilusão e da verdade um valor, sem reduzir a verdade à categoria de ilusão? Eu dizia que esse problema é o nosso, ou seja, é o meu. Ser ateu até as últimas conseqüências, ser materialista, supõe renunciar *também* à idéia de verdade? É o que me objetaram com freqüência: "Sua *verdade* é mais um Deus de que você também tem de se livrar!" Mas, nesse, caso, para que filosofar? E como? Esse problema, que é o meu, também é o de vocês, quer vocês queiram, quer não, na medida em que é o problema – pelo menos desde Nietzsche – da nossa época. Poderíamos formulá-lo mais simplesmente: pode o materialismo escapar da sofística? Ou ainda: é possível ser ateu – e ateu até as últimas conseqüências – sem ser niilista?

O problema é vasto e complexo demais para que, em tão pouco tempo, eu possa pretender mais que percorrê-lo sucintamente. Perdoem-me se apresento aqui, apoiando-me em Woody Allen, já que estamos de férias[24], apenas o esboço de uma solução.

---

24. Essa comunicação foi apresentada em julho de 1989, em Calaceite, Espanha, num ambiente excepcionalmente descontraído e caloroso. Cubram-se de graça os que fizeram dele um momento de paz e amizade!

A ILUSÃO, A VERDADE E O CARPETE DE WOODY ALLEN

Notemos antes de tudo que a tentação niilista, fortemente expressa por nosso autor, é assumida por ele apenas numa forma interrogativa: "E se tudo não passasse de ilusão? E se nada existisse?" Ele tem razão, é claro: tal hipótese não poderia, sem contradição, ser erigida em tese. Se tudo é ilusório, de fato, é ilusório que tudo é ilusório, e é por isso que o niilismo é impensável. Mas, nesse caso, é o nosso problema, como afirmar ao mesmo tempo que a verdade é um valor, que todo valor é ilusório e que a verdade, no entanto, *não é* uma ilusão? A solução cabe numa frase: a verdade é um valor, claro, e como tal é ilusória; mas ela é ilusória *como valor, não como verdade.*

Voltemos ao carpete de Woody Allen. Se um carpete ilusório deve custar menos que um de verdade, é que a diferença entre a verdade e a ilusão (mesmo que tudo não passe de ilusão) *não é* uma ilusão. A interrogação alleniana, embora considere o niilismo como uma hipótese, pertence portanto, em seu princípio, a um pensamento que podemos qualificar ao mesmo tempo de realista e de racionalista, pensamento tanto mais forte que triunfaria até na sua derrota. De fato, mesmo que tudo não passasse de ilusão, a diferença entre a ilusão e a verdade ainda assim continuaria sendo, de direito, legítima: isso é necessário, tanto para que a proposição "tudo é ilusório" tenha sentido (ela não teria nenhum se a ilusão não se opusesse efetivamente à verdade) como para que se possa pensá-la (como uma verdade pelo menos possível). Em suma, a ilusão necessita da verdade, e não a verdade da ilusão. Uma ilusão só é uma ilusão se for *verdadeiramente* ilusória – tudo está aí, e é nisso que o niilismo acaba dando razão ao racionalismo: ele supõe (nem que seja para negá-la) uma verdade pelo menos possível, cuja existência ele certamente contesta, mas cuja noção não pode repelir sem anular a si mesmo. Negar a verdade é submeter-se a ela; negar a realidade é reivindicá-la. É sem dúvida possível, em todo caso é uma hipótese que podemos formular, que nada exista e que tudo não passe de ilusão; mas, mesmo nesse caso, a diferença entre a verdade e a ilusão continuaria se apresentando (senão, repitamos, não teria o menor sentido dizer que tudo é ilusão), e continuaria portanto sendo verdade que Woody Allen pagou seu carpete caro demais – considerando-o verdadeiro, quando, por hipótese, ele não o era.

Dirão que, se tudo é ilusório, também é ilusório que Woody Allen pagou seu carpete caro demais, e até mesmo que o tenha pago, e até mesmo que exista um Woody Allen... Claro, e é isso que torna em parte cômica a coisa. O pensamento de Woody Allen é impensável, e é por isso também que achamos graça nele: o riso celebra a seu modo o fracasso do entendimento, que é a vitória do espírito. Mas, filosoficamente, essas aporias não são as nossas; são as do niilismo, as quais se resumem em sua contradição principial, tal como já a enunciamos: se tudo é ilusório, é ilusório que tudo seja ilusório; se nada é verdadeiro, não é verdade que nada seja verdadeiro. À glória do racionalismo: o niilismo só é pensável se for falso.

Mas por que então considerar, ainda que interrogativamente, essa hipótese? Formular a questão já não é demais? Woody Allen não dá prova, aqui, de ligeireza ou, em relação ao niilismo, de complacência? De jeito nenhum. Porque, se a hipótese niilista é evidentemente contraditória, essa contradição não vale entretanto como refutação. Tal refutação só poderia ser fundada no princípio de não-contradição; ora, se tudo é ilusório, o princípio de não-contradição também é. O fato de que não se pode pensar que tudo é ilusório sem se contradizer (e, portanto, nessa acepção, que tudo é falso) não prova nada: tanto a contradição como o princípio que pretende vedá-la poderiam, eles próprios, fazer parte da ilusão universal que está em questão, logo não poderiam refutá-la. Por mais impensável que seja, a proposição "tudo é ilusório" nem por isso deixa de ser possivelmente verdadeira: não se pode afirmar que sua suposta verdade a refuta ("Se é verdade que tudo é ilusório, esta proposição também é"), já que nenhuma refutação poderia sobreviver à falsidade de tudo e, portanto, dela própria. Dirão que, assim sendo, não se pode mais pensar; mas isso, que é verdade, também não é uma refutação: o fato de uma proposição levar à impossibilidade de qualquer pensamento válido não seria capaz de refutá-la (já que nada prova que um pensamento válido é possível), ao contrário, torna essa proposição irrefutável (já que não se poderia refutá-la a não ser supondo-a falsa, petição de princípio que anularia evidentemente a validade da refutação).

Esse último ponto é importante, porque só ele permite salvar o *"E se nada existisse?"* de Woody Allen. Parece que tocamos aqui o fundo do absurdo: como pensar que nada existe, já que, se nada existisse, não poderíamos nem sequer formular esse pensamento? Mas essa objeção, tão lógica, é por isso mesmo sem valor: a lógica não poderia refutar uma proposição que, se fosse verdadeira, aboliria a lógica (de fato, seria necessário, para refutá-la, pressupor a validade da lógica, logo a falsidade dessa proposição, isto é, pressupor aquilo mesmo que está sendo questionado). Claro, é absurdo (contrário à lógica) pensar que nada existe ou – porque no fundo dá na mesma – que tudo é falso; mas ninguém pode, logicamente, provar que esse absurdo refuta o niilismo e não... a lógica! "À glória do pirronismo", diria Pascal. Ao que eu acrescentaria simplesmente: "À glória de Woody Allen."

Nosso autor tem de fato razão, e vai tão longe quanto pode: é possível – ainda que isso deva ser considerado apenas a título de hipótese – que tudo não passe de ilusão, e a questão merece pelo menos ser posta. Mas ele tem razão também de não ir mais longe: é possível, claro que tudo não passa de ilusão, mas não se poderia afirmar que é assim. A questão merece ser posta, mas não se poderia respondê-la positivamente. Afirmar (não mais como uma hipótese mas como uma tese) que tudo é ilusão seria de fato afirmar que não se pode afirmar nada, pensar que não se pode pensar nada e encerrar-se com isso em contradições insolúveis e numa filosofia impossível. Para utilizar nossa linguagem profissional, podemos dizer que a interrogação de Woody Allen pertence a uma posição cética, e não niilista. Não se trata de afirmar que nada é verdadeiro (posição contraditória, como vimos, e por isso impensável), mas apenas, o que é muito diferente, que nada é certo, afirmação que escapa da contradição a partir do momento em que ela mesma se apresenta como incerta (nada é certo, nem mesmo que tudo seja incerto) e que se contenta, entre mil outros argumentos, com a simples possibilidade de uma ilusão universal: nada é certo (nem isso mesmo), já que é possível que nada seja verdadeiro (que tudo não passe de ilusão). O ceticismo se alimenta da simples possibilidade do niilismo e, com isso, dele se distingue.

Daí uma dupla vantagem para o aforismo alleniano. A primeira é a da sua própria plausibilidade, que é o que lhe possibilita ser cômico (só os imbecis são capazes de crer que o absurdo, como tal, é engraçado, e só eles se divertem com ele; dos espíritos profundos, é antes o contrário que se deve dizer: só a verdade os faz rir). A segunda vantagem é a do seu alcance crítico: basta considerar a simples possibilidade de que tudo não passe de ilusão para que, sem cair nas aporias de um niilismo dogmaticamente afirmado, a totalidade das nossas convicções se veja relativizada e, de certo modo, desmistificada. Daí, sobre todas as nossas crenças, como que um halo de dúvida ou de desconfiança, que é o início da sabedoria e do riso. Imagine que alguém despeje sobre vocês, sem mais nem menos, seu credo niilista: "nada existe; tudo não passa de ilusão". É de uma seriedade esmagadora, que recende a fanatismo: sentimos menos vontade de rir do que de sair correndo ou de mandar quem falou, o mais depressa possível, de volta para o seu *ashram** ou para os seus devaneios. Quando, ao contrário, alguém murmura para vocês, ainda mais se esse alguém é Woody Allen, ou vocês mesmos com a voz ou os óculos do Woody Allen: "E se nada existisse? E se tudo não passasse de ilusão?", vocês já se sentiriam, eu próprio já passei por essa experiência várias vezes, relaxados, como que à distância de vocês mesmos, das angústias ou da seriedade de vocês, e disponíveis para um riso pelo menos possível.

Mas é apenas o começo de um riso – um sorriso. Se o aforismo parasse por aí, não seria engraçado (esse começo só faz sorrir, aliás, por ser um começo), e de resto não seria um aforismo. Mas, depois do sorriso, e preparado por ele, vem o riso: "Nesse caso, eu teria pago o meu carpete caro demais." É aí que está o cômico, e é o que precisamos agora tentar compreender.

Mais uma vez, o absurdo não basta, e vou provar por quê. Vocês devem conhecer este outro aforismo do Mestre:

---

* Comunidade hinduísta, reunida em torno de um guru. (N. do T.)

"Não só Deus não existe, mas tentem arranjar um encanador no fim de semana!" A estrutura geral é comparável: começo filosófico (e filosoficamente plausível), fecho trivial e – pelo descompasso que daí resulta – cômico. Mas o descompasso não é o absurdo. Prova disso é que, se vocês permutarem os dois fechos, terão dois aforismos verdadeiramente absurdos mas que, por conseguinte, e apesar do descompasso que permanece, não têm praticamente mais nada de cômico. "Não só é possível que nada exista e que tudo não passe de ilusão, mas tente arranjar um encanador no fim de semana!" Não faria ninguém rir. Tampouco: "E se Deus não existisse? Nesse caso, eu teria pago o meu carpete caro demais." Percebe-se por que não é engraçado: porque não há a menor relação entre a existência de Deus e o custo de um carpete, entre a ilusão de tudo e a impossibilidade de encontrar um encanador no fim de semana (estando entendido que um encanador ilusório, por definição, serviria perfeitamente). Em outras palavras, não é engraçado porque é absurdo, e isso basta para provar que não é o absurdo que é engraçado.

O que faz rir, ao contrário, no aforismo real é sua profunda verdade, seu profundo bom senso, eu diria até: sua evidência. Descompasso, claro, existe, entre os dois tempos; mas é um descompasso normativo ou quantitativo (o carpete de Woody Allen, macio como imagino, tem evidentemente menos valor do que o resto do universo), que não afeta em nada a coerência do conjunto. O mesmo vale para a impossibilidade de arranjar um encanador no fim de semana: o problema é certamente menos grave do que a inexistência de Deus, mas acrescenta sem dúvida algo ao infortúnio que daí resulta; pôr os dois no mesmo plano é pular alguns elos, não é realizar sofisma algum. O cômico não nasce do absurdo (se entendermos por absurdo um encadeamento irracional), mas da verdade assim resumida, condensada, concentrada e que – não contra a lógica mas contra a seriedade – se torna explosiva. Absurdo? Melhor seria dizer insensato (é o *nonsense* dos anglo-saxões) e, no entanto, mais verdadeiro que o sentido. O cômico – é nisso que ele tem a ver com a desilusão – despedaça nossos sonhos sem nos machucar, ou nos machuca alegremente, libertando-nos assim de nós mesmos ou dos nossos machucados. É uma verdade que explode como uma gargalhada.

Ora, o que explode aqui é que o niilismo, não somente é impensável, não somente necessita da idéia de verdade que ele pretende repelir (já mostrei isso, não vou voltar a fazê-lo), mas também não altera em nada o *valor* da verdade. Esse valor, no entanto, não é ele mesmo uma verdade, e é isso também que nos faz rir: há, na obstinação de Woody Allen em preferir o verdadeiro, algo que não está no verdadeiro, mas em Woody Allen (seu carpete, ainda que seja verdadeiro, não está nem aí para isso tudo), e que faz dessa mistura de irrisório e de grandeza o que se chama trágico. Não é, claro, que a verdade seja uma ilusão, no sentido de Kant: isso não se pode pensar. Mas sim que o *valor* da verdade o seja, no sentido de Freud: a verdade só vale se nós a desejarmos, se inclusive, para falar como Freud ou Espinosa, nós a amarmos. Ela não necessita de nós para ser verdadeira, mas para valer. Ela vale portanto, confirma-nos Woody Allen, pois é verdade que nós a amamos; e é nesse amor trágico ao verdadeiro – trágico porque o verdadeiro também é tão indiferente a si quanto a nós: a verdade só vale para nós, ponto para ela – que, pelo riso, nós comungamos. O Sol não ama o Sol. Será uma razão para não amá-lo? Ao contrário: é uma razão suplementar para amá-lo, e para rir – para rir do Sol e rir do nosso amor ao Sol! Ícaro aprendeu à própria custa que esse riso tem sua dose de angústia ou de amargor, e não seria eu a negá-lo; mas quem não amasse o amargor, como amaria a verdade?

Dirão: *se houver uma verdade*. De fato, disso não podemos ter certeza (já que o niilismo permanece, ao menos como interrogação, um horizonte possível). O ceticismo é verdadeiro, temos de repetir isso, fazendo eco a Pascal e Lagneau, e contém até mesmo os dogmatismos (niilistas inclusive!) que dele pretendem escapar. Mas o que Woody Allen nos recorda, fazendo eco a Montaigne ou Hume, é que, para amar a verdade, não é preciso ter certeza de conhecê-la. Não é preciso e não é desejável. No fundo, nunca se sabe o que um filósofo dogmático ama: a verdade ou a certeza? Para um filósofo cético, ao contrário, não há hesitação: é a verdade que ele ama, e que ele ama – na ausência de toda certeza – à custa da angústia e da dúvida. De fato, quem ama a verdade mais do que a certeza tem de amar também a seguinte verdade: a de que não tem como provar que a conhece e, portanto, tem de amá-la na sua incerteza, correndo todos os riscos, como Woody Allen gosta do seu carpete e como nós gostamos do Woody Allen.

Falando nisso, por que gostamos de Woody Allen, riso à parte? Pela verdade, claro, pelo que ele nos ensina sobre ele e sobre nós, por sua carga de desilusão, de desmistificação e pelo riso que resulta disso tudo. Vocês conhecem a fórmula de Nietzsche, que predestina a arte à sofística: "A arte a serviço da ilusão, eis o nosso culto."[25] Isso pode ser

---

25. Nietzsche, *La volonté de puissance*, III, 582, trad. fr. G. Bianquis, Gallimard, 1937, tomo 2, pp. 178-9. Ver também minha contribuição a *Pour-*

pensado. Mas também pode-se pensar e praticar o inverso, e é o que Woody Allen – desta vez como cineasta – nos confirma, e é por isso que nós gostamos dele: a arte a serviço da verdade, eis o nosso culto!

---

quoi nous ne sommes pas nietzschéens, Grasset, 1991, pp. 37 a 98 ("La brute, le sophiste et l'esthète: 'l'art au service de l'illusion'").

2
A vontade cínica
(*Virtude e democracia*)*

O problema das relações entre o valor e a verdade é evidentemente considerável: domina os desafios do nosso tempo. Duas posições se enfrentam aqui; gostaria de propor uma terceira.

A primeira posição consiste em considerar que o valor é uma verdade, que pode ser conhecida como tal. É o que chamarei de dogmatismo prático: uma verdade existe e nos é acessível (dogmatismo), ela é do domínio não apenas do conhecimento (o que definiria um dogmatismo teórico), mas basta para justificar, se não para impor, a ação (dogmatismo prático). Todos logo pensam, é claro, no intelectualismo socrático, e têm razão: para Sócrates, segundo a imagem que dele nos transmitiram Platão, Xenofonte ou Aristóteles, a virtude é um conhecimento, e é por isso que "ninguém faz o mal voluntariamente"[1]. Assim como bas-

---

* Contribuição ao colóquio "Ética e direito na era democrática", Centro de filosofia política e jurídica da Universidade de Caen, maio de 1990 (as atas do colóquio foram publicadas no n.º 18 dos *Cahiers de philosophie politique et juridique*, Caen, 1991).

1. Sobre o intelectualismo socrático, deve-se remeter doravante ao excelente livrinho de Francis Wolff, *Socrate*, Paris, PUF, 1985, col. "Philosophies" (ver especialmente pp. 67 ss.).

ta conhecer a geometria para ser geômetra, basta conhecer a justiça para ser justo[2], conhecer o bem para praticá-lo. Só se faz o mal por erro, portanto – e, de fato, ninguém se engana voluntariamente. É desse intelectualismo que Platão fará a teoria, e é essa teoria, ou toda teoria equivalente, que chamo de dogmatismo prático. Para que a virtude possa ser um conhecimento (intelectualismo), é preciso que seja possível um conhecimento (dogmatismo) e que ela seja ao mesmo tempo necessária e suficiente para legitimar a ação (dogmatismo *prático*). Isso, por sua vez, supõe certas condições. Para que se possa saber o que vale, é necessário que o valor *seja* (já que não há saber que não seja do ser[3]). Como conheceríamos a justiça, se a justiça não existisse? O ser e o valor estão portanto do mesmo lado (o mundo inteligível), ou antes, são uma só e mesma coisa: o ser vale, o valor é. É por isso que o dogmatismo prático, pelo menos desde Platão, vai de mãos dadas com o idealismo. O bem não é deste mundo; a justiça não é deste mundo. Se o valor é uma verdade, a verdade tem de residir fora do mundo.

A segunda posição é o inverso da primeira. Ela não mais consiste em considerar que o valor é uma verdade, mas que a verdade é um valor. Entendo com isso – senão as duas proposições seriam evidentemente equivalentes – que, em vez de pensar o valor (o bem, o belo, o justo...) com base no modelo das verdades que conhecemos (geométricas no caso de Platão), vamos pensar as verdades que cremos conhecer com base no modelo dos nossos juízos de valor. E, como esses juízos são evidentemente subjeti-

---

2. De acordo com o testemunho de Aristóteles, *Éthique à Eudème*, I, 5, 1216 b (trad. fr., V. Décarie, p. 60).
3. Ver p. ex. *República*, V, 476 e - 477 b. [Trad. bras., São Paulo, Martins Fontes, 2006.]

vos, variáveis, social e historicamente determinados, vamos concluir que a verdade também o é – logo (se entendermos por verdade, conforme o uso, uma verdade objetiva) que *não há verdade*. É o que chamarei de sofística, que rejeita todo dogmatismo, tanto prático quanto teórico (não há nenhum valor, nenhuma verdade a conhecer: só há opiniões), em benefício de um relativismo pragmático (somente o êxito ou a eficácia permitem escolher entre diferentes opiniões). Dizendo isso, não creio ser infiel aos antigos sofistas, cuja importância e cuja dignidade foram nestes últimos anos reavaliadas, e com razão[4]. "Sofista", no sentido que emprego aqui, não é uma injúria, mas uma categoria filosófica. Espero que compreendam que não posso hoje examinar em detalhe as posições de todos eles. A escola é por demais variada – se é que se trata mesmo de uma escola – para podermos estudá-los em bloco, e seria muito demorado evocá-los separadamente. Lembremos apenas que os sofistas, na medida em que foi possível reconstituir seu pensamento, parecem ter concordado ao mesmo tempo sobre a impossibilidade de qualquer conhecimento objetivo (daí, se não um ceticismo integral, pelo menos um relativismo ou um perspectivismo) e sobre a necessidade de uma opção entre os pontos de vista, opção essa que, não

---

4. Segundo W. C. K. Guthrie (*Les sophistes*, trad. fr., Payot, reed. 1988), esse movimento visando reabilitar os sofistas remonta aos anos 1930 (*op. cit.*, p. 18), mas parece-me inegável que ele continua até os nossos dias. Só na França, e só na década de 1980, devemos assinalar pelo menos três obras de qualidade: G. Romeyer-Dherbey, *Les sophistes*, Paris, PUF, 1985, col. "Que sais-je?", Colóquio de Cerisy, *Positions de la sophistique*, Paris, Vrin, 1986, e J. de Romilly, *Les grands sophistes dans l'Athènes de Périclès*, Paris, Éditions de Fallois, 1988. Lembremos enfim que os *Fragments et témoignages* sobre os sofistas foram traduzidos em francês por J.-P. Dumont, na coleção "Les grands textes", Paris, PUF, 1969.

podendo fundar-se no verdadeiro, tinha de decorrer de um critério prático e desembocar assim numa forma de utilitarismo ou de pragmatismo. Se "o homem é a medida de todas as coisas", segundo a célebre fórmula de Protágoras (e pouco importa aqui se "o homem" é o indivíduo, como pensavam os antigos, ou o ser genérico, como pensaram alguns modernos), tanto a verdade quanto o valor são relativos ao sujeito que os diz e, por conseguinte, a verdade não é mais que um valor como outro qualquer: resultado, e não princípio, de uma avaliação; efeito, e não objeto, de um juízo (estando entendido que, por conseguinte, só há juízos de valor). Em suma, todo valor – *inclusive o valor de verdade* – resulta de um arranjo, mais ou menos eficaz, do discurso. Só há valor e/ou verdade, para e pela linguagem, na medida em que esta exprime, não uma racionalidade objetiva ou absoluta (como o *lógos* de Heráclito ou de Platão), mas a defesa de certo ponto de vista ou de certo interesse. Daí, como se sabe, a importância dada à retórica e, historicamente, à relação entre a sofística e a democracia. Para um sofista, no fundo, toda "verdade" pode ser objeto legítimo de um voto (o que supõe evidentemente que não há verdade objetiva ou absoluta, logo deve-se escrever a palavra entre aspas: o "verdadeiro" é, então, aquilo que é tido como tal), e o *discurso forte*, como dizia Protágoras[5], é simplesmente o que é capaz de reunir uma maioria.

Essas duas posições antagônicas – dogmatismo e sofística – não pertencem, é óbvio, à Antiguidade. Podemos falar em dogmatismo prático a partir do momento em que uma posição normativa ou prescritiva é enunciada como verdade – em outras palavras, a partir do momento em que

---

5. Ver G. Romeyer-Dherbey, *op. cit.*, pp. 22 ss.

somente o conhecimento permite julgar, dando aos que sabem (e somente a eles) o título legítimo de agir e, portanto, comandar. O filósofo-rei de Platão é aqui um exemplo arquetípico, mas poderíamos encontrar vários outros. Mostrei em outra oportunidade[6] como – num universo teórico totalmente diferente – o marxismo, especialmente em suas versões leninista e stalinista, jogava com a mesma confusão entre o descritivo e o prescritivo (entre o verdadeiro e o justo, o real e o valor...) para dar aos que possuem a ciência da história o direito exclusivo de fazê-la, sem se preocupar... com o direito. Se o descritivo e o prescritivo andam juntos, se o valor pode ser conhecido em verdade, então conhecer o que é também é saber o que deve ser. Para Lênin como para Platão, é-nos acessível uma verdade (mesmo que esteja claro que não é a mesma verdade e que ela não tem o mesmo estatuto) cujo conhecimento basta para justificar (de direito) a ação que ela torna possível (de fato). Há uma ciência da ação, que permite não apenas compreendê-la *a posteriori* mas julgá-la antecipadamente e impô-la a todos (já que toda verdade é universal). O poder deve pertencer portanto aos que sabem, e toda falta é um erro: ninguém é mau nem reacionário voluntariamente[7]. Compreen-

---

6. "Le bon, la brute et le militant (morale et politique)", *Une éducation philosophique*, Paris, PUF, 1989, pp. 121-41 [trad. bras. "O bom, o bruto e o militante (moral e política)", *Uma educação filosófica*, São Paulo, Martins Fontes, 2001, pp. 145-69]. Ver também *Le mythe d'Icare*, cap. 2.

7. Ou só os ricos! O discurso marxista pode, de fato, atuar num registro duplo – sua força esteve por muito tempo nisso –, pertencente ora ao dogmatismo (o marxismo é uma ciência: os que não são marxistas são ignorantes), ora à sofística (o marxismo é um ponto de vista de classe: os que não são marxistas são burgueses ou lacaios da burguesia). Parece-me que esses dois registros são incompatíveis, mas, como dizia Marx, "com um pouco de dialética, sempre nos safamos"... O fato é que, efetuada a Revolução e eliminada a burguesia, o dogmatismo devia necessariamente prevalecer sobre a

de-se que, cientificamente fundada, a ação não tem portanto por que se preocupar com a democracia: não se pode pôr a verdade em votação! De modo que o dogmatismo prático desemboca naturalmente, em Lênin (na prática) como já em Platão (na teoria), naquilo que hoje chamamos de totalitarismo.

Quanto às figuras modernas da sofística, eu diria com prazer que escolha é que não falta. O triunfo da democracia – triunfo que não se trata de lamentar, é claro! – é tamanho que nada fica fora da sua órbita ou da sua eficácia. A generalização das pesquisas de opinião, o refluxo das doutrinas constituídas, o misto de individualismo e de liberalismo que caracteriza nosso tempo, tudo isso parece remeter quem pretenda defender uma posição verdadeira a um dogmatismo de outra era. A cada um sua verdade? Não exatamente: seria muito pouco convivial para ser decente. Mas como escapar, então? Por essa *convivialidade* mesma. Na falta de uma verdade objetiva, não há outro modo de escapar da pura e trágica dispersão dos pontos de vista singulares, senão pela lei do grupo (as "tribos")[8] ou da maioria (a democracia). O homem, que é a medida de todas as coisas, não é nem o indivíduo nem a espécie, mas – talvez já fosse o caso na Grécia antiga – "um grupo social cujos membros estabelecem a existência dos mesmos valores e que justamente essa avaliação comum das coisas estrutura"[9]. Sofística democrática, igualitária e convivial: o grupo é

---

sofística (no sentido em que utilizo essa palavra), ainda que a preço de muitos sofismas. Mas esta é outra história...

8. Para retomar uma expressão de Michel Maffesoli, *Le temps des tribus*, Paris, Méridiens Klincksieck, 1988.

9. Como escreve F. Caujolle-Zaslawsky, a propósito de Protágoras ("Sophistique et scepticisme", in *Positions de la sophistique*, p. 157).

a medida de todas as coisas! Pretender ter razão sozinho não está com nada. Querer julgar absolutamente é terrorista. Melhor votarmos para decidir o que é verdadeiro!

Carrego um pouco nas tintas. Como observou Luc Ferry, uma coisa entretanto escapa desse puro perspectivismo democrático: "No domínio da ciência, a objetividade continua a reinar", como atesta "a pressão que ela exerce sobre os espíritos"[10] e o consenso que observamos no seu ensino. Ninguém, que eu saiba, propôs seriamente que se ensinasse Ptolomeu em pé de igualdade com Newton, nem a física de Descartes paralelamente à de Einstein. Se bem que... Certas teses de Feyerabend vão nesse sentido[11], e às vezes surpreendo ou choco quando pretendo que a Terra gira *verdadeiramente* em torno do Sol... Continuemos. O individualismo democrático se choca contra o verdadeiro como se fosse seu limite, é o que explica – hoje como na Atenas de Péricles – que às vezes pretenda dissolvê-lo. O fato de que existe aí tanto uma impossibilidade teórica (supondo-se que tenhamos votado sobre uma verdade, como saber se votamos verdadeiramente e se sabemos de verdade o resultado do voto, senão fazendo outra votação, e assim indefinidamente?) como um perigo prático (quando virá a votação sobre a realidade da *shoah*?), que a extensão do modelo democrático ao campo epistêmico é, por conseguinte, mortal ao mesmo tempo para a democracia e para a moral (já que nem uma nem outra podem subsistir sem uma verdade que lhes escapa: se tudo se vota, não se

---

10. Luc Ferry, *Homo aestheticus*, Paris, Grasset, 1990, cap. VII, p. 327.
11. P. Feyerabend, *Contre la méthode (Esquisse d'une théorie anarchiste de la connaissance)*, trad. fr., Paris, Seuil, 1979. Não confundir, no entanto, sofística e ceticismo; ver a esse respeito meu prefácio ao livro de Marcel Conche, *Orientation philosophique*, Paris, PUF, 1990, especialmente pp. 15-6.

pode mais votar; se tudo se avalia, não se pode mais avaliar), parece-me óbvio, mas é um debate que não posso iniciar aqui. Não quero deter-me tampouco na fonte maior dessa sofística moderna e democrática, fonte ao mesmo tempo paradoxal (já que é muito pouco democrática) e evidente (a tal ponto a modernidade nela se funda): mostrei em outro lugar[12] que Nietzsche é um sofista, no sentido que dou a essa palavra; não se pode contestar que esse sofista é o mestre dos nossos, parece-me, e aliás eles próprios o reivindicaram altamente. Em todo caso, vimos a sofística triunfar nestas últimas décadas, tanto mais quanto mais manifestamente o dogmatismo – seja religioso ou marxista – entrava em crise. Pode ser que estejamos assistindo hoje a uma volta do pêndulo e que, sobre as ruínas do dogmatismo marxista e da sofística moderna ou pós-moderna, o velho dogmatismo de sempre (o dogmatismo religioso) renasça das suas cinzas. Pois não é que alguns pretendem de novo – como Platão contra Protágoras[13] – que é Deus, e não o homem, a medida de todas as coisas? E, para barrar esse novo dogmatismo (seja ele cristão, muçulmano ou judeu), haveria que voltar mais uma vez à sofística, apesar das aporias mil vezes denunciadas e do evidente fracasso dos seus últimos zeladores? Não creio, e é o que gostaria de mostrar agora.

No que concerne às relações entre o valor e a verdade, dizia eu, dois caminhos se opõem: dogmatismo prático (o valor é uma verdade: o justo é tão justo quanto dois e dois

---

12. "La brute, le sophiste et l'esthète: 'l'art au service de l'illusion'", em *Pourquoi nous ne sommes pas nietzschéens*, obra coletiva sob a direção de Luc Ferry e Alain Renaut, col. "Le Collège de philosophie", Grasset, 1991.
13. *Leis*, IV, 716 c.

são quatro) e sofística (a verdade é um valor: dois e dois só são quatro tanto quanto o justo é justo, isto é, somente de certo ponto de vista ou relativamente a certo interesse)[14]. Ponto de vista de Deus (o reino da verdade) ou ponto de vista do homem (o reino, não tanto do valor quanto da avaliação... ou do avaliador). Num caso, o desejo deve se submeter (de direito) à verdade; no outro, a "verdade" é que é submetida (de fato) ao desejo. Eu anunciava na minha introdução uma terceira via. Qual? Vocês entenderam ao ler o meu título. O *cinismo* me parece escapar tanto do dogmatismo prático como da sofística, pela excelente razão que rejeita ambos, invalidando o que têm em comum. Mas o que é o cinismo ou de que cinismo se trata?

---

14. Haveria uma antologia da sofística – que também seria uma antologia de sofismas! – a ser feita sobre o uso filosófico (ou filosofístico) dos sistemas não decimais de numeração ou das geometrias não-euclidianas. Que dois mais dois só são quatro na base dez, como se diz na escola, ou que os três ângulos de um triângulo só somam 180° na geometria euclidiana, é coisa que qualquer secundarista deve saber hoje em dia. Mas, longe que daí resulte um relativismo qualquer, há salientar, ao contrário, que essas proposições são absolutamente verdadeiras, nos marcos de certa axiomática, decerto, mas, nesses marcos, para todo sujeito razoável e qualquer que seja o ponto de vista em que ele se situe. Nesse sentido, como Bachelard e outros mostraram abundantemente, as geometrias não-euclidianas (ou melhor, o que Lobatchévski chamava de *pangeometria* e Bolyai de *geometria absoluta*) não são mais relativas, e sim *mais absolutas* que a geometria de Euclides (ver a esse respeito o que eu escrevia em Vivre, pp. 251-2 [trad. bras. *Viver*, São Paulo, Martins Fontes, 2000), assim como a numeração numa base qualquer em relação à numeração decimal (que é um caso particular de numeração). Num mesmo espírito, recordemos que não há relativismo algum na teoria da Relatividade de Einstein e que esta, ao contrário, desemboca na busca de "grandezas invariáveis que estruturam o espaço-tempo", de modo que o nome de "relatividade" é, nesse sentido, "bem malvindo", já que "a finalidade de toda teoria da relatividade é, como já observava Sommerfeld há mais de cinqüenta anos, a busca do que não é relativo, do absoluto, de certo modo" (Françoise Balibar, *Galilée, Newton, lus par Einstein*, Paris, PUF, 1984, p. 122).

De fato, a palavra é tão equívoca, tão deturpada (e equívoca porque deturpada), que impõe precisões preliminares. Concedam-me o obséquio de acreditar que o cinismo que tem a minha simpatia não é o cinismo, vulgar ou distinto, do político sem escrúpulos nem do negocista desavergonhado. Claro, já que se trata de filosofia! O cinismo, no sentido em que o considero, embora não se reduza ao que a história da filosofia reteve como tal (o cinismo de Diógenes ou de Crates), tampouco trai, parece-me, o essencial do que ela reteve, que é uma virtude intransigente e altiva, livre de todas as convenções, de todos os dogmas, e ocupada somente em querer: o cinismo é uma virtude sem fé nem lei. Como Diógenes, que "não tinha respeito por nada" e que sabia que "a firmeza de alma importa mais do que a ciência"[15]. Ao cinismo, no entanto, isso posso confessar, não fui conduzido por Diógenes – figura pura demais, talvez, para quem ousa imaginar segui-la – mas por Maquiavel, ele também um cínico manifesto, embora num sentido bem diferente. Bem diferente? Foi o meu problema, que me levou de volta à Grécia. Em que medida podemos falar legitimamente de cinismo ao mesmo tempo para Diógenes e para Maquiavel? Existe alguma coisa em comum, e o que, entre essas duas doutrinas tão dessemelhantes e inclusive, salta aos olhos, tão opostas?

Repitamos mais uma vez: meu propósito aqui não é de historiador. Reconstituir o pensamento de Antístenes, de Diógenes ou de Crates (se é que isso é possível: sabe-se que os textos se perderam) seria muito mais objeto de um livro do que de uma comunicação e nos levaria longe de-

---

15. Como dizia Alain em *Abrégés pour les aveugles*, verbete "Diogène", "Bibliothèque de la Pléiade", "Les passions et la sagesse", Paris, Gallimard, 1960, p. 800.

mais do tema que, hoje, nos reúne. Quanto a Maquiavel, embora mais bem conhecido (se bem que permaneça misterioso sob muitos aspectos!), seu pensamento coloca, tratando-se de ética, muito mais problemas do que traz soluções. Esses problemas ainda são os nossos, claro; mas o que se trata de buscar agora são soluções.

Resumo numa palavra o que mostrei em outra oportunidade a respeito de Diógenes e Maquiavel[16]. O que eles têm em comum (que opõe ambos ao dogmatismo prático) é separar radicalmente política e moral, e é o que chamei primeiro de *cinismo*, já que é o nome utilizado tradicionalmente para qualificar tanto aquele que Alexandre admirou como aquele que César Borgia admirou. É claro que esses dois cinismos, quanto ao mais muito diferentes, se opõem simetricamente no essencial. Para Diógenes, se política e moral são disjuntas, é em benefício da moral: a virtude é tudo, o poder não é nada. É o que chamei de *cinismo moral*: mais vale virtude sem poder do que poder sem virtude. Para Maquiavel, ao contrário, se política e moral são disjuntas, é em benefício da política: o poder é tudo, a virtude não é nada (a não ser como meio do poder: não como virtude, mas como *virtù*). É o que chamei de *cinismo político*: mais vale poder sem virtude do que virtude sem poder.

Mas ainda eram apenas cinismos restritos, na medida em que se excluem mutuamente e só se desenvolvem num campo, afinal, limitado. O problema que me ocupa hoje – e que definiria algo como um cinismo generalizado – é menos o das relações entre moral e política do que o problema, de fato mais geral, das relações entre o valor e a verdade. É sobre esse problema que se opõem dogmáticos e so-

---

16. "O bom, o bruto e o militante", *op. cit.*, pp. 145 ss.

fistas, como vimos, mas eles se opõem, notemos, com base num pressuposto comum: que valor e verdade devem andar juntos, que é imprescindível submeter um ao outro ou identificar um com o outro, de tal sorte que o valor seja uma verdade (objetiva) ou que a verdade não seja mais que um valor (subjetivo). Como realizar essa conjunção, é o que os opõe; mas que seja necessário realizá-la, é o que os une. É por isso que o cinismo generalizado que procuro pensar (uma espécie de *pancinismo*, que iria de Diógenes a Maquiavel!) rejeita ambos. Se moral e política são disjuntas (cinismos restritos de Diógenes e de Maquiavel: cinismo moral e cinismo político), é que a verdade e o valor, o real e o bem, o ser e o dever-ser são disjuntos, primeiramente e em geral (cinismo generalizado: o valor não é verdadeiro, a verdade não é um valor).

Ainda continuo fiel a Diógenes e Maquiavel? Não é meu problema. Digamos no entanto que creio não lhes trair o espírito. Há neles, parece-me, pelo menos virtualmente, essa disjunção mesma que procuro pensar.

No que concerne a Maquiavel, a coisa não dá margem a dúvidas. Se política e moral se opõem, é como a verdade e o valor, o ser e o dever-ser: "é tão grande a distância da sorte que vivemos à sorte segundo a qual deveríamos viver"[17], que é preciso escolher, e sabe-se que o florentino, em todo caso como autor, escolheu "a verdade efetiva da coisa"[18], isto é, expressamente, "o que se faz" (o real: a política) em vez de "o que se deveria fazer" (o bem: a moral)[19]. Daí o cinismo, no sentido comum do termo, isto é, no fun-

---

17. Maquiavel, *Le Prince,* XV (Pléiade, p. 335). [Trad. bras. *O Príncipe*, São Paulo, Martins Fontes, 3.ª ed., 2004.]
18. *Ibid.*
19. *Ibid.*

do, o maquiavelismo: a moral é, sem dúvida, um valor (não encontramos em Maquiavel nenhum questionamento da moral como tal, nenhum "imoralismo": Maquiavel não é nem Sade nem Nietzsche), mas ela não é nada mais que um valor, cuja ineficácia em política – em todo caso, diria Maquiavel, nestes tempos que são os nossos – é uma verdade experimental. É por isso que Maquiavel é um cínico, e não um imoralista qualquer: ele aconselha transgredir uma moral cujo valor, no entanto, continua a reconhecer. "Se os homens fossem todos pessoas de bem", ele escreve por exemplo, "meu preceito [de que é preciso saber violar sua fé] seria nulo; mas, como eles são maus e não a respeitariam, tu tampouco tens de respeitá-la."[20] Portanto, não é que não haja nem bem nem mal (niilismo), nem que essa oposição deva, como tal, ser rejeitada ou invertida (imoralismo); é simplesmente que a verdade diz o que é (pelo que ela é *verità effettuale della cosa*), não o que deve ser, e que a política não poderia submeter-se primeiro a outra coisa que não a verdade, sem se fadar ao fracasso (isto é, sem se negar como política). Não, de modo algum, que a verdade seja uma norma: se a verdade é verdade *da coisa*, todas as coisas são verdadeiras e todas o são igualmente. Verdade não normativa mas objetiva (*efetiva*, diz Maquiavel), não prescritiva mas descritiva. Em política, a única norma é a eficácia, e essa norma desdenha a moral mas não, é claro, a verdade (o erro, quase sempre, é prejudicial). Em suma, se a política é independente, de direito e de fato, da moral, é que nela a verdade (o que os homens fazem) é independente do valor (o que os homens deveriam fazer). O homem político, salvo se se enganar sobre o real e, logo,

---

20. *Le Prince,* XVIII (Pléiade, p. 342).

se naufragar nele, só deve por conseguinte se preocupar com o resultado, e isso quaisquer que sejam os meios utilizados, mesmo que "fora das regras ordinárias": "se o fato o acusa, o resultado o escusa"[21]. Disjunção, portanto, do valor e da verdade, e é essa disjunção – aqui em benefício da verdade – que funda teoricamente o maquiavelismo: é o verdadeiro, e não o bem, que se deve seguir; é ao real (o que se faz), e não ao valor (o que deveria ser feito), que o político deve submeter-se. Cinismo político, cinismo teórico: o erro, e não a mentira, é uma falta (no sentido de Fouché: no sentido que uma falta é pior que um crime!), ou antes (porque "falta" ainda se presta demasiadamente a uma leitura moral), somente o erro é um erro, e essa tautologia basta para esgotar seu conteúdo.

O pensamento de Diógenes, assim como o de Antístenes ou de Crates, é mais difícil de reconstituir. Faltam textos, como já lembrei, e os testemunhos conservados, sugestivos embora, carecem de precisão quando não de coerência. O que parece certo, no entanto, é que houve no cinismo antigo a dupla vontade de separar a moral da política (em benefício, desta vez, da moral) e de autonomizar a virtude em relação a todo e qualquer conhecimento. Desses dois pontos de vista, o cinismo antigo é um antiplatonismo radical – e talvez seja isso que melhor o caracterize[22]. E poderia ser de outro modo? A partir do momento em

---

21. Maquiavel, *Discours sur la première décade de Tite-Live*, I, 9, Pléiade, p. 405 [Trad. bras. *Discursos sobre a primeira década de Tito Lívio*, São Paulo, Martins Fontes, 2007.]

22. Antístenes gostava de ridicularizar Platão, seu jovem contemporâneo [ver p. ex. A 24-25 e 55-56] e escreveu contra ele um livro, *Sathon* [A 23-24 e nota 9]. Quanto a Diógenes, mais moço que Platão, dava contra ele provas de uma virulência atestada por toda uma série de anedotas [D 14, 15, 38, 64, 85...]. (As referências dadas entre colchetes remetem à preciosa com-

que se recusa toda realidade ideal (o nominalismo de Antístenes é sem dúvida o mais extremo que já existiu), o real passa a ser submetido exclusivamente ao juízo singular de cada um. "Vejo um cavalo", objetava Antístenes a Platão, "mas não vejo a 'cavalidade'; vejo um homem, mas não vejo a humanidade."[23] Ele poderia ter acrescentado: vejo (ou sou!) um justo, mas não vejo a justiça. Nominalismo absoluto: só existem indivíduos. As leis, na medida em que pretendem ser universais (leis morais) e mesmo na medida em que são comuns (leis civis), não têm portanto pertinência (é o que chamarei de *anomia cínica*), e não há nada a conhecer que possa, de fora, governar a vontade. Daí o conhecido voluntarismo da escola: a virtude não é ciência mas ato, e se ela pode ser ensinada[24] não é como saber mas como vontade, não pelo estudo mas pelo exercício (*áskesis*)[25], não pelo discurso mas pelo exemplo. Sabe-se que esse voluntarismo desembocava numa virtude altiva e selvagem, que escandalizava tanto quanto impressionava as pessoas comuns. Diógenes masturbando-se em público, le-

---

pilação reunida por Léonce Paquet, *Les Cyniques grecs, Fragments et témoignages*, Editions de l'Université d'Ottawa, Ottawa, 1975. [A 24] significa: fragmento n.º 24 do capítulo consagrado a Antístenes; [D 14] significa: fragmento n.º 14 do capítulo consagrado a Diógenes.)

23. [A 25 e 26]; ver também [D 64].
24. [A 66 e 89].
25. Esse tema da ascese cínica foi, há pouco, objeto de um belo livro erudito: *L'ascèse cynique* (*Un commentaire de Diogène Laërce*, VI, 70-71), por Marie-Odile Goulet-Cazé, Paris, Vrin, 1986. A autora confirma nele que os cínicos se afastam do intelectualismo socrático (Antístenes) depois o abandonam totalmente (Diógenes e Crates), para encontrar na vontade – e não mais no conhecimento – o essencial da moralidade (ver especialmente pp. 141-58 e 190-1). Ver também o artigo, velho mas sempre útil, de G. Rodier, "Antisthène" (1906), in *Études de philosophie grecque*, Paris, Vrin, 1957, pp. 25 ss.

gitimando o incesto, o roubo, o sacrilégio, o parricídio e a antropofagia[26], dando provas no entanto, segundo o testemunho de todos, da mais intransigente virtude, eis o paradoxo que está no âmago do cinismo antigo e que se trata de compreender. É que, a partir do momento em que se nega todo universal, tanto teórico (nominalismo) como prático (anomia), resta como único valor a afirmação – mesmo que de fora devesse parecer sem fé nem lei – da vontade *singularmente* boa (a virtude). Só é ruim o que escraviza a vontade (o prazer só é ruim para quem dele é escravo; para quem é senhor, é moralmente indiferente), só é bom o que marca seu triunfo. As leis da Cidade não têm valor, portanto, do mesmo modo que os preceitos da religião ou os raciocínios dos filósofos. Somente a vontade boa é boa: não há leis, não há regras, ou a única regra é querer, a única lei, "a que a vontade se dá a si mesma"[27], e não de uma vez por todas (já que, nominalismo obriga, só há casos particulares), mas cada vez, singularmente, por um ato sempre solitário (só existem indivíduos) e livre (pois a vontade só é submetida a si mesma).

Assim, ao contrário de todo intelectualismo, de todo dogmatismo, de todo idealismo, o cínico faz da vontade – e não mais do conhecimento – o princípio de todo valor. Como em Maquiavel, existe aqui uma disjunção entre o verdadeiro (como objeto de conhecimento) e o valor (como

---

26. [D 47, 117, 124...]; ver também Dion Crisóstomo, X, 29-30 (Léonce Paquet, *op. cit.*, pp. 212-3).
27. Como dizia Rodier, *art. cit.*, pp. 28-9. Quanto ao nominalismo cínico, observa por sua vez L. Robin: "a universalidade nocional do bem é somente a de uma palavra; o que vale por si mesmo é a ação em sua individualidade e na proporção da tensão voluntária que ela exigiu do agente" (*La morale antique*, Paris, PUF, 1963, p. 32).

objeto de vontade); mas, tratando-se de moral, o verdadeiro não tem pertinência (é por isso que as ciências são inúteis)[28], é o valor que se deve seguir. Cinismo moral, cinismo prático: o que importa é o bem, não o verdadeiro. O erro não é uma falta, aliás o erro não é nada. Com efeito, o que é o verdadeiro para Diógenes e Antístenes? Como para Maquiavel, é o próprio real, que só pode ser conhecido na sua singularidade, sem que nunca se possa dizer dele – a não ser que se viole o princípio de identidade e que, portanto, não se diga absolutamente mais nada – outra coisa além do seu nome ou do seu ser próprios[29]. Filosofia do objeto singular, da perpétua *idiotia* do real (diria Rosset, que talvez seja seu descendente). Por conseguinte, não há ciência legítima e, principalmente, não há ciência legisladora. Temos portanto de renunciar ao sonho platônico de uma ciência do bem: trata-se não de aprender o que é o bem mas de "desaprender o mal"[30], isto é, libertar a vontade do que a aliena ou corrompe. O único bem é a vontade boa. Portanto não há outro bem além da ação (a vontade em ato), e a ação não poderia submeter-se a nenhum universal[31]. Não que não haja aqui nenhuma verdade; mas ela é

---

28. [D 124].
29. Ver [A 18-19 e 101-102], assim como o artigo sempre esclarecedor de Festugière (que cita e traduz os principais textos de referência), "Antisthenica", in *Études de philosophie grecque*, Paris, Vrin, 1971, pp. 283 ss. Numa perspectiva menos histórica do que filosófica, podem-se ler também as observações fulgurantes de Francis Wolff, "Les trois langage-mondes", *La liberté de l'esprit*, n.º 11, março de 1986, especialmente pp. 31-7.
30. [A 54].
31. Já que não há universal real. Mas o fato é que encontramos nos cínicos uma espécie de universalismo prático, que corresponde ao mesmo tempo ao seu cosmopolitismo (Diógenes se definia como "cidadão do mundo", D 102) e à sua concepção da verdade: se só há verdade singular (nominalismo), essa verdade mesmo assim é a mesma para todos (já que a singu-

moralmente sem valor. O verdadeiro, em moral, é o comportamento efetivo dos homens (*la verità effettuale degli uomini*, diria Maquiavel), e de cada homem em particular; ora, esse comportamento é no mais das vezes imoral (contrário, não à lei ou à verdade, mas à vontade sábia) e, portanto, não poderia servir de norma. Seguir o verdadeiro seria, no mais das vezes, seguir o mal; fazer o que se faz seria malfazer. Daí o que há de voluntariamente escandaloso na virtude cínica. Não respeitando o que se faz (os usos, as convenções, os costumes...) nem o que se diz (as leis, os mitos, as doutrinas...), o sábio pode e deve inventar livremente o valor que a sua ação realiza (muito mais do que se submete a ele) naquele instante e só para si. Sabe-se que Diógenes se gabava de ter fabricado moeda falsa (*nomisma*), indicando com isso seu desprezo por todos os valores convencionais ou estabelecidos (*nómoi*)[32]. Encontramos aí a anomia cínica: não há leis inteligíveis (não há universal prático), e todas as leis positivas, sendo convencionais, são – em todo caso para o sábio – sem valor. O sábio se governa, não "de acordo com as leis estabelecidas, mas de acordo com a virtude"[33] – não de acordo com o que ele conhece (já que só pode conhecer o real e que este é moralmente sem valor), mas de acordo com o que ele quer. "A virtude", dizia Antístenes, "reside na ação; ela não necessita de forma alguma da abundância das palavras ou dos co-

---

laridade é a singularidade da coisa), e é por isso que o cínico não é um sofista. A verdade, mesmo singular, é portanto universal de direito. Os estóicos, ao inventar a sua lógica, darão a esse direito um conteúdo que, nos cínicos, talvez faltasse.

32. Ver [D 1] e a nota de Léonce Paquet, p. 59; ver também M.-O. Goulet-Cazé, *op. cit.*, p. 207.

33. [A 68].

nhecimentos."[34] A oposição a Platão é nítida aqui, e se acentuará em Diógenes. Para Platão, "cada um de nós vale precisamente pelo fato de que sabe"[35]; para Diógenes, diria eu de bom grado, cada um de nós vale precisamente pelo fato de que quer.

Aqui apenas indico uma linha de força, que seria necessário, de um ponto de vista histórico, justificar demoradamente e sem dúvida matizar um pouco. A filiação socrática, principalmente em Antístenes (mas Antístenes é o fundador ou simplesmente o precursor do cinismo?), complica muito as coisas, e sabe-se muito pouco sobre Diógenes ou Crates para poder elucidar totalmente o seu pensamento. De resto, confesso que faço os cínicos dizerem aqui muito mais do que disseram ou, em todo caso, muito mais do que os textos que chegaram até nós autorizam absolutamente. Uma parte de intelectualismo ou de dogmatismo permanece, sem dúvida, na relação com a natureza: para "seguir a natureza", como eles diziam, é preciso primeiro conhecê-la, e conhecê-la, parece, na sua normatividade imanente. Ou a natureza só nos ensina a sua amoralidade intrínseca, deixando apenas à vontade o cuidado de fazer norma? Os textos são muito pouco numerosos, fragmentários demais, vagos demais, para nos permitir responder absolutamente. Mas, repitamos, não é de história da filosofia que se trata aqui, e mesmo, visto o objeto que nos reúne, vocês poderiam legitimamente pensar que até me delonguei demais sobre essas escolas antigas. Em se tratando da *era democrática*, como vocês dizem, isto é, se bem entendi, destes tempos que são os nossos, o que podem nos ensinar Diógenes

---

34. [A 66].
35. *Lachès*, 194 d (trad. fr., Robin, Pléiade, p. 310).

ou Maquiavel? Ou melhor, a que caminho podem nos levar, pelo qual, sem dúvida, teremos de continuar sozinhos? Eu já disse: ao caminho de um cinismo generalizado, que recusaria tanto o dogmatismo prático quanto a sofística. Em se tratando do dogmatismo, eu já disse o bastante, e vemos em que Diógenes e Maquiavel podem nos ajudar a nos livrarmos dele, cada qual do seu modo e complementarmente. Trata-se de disjungir o que os dogmáticos ou os idealistas conjungem (a verdade e o valor, o real e o bem, o descritivo e o prescritivo), sem renunciar a conhecer um nem a julgar o outro, e sem pretender superar (nem mesmo dialeticamente!) sua cisão. Para esse cinismo generalizado que procuro pensar (e que, digamos de passagem, talvez seja apenas um outro nome para um materialismo radical, que teria se livrado das suas ilusões naturalistas, positivistas ou historicistas), o valor não é verdadeiro e a verdade não tem valor. É, no fundo, o que chamo de desespero[36] e que nada mais é que o ateísmo levado às últimas conseqüências: o real não é Deus (se chamarmos de Deus, conforme o uso, a verdade que faz norma), e nenhuma ciência, nenhum conhecimento, nenhuma verdade nunca nos dirão o que temos de fazer. A verdade não julga; é por isso que nenhum juízo (entendendo por isso: nenhum juízo de valor) é verdadeiro.

Estaremos então condenados à sofística? Ao contrário, e é o que preciso mostrar para concluir.

---

36. Ver meu *Traité du désespoir et de la béatitude*, tomo 1, *Le mythe d'Icare*, tomo 2, *Vivre*, Paris, PUF, 1984 e 1988. Aliás, eu poderia ter posto em epígrafe a esses dois volumes a afirmação do cínico Demonax: "Só é livre quem não tem nada a esperar e nada a temer" (segundo Luciano de Samósata, *Vie de Démonax*, em Léonce Paquet, *op. cit.*, p. 233, § 13).

Notemos primeiro que, historicamente (mesmo que Antístenes, antes de seguir Sócrates, fosse discípulo de Górgias), a oposição entre os cínicos e os sofistas é bem acentuada. Não tanto, como se poderia crer, no nível da oposição *nómos / phýsis*: se os cínicos escolhem decididamente o campo da *phýsis*, enquanto Protágoras por exemplo escolhe, não menos decididamente, o campo do *nómos*, é uma oposição sobre a qual nem todos os sofistas concordam (Hípias e Antífon, entre outros, reivindicarão a natureza contra a lei) e que não poderia servir, portanto, de critério de demarcação entre cinismo e sofística. Se os cínicos se opõem aos sofistas é muito mais a propósito da verdade, do discurso, do grupo e do valor. Examinemos rapidamente cada um desses pontos.

Os sofistas ensinavam que não há nenhuma verdade objetiva que seja acessível aos homens e que estes não podem, por conseguinte, sair da relatividade dos seus pontos de vista. Daí o reinado do discurso, que triunfa não como via de acesso ao ser (já que tal via é proibida e talvez sem objeto) mas como criador de valor, de "verdade", de consenso: não como via de acesso ao ser mas como instância de engendramento do que faz as vezes dele! Para os cínicos, ao contrário, a verdade objetiva é não apenas acessível mas presente, e não nos discursos (que na maioria das vezes não fazem mais que nos separar dela) mas no ser mesmo, na presença silenciosa, singular e inconteste do real: um simples gesto liquida um sofisma[37], um homem caminhando basta para refutar Parmênides ou Zenão de Eléia[38], um frango depenado basta para ridicularizar Platão[39]... Daí

---
37. [D 36].
38. [A 137, D 36].
39. [D 38].

o reinado do silêncio (o cinismo, alguém observou, é "uma filosofia sem palavras"[40]), que triunfa, não como via de acesso à verdade (não é o silêncio dos místicos), mas como o lugar sempre cheio do seu desenvolvimento. Se for preciso falar – é claro, às vezes é preciso –, será então de um ponto de vista totalmente diferente: o discurso, longe de engendrar seu objeto, submete-se a ele. Daí a oposição entre as duas escolas. Enquanto para os sofistas "o *lógos* é primeiro e visa por conta própria seu referente, cuja extremidade em relação ao discurso se torna por isso mesmo ilusória, [...] para Antístenes, ao contrário, o referente é que é primeiro e exterior ao *lógos*"[41]. Para os sofistas, só há "verdade"

---

40. Hélène Politis, "Pour un matérialisme carnavalesque", *Critique*, n.º 358, março de 1977, p. 227. A fórmula, feliz, deveria ser matizada, porém. É verdade que o cinismo muitas vezes assume o aspecto de filosofia *alógica*: nele, as anedotas substituem as demonstrações, os atos fazem as vezes de provas e a própria doutrina desemboca, se não na *aphasía*, como em Pírron, pelo menos numa teoria totalmente aporética do discurso, segundo a qual não se pode nem definir, nem contradizer, nem predicar (se se entender por isso um juízo do tipo: A é B), o que necessariamente esvazia a linguagem de toda função dialética e tende, parece, a um quase silêncio: "é próprio da ignorância falar demais", dizia Antístenes, ao passo que a virtude "é avara de palavras" [A 116 e 117]. Ver a esse respeito o artigo já citado de Festugière e, num registro totalmente diferente, o livro para o grande público (às vezes discutível mas com freqüência estimulante) de Michel Onfray, *Cynismes*, Paris, Grasset, 1990. Ver também, para quem tiver coragem, o livro estranhamente famoso e confuso de Peter Sloterdijk, *Critique de la raison cynique*, trad. fr., Paris, Bourgois, 1987. Cumpre lembrar porém que uma parte desse "silêncio" cínico, pelo menos tal como o percebemos, deve-se também ao fato – em si próprio contingente, em todo caso exterior à doutrina – de que as obras, às vezes abundantes, que os cínicos haviam escrito não foram conservadas.

41. Como escrevem os membros do Centro de Pesquisa Filosófica da Universidade de Lille III em sua contribuição coletiva para o colóquio de Cerisy ("Antisthène: sophistique et cynisme"), in *Positions de la sophistique*, pp. 132-3. Esse artigo confirma que "a assimilação de Antístenes aos sofistas se revela sem objeto" (p. 130). Um sofista, dizia aliás Diógenes (a crer em Dion

para e pelo discurso; para os cínicos, só há discurso para e pela verdade[42]. Para os sofistas, só há "verdade" subjetiva e linguageira (a "verdade" é um simples efeito do discurso); para os cínicos, só há verdade objetiva e silenciosa (a verdade é o objeto, não o efeito, do discurso). No extremo: para os sofistas como mais tarde para Hegel, a linguagem é o que é mais verdadeiro[43]; para os cínicos, é o silêncio.

As mesmas oposições são encontradas no grupo e no indivíduo. Onde a sofística busca a concordância da maioria ("discurso forte", democracia...), o cinismo não tem o que fazer: a verdade, sendo exterior ao discurso, também é exterior ao grupo, e todos os consensos do mundo não alterarão isso em nada. Daí, muitas vezes, a ironia acerba dos cínicos contra a democracia e os demagogos, esses "lacaios da massa"[44], enquanto os sofistas tenderão, ao contrário, a pôr-se a serviço destes. A oposição parece mais teórica ou filosófica do que política[45]. Por ser subjetiva, a

---

Crisóstomo, *in* Léonce Paquet, *op. cit.*, p. 170), "não se diferencia em nada de um eunuco licencioso" (na medida em que este se esgota em discursos sem efeito).

42. Cumpre entender: discurso *verdadeiro*. Porque é evidentemente possível falar do que se ignora (e aliás é típico do ignorante "não saber pôr freio à sua tagarelice" [A 117]), mas nesse caso é falar por falar – o que se poderia chamar de palavra vã – e, portanto, falar *sem dizer*. É por isso que não se pode contradizer ninguém, explicava Antístenes, nem quem diz a verdade (já que diz a verdade), nem quem diz o falso (já que, rigorosamente falando, não diz nada) [A 18-23].

43. Hegel, *Phénoménologie de l'esprit*, trad. fr., Hyppolite, t. 1, p. 84. Mas se "a linguagem é o mais verdadeiro", para Hegel, ela o é por ter acesso ao universal (o que os sofistas não concederiam).

44. [A 58, D 11 e 28].

45. De fato, encontramos nos cínicos a mesma ironia contra os aristocratas [p. ex., D 122], o tirano Dionísio [D 56 e 85] ou, como é sabido, Alexandre [D 34, 35, 43, 45...]. Diógenes, que se pretendia "cidadão do mundo" [D 122], não contesta no entanto a utilidade social da Cidade [*ibid.*], mas apenas sua pertinência moral.

"verdade" sofista necessita da concordância dos sujeitos, e do maior número possível de sujeitos; por ser objetiva (já que é o próprio objeto!), a verdade cínica não necessita de sujeito algum, e quem a conhece se satisfaz com a sua evidência muda. Para uma, a democracia é necessária e favorável; para a outra, a solidão basta. Daí, contra a convivialidade virtuosa dos sofistas, a marginalidade rugosa do cínico. Para os sofistas, o grupo é a medida de todas as coisas; para os cínicos, somente o sábio é por si mesmo sua própria medida.

E o valor? É o ponto mais difícil. Claro, para os sofistas, todo valor é subjetivo, relativo a certo ponto de vista, a certa avaliação, a certo indivíduo ou a certo grupo: não há nem Bem em si, nem Belo em si, nem Justo em si. Mas – é aí que toda a dificuldade aparece – não o há tampouco para os cínicos: a própria idéia de um valor absoluto ou universal é contrária ao nominalismo e à anomia da doutrina. Não há atos que um sábio não possa se autorizar em certas circunstâncias, não há interditos absolutos, não há imperativos categóricos. Isso, no entanto, não abre caminho para nenhum relativismo, se entendermos por isso que tudo se equivale ou que as próprias diferenças de valor são apenas uma questão de ponto de vista. Vendo, no teatro, os atenienses aclamarem ruidosamente os versos de Eurípides – "O que é uma coisa vergonhosa, senão a que assim parece a quem dela faz uso?" –, Antístenes replicou de pronto: "O que é vergonhoso é vergonhoso, pareça a você o que parecer."[46] Absolutidade, não da Idéia mas do real, não da norma mas do ato. Se somente a vontade é boa, ela o é absolutamente. E a superioridade do sábio –

---

46. [A 108].

ainda que só ele seja capaz de se dar conta dela – é uma superioridade efetiva. Se não há mais absoluto universal ou inteligível (como em Platão), nem por isso se cai no relativismo (como nos sofistas): o absoluto é singular, concreto, sensível, mas nem por isso é menos absoluto. Não é a absolutidade de uma lei ou de um valor, é a de um indivíduo: o bem não é para ser contemplado na perfeição inacessível da sua Idéia, mas para ser apreciado na efetivação, sempre singular, do seu ato. Daí essa longa filiação que, de mestre em mestre, cada qual tomando o seu como modelo, conduz sem interrupção, segundo a tradição, de Antístenes a Zenão de Cício (em outras palavras, do cinismo ao estoicismo) passando por Diógenes e Crates[47]. Pedagogia, não do discurso, mas do exemplo. O absoluto não é mais teórico, mas sim prático (ele não é objeto de uma contemplação mas de uma ação, para o sábio, e não há nada a contemplar, para os outros, salvo essa ação mesma); não mais universal, e sim singular; não mais inteligível, e sim sensível ou concreto. De fato, isso levará ao estoicismo, e já falei em outra oportunidade das lições que podíamos, ainda hoje, tirar daí[48]. Mas será (com os estóicos tentando a "impossível conciliação" entre o intelectualismo de Sócrates e o voluntarismo de Diógenes)[49] à custa do que havia, talvez, de mais radical no cinismo antigo. A sabedoria, para Diógenes (e ao contrário do que pretenderá Zenão), não é uma ciência, e não há ciência da sabedoria. Ela é um exercício (*áskesis*), uma ação, uma vontade, e isso basta. Ela

---

47. Ver Diógenes Laércio, livros VI e VII.
48. "La volonté contre l'espérance (à propos des stoïciens)", in *Une éducation philosophique*, pp. 189 ss. ["A vontade contra a esperança (a propósito dos estóicos)", in *Uma educação filosófica*, pp. 226 ss.].
49. M.-O. Goulet-Cazé, *op. cit.*, p. 191.

não ensina, ela se mostra – ou só se ensina mostrando-se. Onde não há mais lei, permanecem os exemplos; onde não há mais ciência, permanecem os sábios. E o que saberíamos da virtude sem esses exemplos virtuosos?

Objetarão que, se só há verdade singular (o pensamento de Antístenes, como Brochard já tinha visto, é uma "espécie de atomismo lógico"[50]), se não há por conseguinte verdade moral ou se não há outra verdade além da própria ação, não se pode escapar de uma espécie de atomismo ético, que, remetendo cada ação à sua própria singularidade, não tem mais os meios para compará-las entre si nem, portanto, de prescrever ou de proscrever absolutamente nenhuma. Como escapar então do relativismo? Que Diógenes esteja convencido da sua superioridade absoluta sobre Alexandre, muito bem; mas o que impede Alexandre de estar convencido da sua superioridade, igualmente absoluta, sobre Diógenes? E por que então escolher um em vez do outro, por que inclusive – pois, afinal de contas, só tomamos aqui exemplos de altíssimo nível – vedar-se o pior?

É esse, evidentemente, o ponto crucial, no qual eu, com toda certeza, excedo as capacidades do cinismo antigo (daí que o cinismo que procuro pensar é um cinismo *generalizado*). De fato é provável, sugeri isso de passagem, que para Diógenes e Crates, como mais tarde para os estóicos, o naturalismo vinha de certo modo compensar o nominalismo (pois a natureza é por definição comum a todos os indivíduos) e podia, por si só, impedir toda e qualquer deriva relativista. Tratava-se de "seguir a natureza", e isso bastava talvez para fundar objetivamente a superioridade do sábio. Mas temos ainda os meios de um naturalismo como

---

50. V. Brochard, *Les sceptiques grecs* (1887), reed. Vrin, 1959, p. 27.

esse? Duvido. A natureza não julga mais que a verdade, e nos deixa, diante do pior que ela contém, tão desarmados quanto ela. Mas então, se tudo é verdadeiro e se tudo é natural, em nome de que proibir-se o pior?

Só vejo uma resposta: em nome da vontade, isto é, no fundo, em nome dessa proibição mesma. Dir-se-á que temos então uma circularidade e que cada qual, erigindo a sua vontade em absoluto, sempre poderá justificar sua ação e condenar com isso os que o condenam. Se a vontade é o único fundamento da moral (e um fundamento que, na falta do universal, não é mais um ou não funda senão a si mesmo), já não há nem limites nem garantias: tudo é possível, dizem-me então, inclusive o pior, e ninguém tem mais nada a opor à atrocidade além da sua recusa pessoal... Ao que respondo que é de fato o que ocorre e que acho estranho objetar-me o próprio real que, parece, me dá razão! A história infelizmente basta para nos mostrar que tudo é possível, inclusive o pior; e os heróis sempre souberam e mostraram, e a cada um de nós, solitariamente, é em permanência remetido, que ninguém pode opor a isso senão si mesmo.

Deixemos os heróis e tomemos, em vez deles, alguns exemplos atuais. Gostaríamos muito que a verdade fosse anti-racista, antifascista, antitotalitária... Mas essa verdade seria Deus, e a isso o ateu tem de renunciar. Compreendo que se possa, e se deva, defender também a verdade, servi-la e, eventualmente, servir-se dela: criticar determinado erro, mostrar por exemplo a inanidade conceitual do racismo, desmascarar determinada manipulação histórica dos revisionistas ou determinada mentira de um poder totalitário. Muito bem. Mas ao racista a quem você lembrasse, por exemplo, que não há raças puras, que a genética moderna revelou faz muito tempo o que esse conceito de raça tinha de superficial e de inoperante, que o sangue de um negro (se esse racista algum dia necessitar de uma transfusão) pode lhe salvar a vida, ao passo que o sangue de um branco, se não for do mesmo grupo sanguíneo dele, pode lhe ser fatal, em outras palavras que o racismo não se fundamenta em nenhuma verdade, o que você objetaria se ele respondesse: "Sim, pode ser, você talvez tenha razão; mas é que eu não gosto dos negros..." E ao revisionista que dissesse: "Pode ser que eu esteja enganado ou que eu esteja mentindo, mas não quero saber: prefiro um erro ariano a uma verdade judia" – o que você responderia? Que ele está enganado? E ao totalitarista que prefere o poder à democracia, o que você responderia? Que está errado? Há um momento em que não é mais uma questão de verdade mas sim, de fato, de amor, de preferência, de vontade, isto é, para falar com Espinosa, de desejo. A quem não gosta dos negros, sem renunciar com isso a argumentar, devemos também – e principalmente – contrapor a força da nossa vontade, da nossa recusa, do nosso combate. Há de um lado os que não gostam dos negros e, do outro, os que não gostam do racismo. Não há dúvida de que uns possam servir-se mais da verdade e os outros mais da ignorância ou da mentira; mas nenhuma verdade poderá substituir, entre eles, o combate! O racismo não é (ou não é apenas ou antes de tudo) um erro; tampouco o fascismo ou o totalitarismo. A verdade não está em nenhum dos campos, porque ela contém a todos. Cumpre romper aqui com o preconceito ingênuo dos que acreditam que Deus, quando de cada eleição, deseja obscuramente a vitória do candidato que eles apóiam. Como Deus não votaria contra Hitler ou Le Pen? Como não desejaria a vitória dos democratas? Talvez, se existir um Deus, e um *bom* Deus... Observe-se porém que outros crentes, igualmente sinceros e não necessariamente menos inteligentes, também estão convencidos do contrário... Observe-se principalmente que o que, a rigor, se poderia esperar de um bom Deus não poderia ser atribuído, sem cair no ridículo, a uma *boa* verdade. Porque a verdade não é boa, o problema está todo aí, nem ruim: ela se contenta com ser o que é, idêntica a si mesma e indiferente a tudo, *inclusive a ela própria*. Onde vocês viram que a verdade proíbe que se minta? Onde vocês viram que ela prescreve que se ame ou que se respeite a verdade? A verdade não pertence a nenhum campo, nem mesmo ao campo dos que amam a verdade. Aliás, é por isso que dou tanta importância à escolha do meu. Se a verdade fosse antifascista, eu poderia no fundo renunciar ao combate. Que necessidade teria eu de combater o fascismo, se a verdade, que é eterna, se encarregasse em meu lugar e bastasse para condená-lo? Ser cínico, ao contrário, é pensar que para combater os fascistas só há os antifascistas, para combater o racismo só há os anti-racistas, para combater o totalitarismo só há os democratas. Ser cínico é compreender que, neste ponto, não se trata de ter razão (já que a razão não pertence a nenhum campo[51]), mas de ser mais forte.

Em certo sentido, isso parece dar razão aos sofistas: o fascismo parece bom para os fascistas, ruim para os antifascistas, e todo valor é aqui relativo a um grupo ou a um indivíduo. Admito (mas Antístenes talvez não). E posso fazer

---

51. Não é, evidentemente, que os campos sejam igualmente razoáveis ou racionalistas, mas que a razão não poderia prescrever que se siga a razão. Assim como não se pode demonstrar matematicamente que é preciso estudar matemática, também não se pode demonstrar racionalmente que é preciso ser racional. Não basta que o racismo seja irracional (o que certamente é) para que a razão seja anti-racista!

de outro modo? Notemos no entanto que esse relativismo – porque há, portanto, de fato um relativismo – é bem particular. É um relativismo metafísico, ou metaético, que diz respeito ao estatuto ontológico dos valores, mas que não questiona nem a importância subjetiva tampouco a absolutidade prática deles. Digamos a palavra: é um relativismo puramente *teórico*, tal como o vemos em ação em nossas ciências humanas, e que apenas reflete a indiferença do verdadeiro. Um etnólogo que pretendesse julgar o valor das sociedades que estuda sairia por definição da etnologia. Por que não, aliás, se a etnologia não pode evidentemente bastar a tudo? Claude Lévi-Strauss, após Montaigne, viu muito bem o que de decisivo estava em jogo aqui: o conhecimento e a ação são "pegos entre dois sistemas de referência mutuamente exclusivos"[52], observa ele, de tal sorte que não se pode nem prescindir de um dos dois, nem reduzi-los um ao outro. Para a etnologia, os valores não passam de fatos como os outros: todos eles se equivalem, pois nada valem. Mas esse é um universo puramente teórico, que nenhum indivíduo – mesmo que seja etnólogo – pode habitar. Já, para o sujeito, os valores são por definição irredutíveis aos fatos, pois eles os julgam. Mas esse é um universo prático, que nenhum conhecimento – mesmo que seja etnológico – pode fundar ou justificar. Temos aí dois "registros" diferentes[53], no fundo incompatíveis (nunca se pode habitar *ao mesmo tempo e do mesmo ponto de vista* o verdadeiro e o bem), mas que temos de, ambos, necessariamente habitar ou "domesticar, para que

---

52. C. Lévi-Strauss, "En relisant Montaigne", *Histoire de lynx*, Paris, Plon, 1991, p. 288.
53. Como dizia aliás Lévi-Strauss: *La pensée sauvage*, Paris, Plon, 1962 (reimpr. 1974), p. 338.

coabitem em cada um de nós sem muito drama", como diz também Lévi-Strauss⁵⁴. É possível? Sem dúvida, para quem não deseja reduzir tudo a um pensamento único. É fácil? Certamente não. Profissão de fé e profissão de ceticismo "se neutralizam", observa ainda Lévi-Strauss: "sabê-las inevitáveis nos preserva de nos deixar subjugar por uma, o que não é muito difícil; mas, o que é mais difícil, obriga dia após dia a nos reger por ambas"⁵⁵. Há espaço aqui para um relativismo que não seja de tibieza e para uma fidelidade que não seja fanática. "A verdade sem a caridade não é Deus", dizia mais ou menos Pascal⁵⁶, tampouco a caridade sem a verdade. Logo não há Deus, e o homem mesmo não é um: amar não é conhecer, conhecer não é amar. Somos capazes no entanto de uma e da outra, e isso pelo menos basta, a quem quiser, para ser humano. É aí que o relativismo escapa do niilismo. Os valores não são mais absolutos, claro, de um ponto de vista objetivo; mas podem permanecer, se ouso dizer, *subjetivamente absolutos*, na medida em que são o que quero absolutamente. Sobre isso, todavia, é inútil discorrer: somente os atos importam.

Vocês compreenderam que relativismo metaético não tem nada a ver com a sofística: porque o que define a sofística não é esse relativismo teórico concernente aos valores, é a pretensão de estendê-lo também à verdade. Ser sofista não é só reconhecer que não se pode objetar nada – a não ser um cálculo de oportunidade ou seu próprio combate – a quem prefere um erro ou uma mentira que considere úteis (por exemplo, sobre a inexistência das câmaras

---

54. *Histoire de lynx*, p. 288.
55. *Ibid.*
56. *Pensées*, fr. 926-582 (ed. Lafuma). [Trad. bras. *Pensamentos*, São Paulo, Martins Fontes, 2005]

de gás) a uma verdade prejudicial (porque serviria, por exemplo, a uma internacional judaica...); é pretender que a oposição entre o verdadeiro e o falso, neste como em todos os casos, não tem pertinência. Ser sofista não é afirmar que só há valor para e pelo desejo (relativismo metaético); é afirmar que o mesmo se dá com a verdade, fazendo desta uma questão de ponto de vista ou de preferência (relativismo absoluto). Não é constatar que a verdade não julga; é pretender que não há verdade!

Eu evocava Espinosa, e é a ele que cumpre tornar aqui, neste abismo que ele abre ao pé dos nossos valores e das nossas ilusões, no insondável escólio da proposição 9 do livro III da *Ética*. É o próprio abismo do desejo: "*Fica estabelecido por tudo isso que não nos esforçamos por nada, não queremos, não apetecemos nem desejamos coisa alguma por considerá-la boa; mas, ao contrário, consideramos uma coisa boa porque nos esforçamos em sua direção, queremo-la, apetecemo-la e desejamo-la.*" Abismo, pois que todos nós temos, irresistivelmente, o sentimento do contrário, sobre o qual fundamos nossa vida: eu desejaria esta mulher, se ela não fosse verdadeiramente bela? a justiça, se ela não fosse verdadeiramente boa? Mas o que prova um sentimento? O que Espinosa nos ensina é amar sem absolutizar nosso amor: amar sem crer, amar sem adorar. Não há beleza objetiva, não há justiça, ou elas não valeriam nada. Não é porque esta mulher é bela que eu a desejo; é porque a desejo que ela me parece bela (um macaco, tenho notado com freqüência, prefere uma macaca). Não é porque a justiça é boa que nós a desejamos; é porque a desejamos que a consideramos boa. A mesma coisa no caso da paz, da liberdade ou da verdade (na medida em que ela *também* pode ser um valor): elas só valem para quem as ama. Relativismo teórico: a justiça só vale para os justos, a paz só vale para os pacíficos, a liberdade só vale para os espíritos livres – e a verdade só vale (o que não quer dizer: só é verdadeira) para os verídicos.

Quer isso dizer que Espinosa é sofista? Claro que não. Pois, se esse escólio introduz um relativismo radical, somente o introduz para os valores (é um relativismo metaético) e de modo algum para as verdades (não é um relativismo absoluto). Temos aí, portanto, uma disjunção das ordens que faria de Espinosa muito mais um cínico – mas não quero me deter neste ponto –, e talvez o mais radical de todos. No absoluto, nenhum valor é verdadeiro, nenhuma verdade vale. Mas a verdade tampouco necessita valer para ser verdadeira, nem o valor ser verdadeiro para valer. É por isso que, ao contrário do que se diz com freqüência, a ética espinosiana, se não é voluntarista (pois atua em certa relação com a verdade: no amor *intelectual* a Deus), tampouco e intelectualista (pois é uma ocorrência do desejo: um *amor* intelectual a Deus). Há portanto efetivamente duas ordens, ou dois pontos de vista; e, se é verdade que a sabedoria de certo modo as reconcilia (a verdade do desejo e o desejo de verdade se confundem: a beatitude nada mais é que a alegria de conhecer ou o amor verdadeiro ao verdadeiro, e é isso que significa o amor intelectual a Deus), é também verdade que elas são disjuntas: Deus ou a verdade não têm nem amor nem ódio a ninguém[57], e quem ama deve portanto amar sem esperança de correspondência[58]. Cinismo: desespero. Não há amor que não seja humano, e verdade, mesmo no homem, que não seja divina. Nem dogmatismo prático, portanto, nem sofística. O homem é a me-

---

57. *Ética*, V, corolário da prop. 17.
58. *Ética*, V, prop. 19.

dida do valor (humano) de todas as coisas; mas Deus, da verdade. Ou melhor (já que Deus ou a verdade são "uma só e mesma coisa"⁵⁹), somente a verdade é medida de si mesma e do falso: *"veritas norma sui et falsi est"*⁶⁰. Se todo valor é subjetivo, toda verdade é objetiva; e onde o sofista pretende submeter a verdade ao desejo, Espinosa ensina ao contrário a submeter seu desejo à verdade. Isso supõe que a verdade tenha valor? Ela vale, de fato, para quem a ama ("para os desejos de uma alma filosófica"⁶¹). Mas não é como valor que ela é verdadeira (quer você a ame ou não, a verdade dele permanecerá imutável: ela é verdadeira, de direito, para todos), nem como verdade que ela vale (a verdade, como toda coisa, só é boa na medida em que "nós nos esforçamos em sua direção, queremo-la, apetecemo-la e desejamo-la": ela só vale, de fato, para quem a ama). Em suma, a verdade é ao mesmo tempo objetiva como verdade e subjetiva como valor: é por ser verdadeira que ela não se submete ao desejo (toda verdade, como tal, é universal), e é porque o desejo se submete a ela que ela vale (como valor particular: para quem a ama). Os sofistas simplesmente confundiram as duas coisas. Porque o bem é desejável; mas o verdadeiro não. Ou melhor, o verdadeiro só é desejável para quem o deseja, e essa tautologia define muito bem o espírito filosófico em geral e a filosofia de Espinosa em particular. A verdade não julga; nós é que devemos submeter nossos juízos à verdade. A verdade não nos ama; nós é que devemos amá-la. E o que é um filósofo, se não aquele que ama a verdade, aquele (já que nem todos são filósofos

---

59. Espinosa, *Court traité*, II, 5 (ed. Appuhn, Garnier-Flammarion, p. 99); ver também *ibid.*, II, 15, p. 121.
60. *Ética*, II, escólio da prop. 43.
61. Como diz Espinosa em sua *Carta 30*, a Oldenburg.

e já que ninguém pode sê-lo em meu lugar) que ama *singularmente* a universal verdade? Sem esperança, sem promessa, sem egoísmo. Sozinho, diante do universal – é isso que se chama espírito.

No fundo, os sofistas têm razão sobre o valor e erram sobre a verdade, assim como os dogmáticos têm razão sobre a verdade e erram sobre o valor. Ambos portanto erram (já que sua posição só é especificada pela conjunção desses dois pontos de vista), e é nisso que o cinismo generalizado rejeita os dois: com efeito, disjungindo as ordens – relativismo prático, universalismo teórico –, ele afirma ao mesmo tempo a objetividade do verdadeiro (contra a sofística) e a subjetividade do valor (contra o dogmatismo prático).

Lembrem-se do *livrão* de Wittgenstein, que conteria "a descrição completa do mundo" e, por isso, "todas as proposições verdadeiras que podem ser formuladas"... Esse livro, constatava Wittgenstein, "não conteria nada que chamaríamos de juízo *ético*, nem o que quer que implicasse logicamente tal juízo": todas as proposições estariam "no mesmo nível", e haveria nele "somente fatos, fatos – fatos, mas não ética"[62]. É um pensamento cínico. De fato, ele supõe que a verdade não é nem moral nem imoral – e que a moral, por conseguinte, não é nem verdadeira nem falsa. Sofística? Claro que não, já que o *livrão* seria, ao contrário, a refutação em ato de toda sofística. Mas resta o fato de que "a ética não pode ser uma ciência" e, inclusive, de que "o que é ético não pode ser ensinado"[63]. *Exit* o intelectua-

---

62. Wittgenstein, "Conférence sur l'éthique", trad. fr., in *Leçons et conversations*, "Idées"/Gallimard, reed. 1982, pp. 145-6.
63. *Ibid.*, p. 155, e "Notes sur les conversations avec Wittgenstein", *op. cit.*, pp. 157-8.

lismo, *exit* o dogmatismo. No *livrão*, não se encontrará por exemplo nenhuma condenação absoluta do racismo, do fascismo ou do totalitarismo: a verdade não julga, e nem mesmo veda a mentira! Claro, encontraremos nele toda sorte de juízos de valor relativos ou indiretos, constatando por exemplo o fracasso dos sistemas totalitários no século XX. Mas um fracasso não prova nada: mesmo que o totalitarismo houvesse tido sucesso e a democracia, fracassado, o totalitarismo não seria menos condenável moralmente. É por isso que, no *livrão*, o essencial sempre faltará. O essencial? A vontade. Conhecer não é querer, e não dispensa de querer.

Quanto à crítica de circularidade, reconheço sua pertinência, pelo menos como constatação. Se a virtude só é boa para o homem virtuoso, se o mal só é mal para quem o rejeita ou veda-o a si, temos de fato uma circularidade e não vejo como poderíamos escapar dela. Resta saber se essa crítica é pertinente, não apenas como constatação mas como crítica – em outras palavras, se o círculo é vicioso. Não acredito que seja, é claro. É óbvio que a virtude supõe a virtude. Aristóteles já havia notado que nós só nos tornamos virtuosos realizando ações virtuosas ("as coisas que é necessário aprender para fazê-las é fazendo-as que aprendemos"[64]), de modo que a moral sempre pressupõe ela própria. Circularidade de fato, portanto, cujo lugar é a educação. Nenhuma criança se tornaria moral se não fosse educada numa moral preexistente, com o que Kant no fundo concordaria[65]. Mas não haverá também uma circularida-

---

64. *Éthique à Nicomaque*, II, 1, 1103 a (trad. fr. Tricot, p. 88).
65. Ver p. ex. suas *Réflexions sur l'éducation*, trad. fr., Vrin, 1980. Ver também meu artigo sobre a polidez, no n.º 2 da série "Morales" da revista *Autrement* (fevereiro de 1991), pp. 20 a 27.

de do direito, já que a moral só vale do ponto de vista de uma vontade também moral? Sem dúvida. Mas novamente: como escapar dela? O próprio Kant, nos *Fundamentos da metafísica dos costumes*, havia encontrado uma dificuldade desse tipo: a moral supõe a liberdade, que supõe a moral... Esse círculo não é vicioso, explicava ele em substância, já que a liberdade é primeira e basta por si só para fundar a moralidade[66]. Seja. Mas por que a liberdade? Não podemos responder[67], apenas constatar que ela está em nós, ou que nós estamos nela. É a circularidade da autonomia, inteligível em si, da qual não podemos sair nem de fato nem de direito. Diria de bom grado a mesma coisa – de um outro ponto de vista: de um ponto de vista cínico – da circularidade da vontade. Uma vontade ser moralmente boa somente do ponto de vista de uma moral que, primeiro, é preciso querer é algo que cada um de nós experimenta desde que confronta seus juízos com os de outrem, e que dá razão, no que concerne aos valores, ao relativismo. Montaigne, Espinosa, Lévi-Strauss... Mas isso nunca impediu ninguém (principalmente esses três!) de querer, nem de julgar, nem de agir. É evidente que julgamos somente do interior de certa cultura. Mas por que renunciaríamos a julgar? O fato de alguns preconizarem a excisão e compreender isso não me impede de modo algum de combatê-la. Ao contrário: é porque alguns a preconizam que eu a combato! Ninguém sai da sua cultura, ou só sai para entrar imediatamente depois numa outra: não há nem cultura absoluta nem moral natural, e todo juízo pressupõe os próprios valores que esse juízo defende. É nisso que há circularidade,

---

66. *Fondements de la métaphysique des moeurs*, III, pp. 450-3 (trad. fr. Delbos-Philonenko, Vrin, 1980, pp. 132-6).
67. *Ibid.*, pp. 458-63 (trad. fr. Delbos-Philonenko, pp. 144-8).

repitamos, mas essa circularidade só seria viciosa se pretendesse fundar em verdade (objetivamente, universalmente) um ponto de vista que é necessariamente particular e subjetivo, em outras palavras, se pretendesse erigir em ponto de vista de Deus o que não passa de um ponto de vista humano (que só vale para os homens) e humanista (que só vale para os homens que consideram a humanidade um valor). Circularidade não da autonomia mas da cultura, não da liberdade mas do desejo, não da razão mas da fidelidade. É o que eu chamaria de bom grado de circularidade cínica, que é uma circularidade virtuosa: a vontade boa só é boa para aquele que a quer, e por ele. É por isso que é tão importante querê-la! Que mais é a virtude, senão isso? A virtude é o esforço para se conduzir bem, que gera o bem nesse esforço mesmo. A justiça só vale para os justos, a candura para os cândidos, a misericórdia para os misericordiosos... Circularidade do desejo: circularidade da vontade. É também a circularidade do amor ("o sábio é amável, ele ama seu semelhante", dizia Antístenes[68]), e é nisso que Cristo, pelo menos desse ponto de vista, é um cínico[69]. Que lhe importam os bons costumes ou os mandamentos? Só há uma lei, que é lei de amor, e o amor não é uma lei, e só vale para quem o ama.

"No fim da minha conferência sobre a ética", recorda-se Wittgenstein, "falei na primeira pessoa. Creio que temos aí algo de essencial. Nesse nível nada mais pode ser objeto de constatação, só posso entrar em cena como pessoa e dizer eu."[70] Solidão da moral: solidão do cínico.

---

68. [A 89].
69. Como observou Hélène Politis, *art. cit.*, p. 230 e nota 34.
70. Wittgenstein, "Notes sur les conversations...", *op. cit.*, p. 158. É uma alusão às últimas linhas da *Conferência sobre a ética*: "Na medida em que a ética nasce do desejo de dizer alguma coisa da significação última da vida,

Dir-se-á que, nesse caso, não há mais limites nem garantias. Eu diria, antes, que não há outras garantias além da nossa vontade: é aí que intervêm a virtude, no caso dos indivíduos, e a democracia, no caso dos povos. A verdade, não obstante o que dela pensem os dogmáticos, não poderia substituir nem uma nem outra – como tampouco uma ou outra poderiam substituir a verdade, não obstante o que delas pensem os sofistas.

---

do bem absoluto, do que tem um valor absoluto, a ética não pode ser uma ciência. O que ela diz não acrescenta nada a nosso saber, em nenhum sentido. Mas ela nos documenta sobre uma tendência que existe no espírito do homem, tendência que, quanto a mim, não posso deixar de respeitar profundamente e que nunca na minha vida eu poderia ridicularizar."

3
Montaigne cínico?
(*Valor e verdade nos* Ensaios)*

> Os princípios de Aristóteles não são princípios para ele, como não o são os dos estóicos ou dos epicuristas.
>
> MONTAIGNE, *Ensaios*, I, 26.

É um problema tradicional, quase escolar, saber se Montaigne foi – simultaneamente? sucessivamente? – estóico, cético ou epicurista. A bela tese de Villey[1], mais nuançada do que se costuma dizer, havia mostrado, faz quase um século, que os *Ensaios*, se não o próprio Montaigne, haviam evoluído entre essas três inspirações: não que um Montaigne inicialmente estóico tivesse se tornado pirroniano depois epicuriano – ele nunca teve mentalidade de discípulo nem de apóstata –, mas por ter encontrado nelas, em diferentes épocas da sua vida, e desigualmente, os modelos de que necessitava para se tornar plenamente ele próprio e criar, ao longo desse trajeto, "o livro mais original do mundo"[2], o mais singular e, com isso, o mais universal. De fato, tal evolução, ou "involução"[3], claro que não linear, parece-me

---

* *Revue internationale de philosophie*, n.º 181 (*Montaigne philosophe*), Bruxelas, 1992.

1. P. Villey, *Les sources et l'évolution des Essais de Montaigne*, 2.ª ed., Paris, Hachette, 1933 (a primeira edição datava de 1908).

2. Como dizia Léon Brunschvicg, *Descartes et Pascal, lecteurs de Montaigne*, Nova York, Brentano's, 1944, p. 19.

3. Como prefere dizer Marcel Conche, para designar um movimento que vai "de fora para dentro, do superficial ao profundo" (*Montaigne et la philosophie*, Éditions de Mégare, 1987, pp. 79-80). Mas é principalmente uma

pouco negável, e não se pode refutar Villey, a meu ver, a não ser caricaturando-o antes. Não é essa a minha intenção, como vocês podem imaginar, tampouco a de retomar ou prolongar sua argumentação. Gostaria de me interessar aqui não pelas fontes ou pela evolução dos *Ensaios*, mas pela filosofia que eles apresentam ou que deles podemos extrair, contanto que o consideremos em sua integridade e procuremos, tanto quanto possível, deles extrair a sua coerência. Coerência paradoxal, em certo sentido: os *Ensaios* se pretendem, e são, o contrário de um sistema. "É uma contraparte de diversos e mutáveis acontecimentos, de imaginações irresolutas e, às vezes, contrárias: seja porque eu sou outro eu, seja porque apreendo os sujeitos por outras circunstâncias e considerações" (III, 2, 805)[4]. Montaigne só se submete ao que lhe parece verdadeiro, no instante, e não se incomoda em mascarar suas possíveis contradições. Não é ilogismo, é sinceridade: "Assim é que posso porventura me contradizer, mas a verdade, como dizia Demades, eu não contradigo" (*ibid.*). Sua coerência não é a de um sistema mas de um indivíduo, não de um discurso mas de uma progressão. Em todo caso, podemos tentar juntar suas verdades e delas extrair – para nós que disso tanto precisamos –, não uma ordem das razões, é claro, mas, digamos, uma razão na desordem ou um pensamento ao menos possível. "Meu livro é sempre um", dizia ele também (III, 9, 964). Isso deve nos guiar. Considerando Montaigne como

---

questão de palavras: comparar com o que escrevia Villey no preâmbulo da segunda edição de *Les sources*..., pp. V e VI. Ver também Hugo Friedrich, *Montaigne*, trad. fr., Gallimard, 1968, col. "Tel", pp. 71 a 93.

4. Minhas referências aos *Essais* remetem à edição Villey, revista e corrigida por V.-L. Saulnier (reed. PUF, 1978), de que modernizei a ortografia e, às vezes, a pontuação. [Trad. bras. *Ensaios*, de Rosemary Costhek Abílio, feita a partir da edição preparada por Pierre Villey, São Paulo, Martins Fontes, 2000.]

filósofo, e um dos maiores, coloco-lhe a questão que ele merece, a da verdade, de que a não-contradição – salvo em caso de mudança de objeto ou de ponto de vista – é uma condição tão evidentemente necessária quanto não suficiente. Aplicada aos *Ensaios*, porém, a questão é vasta demais para as poucas páginas de que disponho: um livro não bastaria, nem uma vida, talvez. Limito portanto meu campo ao problema, na minha opinião crucial, do valor e da verdade: procuro ver se a posição de Montaigne sobre essa questão é coerente, e como ela se situa – e o situa – na história da filosofia. Estoicismo, pirronismo e epicurismo são, assim, grades conceituais que podem, por contraposição, destacar ainda mais a singularidade montaigniana e a radicalidade, sob certos aspectos novíssima, que ela introduz. Meu título dá a entender que no caminho encontrei os cínicos: mais uma vez, não que Montaigne fosse um discípulo de Diógenes ou de Crates, mas porque, pelo menos é o que procurarei mostrar, ele prolonga algumas das posições destes, abrindo assim caminho para o que chamei em outro lugar de um cinismo generalizado[5], de que a Antiguidade sem dúvida não dá exemplos mas de que nossa época necessita. Por isso, muito mais que Descartes – e não obstante o que Hegel e, mais tarde, Husserl pensaram dele –, Montaigne inaugura a filosofia moderna, entendendo-se com isso não tanto a filosofia que de fato teve lugar (ainda que, muitas vezes, não passasse de uma teologia laicizada) quanto a filosofia, muito incompletamente realizada até nossos dias, de que nossa modernidade necessita. Trata-se, com Montaigne, de sair enfim da era teológico-política, isto é – e nunca terminaremos de fazê-lo – da Idade Média.

---

5. "A vontade cínica", *supra*, pp. 35 ss.

Mas, nestas poucas páginas, só poderei esboçar a demonstração dessa proposta. No entanto, é ser fiel a Montaigne contentar-se, nesses domínios, com um esboço. "Não fazemos mais que nos entreglosar", ele deplorava (III, 13, 1069). Isso deve impor ao comentador, se não o silêncio, de que Montaigne nunca deu o exemplo, pelo menos um mínimo de leveza e ("amando a pertinência e, por conseguinte, a brevidade", I, 26, 154) de concisão. De resto, o que é uma demonstração filosófica? O que Montaigne nos ensina antes de mais nada, talvez, é que essa expressão não tem sentido, ou antes, não tem objeto, o que nos leva direto ao nosso problema.

No que diz respeito ao valor e à verdade, epicurismo e estoicismo têm em comum o fato de serem dogmatismos: dogmatismos teóricos (ambos têm pretensão a uma verdade certa) e dogmatismos práticos (ambos têm pretensão a julgar em verdade o valor e a ação). É o que o pirronismo veda, e é por isso que Montaigne, pelo menos desde a *apología*, é pirroniano. A partir do momento em que os sentidos, origem de todo conhecimento, são "fundamento e prova [somente] da nossa ignorância" (e Montaigne, aqui, volta Lucrécio contra o epicurismo: II, 12, 587-600), a partir do momento em que a razão, não obstante o que dela pensaram os estóicos (e, aliás, os epicurianos também), nada mais é que "um instrumento de chumbo e de cera, alongável, dobrável e acomodável a todos os vieses e a todas as medidas" (II, 12, 565) – a tal ponto que, ainda que dispuséssemos de um ponto fixo, não saberíamos, ao contrário do que pretenderá Descartes, nem levantar a Terra nem alcançar certeza alguma: a alavanca é mole demais! –, a partir do momento em que esse instrumento é evidentemente incapaz de se verificar a si mesmo, a não ser que caia numa circularidade, e de escapar da sua essencial subjetividade, a não ser que caia no nada (II, 12, 600-601), a partir do momento em que, por conseguinte, a filosofia não é mais "que uma poesia sofisticada" (II, 12, 537), sem fundamento e sem garantia (ora, "se de fundamento necessita, seu discurso cai por terra", II, 12, 561), a partir do momento em que, para dizê-lo numa palavra, "não temos nenhuma comunicação com o ser" (II, 12, 601), é claro que – na medida em que pelo menos temos acesso, ainda que imperfeitamente, ao nosso próprio pensamento e aos seus limites – todo dogmatismo nos é, pelo menos de direito, definitivamente vedado, o que remete os dogmatismos de fato a seu estatuto de crença e dá razão desse modo (embora isso não seja mais que uma crença entre outras) ao ceticismo ou aos pirronianos, os quais formam, como diz Montaigne (que os conhece sobretudo por intermédio de Diógenes Laércio e Sexto Empírico), "o mais sábio partido dos filósofos" (II, 15, 612). Esse ceticismo não tem nada de provisório: não é uma "crise", ou se houve crise, como pretende Villey, Montaigne fez dela um patrimônio definitivo do seu espírito. Na edição de 1588, longe de atenuar seu pirronismo, ele o acentua e, especialmente, iguala o sensualismo epicuriano ao racionalismo estóico: "Caso o que dizem os epicuristas for verdade, a saber, que não temos ciência se as aparências dos sentidos são falsas; e, o que dizem os estóicos, se for verdade também que as aparências dos sentidos são tão falsas que não podem nos produzir nenhuma ciência, concluiremos, em detrimento dessas duas grandes seitas dogmatistas, que não há ciência" (II, 12, 592, B). Não, claro, que não podemos conhecer absolutamente nada, mas que não podemos nada conhecer absolutamente: os múltiplos conhecimentos que a experiência, a razão ou as ciências nos fornecem são sempre relativos e, na falta de um fundamento ou de uma garantia absolutos, sempre em alguma coisa (mas essa alguma coisa é a própria coisa!) sujeitos a caução. Dizendo com outras palavras, Montaigne é um cético, e não um sofista ou um niilista: ele não afirma que nada é verdadeiro (proposição evidentemente contraditória: se nada é verdadeiro, não é verdadeiro que nada é verdadeiro), nem que ele não sabe nada (proposição igualmente contraditória: se ele não soubesse nada, como saberia que não sabe nada?), mas simplesmente que nada é certo (nem mesmo a incerteza de tudo!) e que, por conseguinte, ele não sabe o que sabe, nem mesmo (por ser incapaz de discernir com toda certeza o que sabe que acredita saber) se sabe. Daí a célebre fórmula interrogativa que Montaigne mandou gravar numa medalha com seu nome ("*Que sais-je?*"*), fórmula aparentemente mais moderada, mas em verdade, como viu Pascal, mais radical – já que o ceticismo inclui a si próprio na dúvida universal que instaura – e, com isso, mais coerente do que a pura e simples negação (sofística ou niilista, como preferirem) de todo saber[6].

"O verdadeiro ceticismo", observa Merleau-Ponty, "é movimento em direção à verdade"[7]; mas, mostra Montaigne, é impossível deter esse movimento. Nem cadeia acima,

---

* Que sei eu? (N. do T.)

6. Não podemos citar aqui o que diz Pascal – apesar de não nos cansarmos de relê-lo – no admirável *Entretien avec M. de Saci* (*Oeuvres complètes*, ed. Lafuma, Seuil, 1963, pp. 293 ss.; ver também, nos *Pensamentos*, os fr. 131-434 e 521-387).

7. "Lecture de Montaigne", *Les Temps modernes*, 1947, republicado em *Signes* (1960), depois em *Éloge de la philosophie et autres essais*, reed. "Idées"/Gallimard, 1965, p. 340.

já que faltam os princípios ou eles não têm prova ("nenhuma razão se estabelecerá sem outra razão: eis-nos recuando até o infinito", II, 12, 601); nem cadeia abaixo, já que o próprio desenvolvimento das teorias predestina cada uma a ser um dia superada por outra, a tal ponto que não se pode ter certeza de nenhuma (Copérnico derrubou Ptolomeu: "quem sabe uma terceira opinião, daqui a mil anos, não derrubará as duas precedentes?", II, 12, 570) – mas tampouco, seria simples demais, da falsidade de todas. Devemos então renunciar a pensar? Claro que não. Mas é preciso pensar sem esquecer que esse pensamento é nosso, submetido ao nosso ponto de vista ("os olhos humanos não podem perceber todas as coisas a não ser pelas formas do conhecimento destas", II, 12, 535) e prisioneiro, para sempre, da nossa finitude ("o homem só pode ser o que ele é, e só pode imaginar segundo o seu alcance", II, 12, 520). O que Montaigne rejeita não é, portanto, a verdade (quem a amou ou a serviu melhor do que ele?), mas sim a certeza; não o saber, em sua positividade (sabe-se o crédito que Montaigne dá aos historiadores, e daria o mesmo hoje, ou um maior, aos cientistas da natureza), mas sua fiabilidade ontológica; não a razão ou a experiência, mas o dogmatismo que pretende lhe ser fiel quando ultrapassa da forma mais manifesta seus limites. Montaigne não poderia portanto ser nem estóico nem epicurista[8], e os empréstimos – numerosos – que toma de uma ou de outra dessas duas escolas só têm sentido, se assim podemos nos exprimir, *sob o domínio do ceticismo*: ceticamente estóico, ceticamente epicuriano, ele pode ser ora uma coisa, ora outra, conforme

---

8. Já que epicurismo e estoicismo são dogmatismos: ver a esse respeito M. Conche, *Montaigne et la philosophie*, pp. 27 e *passim*.

os problemas considerados, e no entanto nem uma nem outra, já que nunca aceita os sistemas fechados e supostamente demonstrativos do Pórtico ou do Jardim. Essa indiferença aos dogmas e aos sistemas é tão arraigada nele que ele tem dificuldade de crer que não tenha sido assim com os grandes filósofos do passado. Platão, ele explica em algum lugar, acreditava nas suas Idéias tão pouco quanto Epicuro em seus átomos: "eles eram sábios demais para estabelecer seus artigos de fé em coisa tão incerta e tão contestável" (II, 12, 511). Feliz Montaigne, tão livre de espírito, tão generoso, que presta aos outros, abusivamente até, a sua própria liberdade!

De um ponto de vista teórico, a coisa está clara: epicurismo e estoicismo, tanto quanto Montaigne os utiliza ou se identifica com eles, são submetidos ao ceticismo, não o contrário, e remetidos com isso ao seu estatuto de crenças incertas. *Exit* o dogmatismo teórico: "A peste do homem é a opinião de saber... A impressão da certeza é um testemunho certo de loucura e de incerteza extrema" (II, 12, 488 e 541). Isso também vale para o ceticismo, e é nisso que Montaigne, como Hume depois dele, se distingue de um certo fanatismo (ou dogmatismo!) pirroniano, que pretenderia erigir a dúvida em certeza ou a ignorância em sistema. Seu ceticismo radical é também um ceticismo moderado, e moderado porque radical. Assim como pode ser ceticamente epicuriano ou estóico, sobre esta ou aquela questão, Montaigne também é, poderíamos dizer, e sobre todas as questões, ceticamente cético. Não, claro, que só o seja em parte ou em momentos, mas antes pelo fato de que seu ceticismo toma por sua vez a si mesmo como objeto (sua ignorância, como a de Pirro, "ignora a si mesma", II, 12, 502) e se modera exacerbando-se. Montaigne não é menos cético por isso, é até mais: seu ceticismo é como um ceticismo ao quadrado, que concerne também a si próprio e à sua própria validade. Ceticismo reflexivo, se quiserem, que se limita pensando-se e cuja coerência acarreta – e supõe – a moderação. O cético extremista, ao contrário, não pode escapar da autocontradição. Como ter certeza de que não se pode ter certeza de nada? Como saber que se ignora tudo? No livro III, depois de lembrar que "nada é mais flexível e errático do que nosso entendimento: é o sapato de Teramenes, que servia para todos os pés" (III, 11, 1034), Montaigne explica pelos excessos do dogmatismo os excessos de que o ceticismo, por sua vez, tornou-se culpado: "A arrogância dos que atribuíam ao espírito humano a capacidade de todas as coisas causou, entre outras, por despeito e por emulação, a opinião de que ele não é capaz de coisa alguma. Uns põem na ignorância essa mesma extremidade que os outros põem na ciência. Para que não se possa negar que o homem não é imoderado em tudo..." (III, 11, 1035). Em tais excessos Montaigne evita cuidadosamente cair. É por demais sensível à riqueza da experiência, por demais respeitoso do saber (apesar de detestar os sabichões!) e demasiado atento às exigências da razão para suprimir com um traço o que separa o adulto culto e sensato da criança ou do louco. Que nada é verdadeiro, é algo impossível de pensar; que não se possa conhecer nada, é algo impossível de crer. E ainda que essa dupla impossibilidade a rigor não prove nada (pelo que o ceticismo permanece invicto, e invencível), nem por isso ela deixa de ser a nossa sina: o homem não pode nem se impedir de pensar, nem se impedir de crer no que pensa, nem, se filosofar até as últimas conseqüências, duvidar do que crê. Aliás, a própria empreitada dos *Ensaios* supõe, tanto em seu projeto como em sua realização, a oposição entre o verdadeiro e o falso (logo, pelo menos a idéia de verdade), assim como a diferença entre o que um imagina conhecer mais ou menos e o que ignora totalmente (ver, por exemplo, III, 2, 805-806). Não há niilismo epistemológico em Montaigne: ele tem demasiado horror dos imbecis para desprezar a inteligência e, se detesta os sabichões, isso não o impede de amar e honrar os sábios (III, 8, 927). Seu ceticismo, repitamos, não recai sobre o detalhe dos nossos saberes positivos, nem sobre o seu valor relativo, mas sobre o seu alcance ontológico ou absoluto. Dizer que "não temos nenhuma comunicação com o ser" não é dizer que não conhecemos nada, nem que não há diferença alguma entre a verdade e o erro, entre o saber e a ignorância: é dizer que nunca podemos estar certos (de direito) do que conhecemos, nem erigir em valor absoluto a relatividade das nossas crenças ou mesmo das nossas certezas (que nunca são mais que certezas de fato)[9]. A positividade finita dos nossos saberes não diminui a sua incompletude infinita, e nenhuma ciência nunca poderá demonstrar a verdade das ciências: o próprio movimento dos nossos conhecimentos nos impede de repousar em qualquer certeza que seja, assim como crer que teríamos alcançado (acumulando conhecimentos relativos!) um absoluto cuja eterna verdade somente Deus, se ele existe, pode contemplar – ou ser. Assim, devemos concluir que "somente Deus é", como diz Montaigne (II, 12, 603), mas também que não se pode saber o que é, nem se é. Deus é objeto, não de conhecimento, mas de fé – ora, o que prova uma fé? e por que tal fé e não outra? Podemos pensar em Kant: Montaigne também limita o saber e deixa espaço para a crença. Mas, para ele, toda crença é de fato (não há

---

9. Ver a esse respeito duas páginas decisivas de Marcel Conche, *Montaigne ou la conscience heureuse*, Seghers, reed., 1970, pp. 61-2. Ver também, do mesmo autor, *Orientation philosophique*, PUF, 1990, pp. 99-100.

postulados da razão prática) e, portanto, não poderia ter pretensão ao absoluto ou ao universal. Não há razão pura, e toda fé é de opinião. Por isso é impossível, e impossível para sempre, que "o homem se eleve acima de si e da humanidade: porque ele só pode ver com os próprios olhos e apreender com as suas presas" (II, 12, 604). Falaram num "positivismo" de Montaigne[10], e a expressão, por mais anacrônica que evidentemente seja, não deixa de ter sua pertinência: Montaigne, como a maioria dos nossos cientistas modernos, está demasiado atento às "provas e razões que se fundamentam na experiência e no fato" para se iludir com seu alcance metafísico. "Essas eu não desato", diz ele; mas logo acrescenta: "também elas não têm extremidade: muitas vezes eu as corto*, como Alexandre seu nó" (III, 11, 1032). E pode-se fazer de outro modo? Não se pode emitir juízo sobre tudo, nem sempre: é preciso tomar uma decisão, já que é preciso agir. Mas decidir-se não prova nada, e só se justifica, ao contrário, pela impossibilidade em que estamos de provar absolutamente ou de compreender plenamente (de *desatar*). A dúvida leva a melhor, portanto, e se às vezes parece haver um fideísmo, por exemplo no fim da *Apologia* (mas, em Montaigne, será fé ou prudência?), só pode ser um fideísmo cético: Montaigne se diz católico, claro, mas logo precisa que "somos cristãos do mesmo modo que somos perigordinos ou alemães" (II, 12, 445), em outras palavras, que é apenas uma situação de fato, que nossa religião deve tudo à história e aos acasos do nascimento ("nós nos encontramos no país em que ela era de uso", nada mais) e evidentemente não poderia ter pretensão a

---

10. Por exemplo, G. Lanson, *Les Essais de Montaigne*, Paris, Mellottée, 1930, pp. 162-3.
* *Trancher* significa tanto cortar como decidir, resolver... (N. do T.)

nenhuma certeza ou absolutidade. Montaigne livre-pensador? Montaigne fideísta? Montaigne católico? Não podemos decidir plenamente – e, de resto, essas três posições, para Montaigne, não se excluem (ser católico como se é perigordino é ser livre-pensador...). Mas o que é certo é que a posição íntima de Montaigne, nessas questões como em outras, não poderia invalidar seu ceticismo e, ao contrário, deve ser submetida a ele: católico, fideísta ou livre-pensador, talvez os três, Montaigne só poderia sê-lo ceticamente. Aliás, ele havia percebido muito bem os malfeitos do dogmatismo nessas matérias para não desconfiar, como dizia (II, 12, 488), dessa "peste": "é valorizar por demais suas conjecturas assar por causa delas um homem vivo" (III, 11, 1032)...

Isso nos leva ao dogmatismo prático e ao ponto mais difícil do nosso problema.

Entendo por dogmatismo prático, como já disse, o que incide sobre os valores: ser dogmático, na ordem prática, é pretender julgar *em verdade* o valor das coisas ou da ação. A moral é, então, do domínio do conhecimento (é nisso que esse dogmatismo está ligado ao intelectualismo) e deve se impor, a esse título, universalmente: a verdade, sendo a mesma para todos, não tem nada a ver com as preferências ou as aversões de cada um. Nesse sentido, o estoicismo é evidentemente um dogmatismo prático. A virtude não apenas pode ser ensinada, mas é indissociável do saber que a constitui: "O homem virtuoso conhece teoricamente e ao mesmo tempo pratica o que se deve fazer"[11], assim como inversamente "os vícios consistem em ignorar aquilo de

---

11. Diógenes Laércio, VII, 126 (trad. fr. Bréhier, *Les Stoïciens*, Bibliothèque de la Pléiade, p. 56).

que as virtudes são as ciências"¹². Nesse saber, a singularidade individual não tem nenhum papel: trata-se de viver de acordo com a natureza e a razão (*homologoúmenos*), as quais são as mesmas para todos, e é por isso que, como disse muito bem Cícero, "o sábio nunca é um homem privado"¹³, não só porque é "o único político verdadeiro, por sua ciência e suas disposições"¹⁴, mas também porque – o que dá na mesma – o universal (o *lógos*!) fala pela sua boca. Somente o sábio possui a ciência¹⁵, e somente ele, por esse motivo, pode julgar ou dirigir validamente a ação. A ciência diz indissoluvelmente o que é e o que deve ser, o verdadeiro e o bem: o mal não passa de um erro e não é nada.

No que concerne ao epicurismo, a coisa é mais complicada. Ele pertence, como anunciei, ao dogmatismo prático? Sim, parece, já que as afeições (prazer ou dor) são critério de verdade e que, graças a ela, é possível distinguir "o que se deve escolher e o que se deve evitar"¹⁶. Mas sabe-se também que essa objetividade do prazer e da dor, permanecendo submetida ao corpo, e à pluralidade dos corpos, não impede em absoluto as diferenças individuais (o que é bom para um pode ser ruim para outro) nem, principalmente, desemboca numa moral absoluta: longe de poder legislar do ponto de vista de Deus, como no caso dos estóicos, o sábio epicurista remete cada um a seus próprios prazeres e à "comparação e [ao] exame das vantagens

---

12. *Ibid.*, VII, 93, p. 46 (lembremos que Montaigne conhecia muito bem o livro de Diógenes Laércio, que lia numa tradução latina: ver Villey, *Les sources...*, t. I, pp. 126-7).
13. *Tusculanes*, IV, XXIII, 51 (Pléiade, p. 347).
14. Ver *ibid.*, a nota 1 da p. 347.
15. Ver p. ex. Cícero, *Premiers Académiques*, II, XLVII (Pléiade, p. 255).
16. Ver p. ex. Diógenes Laércio, X, 31 e 34, e as observações de M. Conche, pp. 25-6 da sua edição de Epicuro (reed. PUF, 1987).

e desvantagens"[17]. Por exemplo, explica Epicuro – a oposição com o estoicismo é nítida –, não haveria nada a reprovar aos depravados se eles fossem felizes e não recebessem "de parte alguma nem a dor nem o pesar, o que é precisamente o mal"[18]. Sim; mas não é esse o caso, nem pode ser. É aí que o dogmatismo (mesmo que inclua certo relativismo: trata-se menos de moral do que de ética) volta, e nitidamente. A *Carta a Meneceu*, assim como a de Heródoto, tem pretensões a uma verdade certa; os epicurianos, não menos que os estóicos, estão convencidos de que têm razão, tanto em sua ética como em sua física. É que seus juízos de valor, ao mesmo título que os outros, decorrem segundo eles de um *conhecimento*. Se o sábio vive melhor, é que sabe mais, e não é possível, sem esse saber (sem o conhecimento da doutrina epicuriana), viver feliz nem mesmo ter prazeres puros[19]. Os estóicos, vistos do Jardim, se enganam portanto sobre o prazer não menos que sobre o mundo: sua sabedoria é falsa, tanto quanto a sua ciência. Claro, o Pórtico tinha a mesma visão, e é por isso que os dogmatismos, sem poder ser refutados, pelo menos se recusam mutuamente...

A posição de Montaigne é bem diferente. Primeiro, evidentemente, porque seu ceticismo teórico também se refere, ao menos hipoteticamente, aos valores: ainda que estes fossem verdadeiros ou objetivos, não teríamos meio algum de conhecê-los com certeza. A "ciência da vida" é duvidosa, como todas as ciências são; e não se pode julgar nem provar nada de forma absoluta. Anote-se. Mas os valores

---

17. *Carta a Meneceu* (D. L., X, 130).
18. *Maxime capitale*, X (trad. fr. M. Conche).
19. Ver p. ex. a Máxima capital XII. A expressão é utilizada a propósito da física, mas vale também para a ética: ver a *Carta a Meneceu*, inteira.

são verdades? Se não conhecemos nenhuma verdade absoluta, é por falta de conhecimento ou por falta de objeto a conhecer? Limite gnoseológico ou vacância ontológica? Em outras palavras, o bem é cognoscível? A verdade é normativa? O conhecimento funda uma moral?

Ainda que assim fosse, mais uma vez, a moral nem por isso deixaria de ser relativa e subjetiva, como todo conhecimento. Mas isso é apenas uma sombra, projetada na prática, do ceticismo teórico. Há o que seja mais importante, e mais novo: se o conhecimento não se funda numa moral, não é unicamente em razão dos seus próprios limites (ceticismo teórico); é em razão do próprio estatuto da moral (relativismo prático). Montaigne está aqui a mil léguas de Platão e, em geral, de todo intelectualismo. Não só porque constata, é uma verdade que a experiência nos ensina, que "um homem de bons costumes pode ter opiniões falsas e um homem ruim pode pregar a verdade" (II, 31, 716), mas pelo fato, mais fundamental, de que a moral é para ele um caso, não de conhecimento, mas de vontade. Sua moral, como se sabe, é uma moral de intenção: "os efeitos e as execuções não estão em nosso poder, e, ponderando bem, não há nada em nosso poder senão a vontade" (I, 7, 30; o título do capítulo é: "Que a intenção julga nossas ações"). Mas até aqui um estóico poderia concordar. Ele pararia de concordar, porém, quando descobrisse que a vontade, em Montaigne, é o cerne da moral, que "nela se fundam por necessidade e se estabelecem todas as regras do dever do homem" (I, 7, 30), e isso independentemente do saber ou da ignorância (ver por exemplo II, 12, 487-488). De fato, não só "a estimativa e o valor de um homem consistem no coração e na vontade" (I, 31, 211), mas também, e sobretudo, essa vontade escapa de todo império do saber: "Quem nos contar por nossas ações e comportamentos encontrará um maior número de excelentes entre os ignorantes do que entre os cultos: e isso em toda sorte de virtude" (II, 12, 488). O caso de Montaigne confirma-o: ele deve a sua virtude, ou sua pobreza em vícios, "mais à [sua] fortuna do que à [sua] razão", e mais ao seu pai do que aos filósofos (II, 11, 427). Trata-se de mais que um simples acaso biográfico. O voluntarismo de Montaigne, se assim podemos nos exprimir (veremos que isso não é tão simples), é irredutível a qualquer tipo de intelectualismo ou de dogmatismo. Claro, às vezes ele evoca de passagem, pelo menos a título de hipótese, o "ninguém é ruim voluntariamente" das diferentes escolas socráticas. Mas, mesmo então, é menos o conhecimento do bem que está em jogo do que o horror ao mal: "Não há vício verdadeiramente vicioso que não ofenda e que um juízo íntegro não acuse: porque sua feiúra e seu incômodo é tão aparente que por acaso têm razão os que dizem que ele é produzido principalmente por tolice e ignorância. A tal ponto é difícil imaginar que se possa conhecê-lo sem odiá-lo" (III, 2, 806). Há sobre isso, em Montaigne, e a contrapelo de todo idealismo, algo como uma ética do pior: "O horror à crueldade me impele mais longe na clemência do que qualquer padrão de clemência poderia me atrair" (III, 8, 922). Em compensação, ao contrário do que pensavam os estóicos, não basta conhecer o bem para fazê-lo: "Um tem a vista boa, mas não reta; por conseguinte, ele enxerga o bem e não o segue; e vê a ciência, e dela não se serve" (I, 25, 141). Aliás, é esse o ponto de partida da *Apologia de Raymond Sebond*, e talvez também o que nela está em jogo: "Na verdade, é um fator muito útil e muito grande a ciência, e os que a desprezam atestam suficientemente sua tolice; mas não estimo seu valor até essa medida extrema que alguns lhe atribuem, como o filósofo Erilo [lembremos que se trata de um estóico, e o mais intelectualista de todos], que situava nela o soberano bem e considerava que estava em poder dela tornar-nos sábios e contentes: o que não creio, e que outros disseram, é que a ciência seja mãe de toda virtude e que todo vício seja produzido pela ignorância" (II, 12, 438). Trata-se, claro, de um ponto essencial: já que Montaigne, e ele se gaba disso, "não trata oportunamente de nada a não ser do nada, e de nenhuma ciência a não ser da insciência" (III, 12, 1057), sua moral, se é que há moral nele, não poderia se fundar sem contradição nem no ser nem no saber. Ora, que há uma moral nele, quem pode negar? Mas é a moral de Montaigne: ninguém se submete a ela, a não ser que a reconheça. É talvez onde Montaigne, de um ponto de vista filosófico, é mais original e, para nós, mais cativante. A contrapelo de tantos moralistas, que parecem viver ou escrever somente para nos dar lições, ele se contenta com se pintar, não como modelo, mas como exemplo, e sem nenhuma pretensão moralizadora: "Os outros formam o homem; eu o recito e represento um detalhe seu muito mal-formado, o qual, se eu tivesse de modelar de novo, faria muito melhor do que é. Pois está feito" (III, 2, 804). Montaigne, ou a filosofia do homem qualquer... Mas não é um homem sem qualidades nem sem virtudes. Simplesmente, aquelas e estas devem tudo à vida deste e portanto só valem para ele (com exceção de quem concorde com ele, mas isso cabe a cada um decidir). "Eu não ensino, eu conto" (III, 2, 806)...

Claro, ainda é humildade de cético: "São aqui meus humores e opiniões; eu os dou pelo que é de minha crença, não pelo que é para crer... Não tenho autoridade para ser crido, nem assim desejo, sentindo-me demasiado mal instruído para instruir outrem" (I, 26, 148). Mas, em se tratando não mais de conhecimento, e sim de ação, e do valor da ação, tem mais. A verdade, mesmo desconhecida, é a mesma de direito para todos. Montaigne nunca negou essa exigência mínima do racionalismo, pelo que a filosofia, inclusive a filosofia cética, se distingue da sofística: "a verdade e a razão são comuns a todos e cada um" (I, 26, 152), a verdade, ao contrário da mentira, tem "um só rosto" (I, 9, 37), ela "deve ter um rosto idêntico e universal" (II, 12, 578-579), sua essência é "uniforme e constante" (II, 12, 553), em suma, ela escapa, pelo menos de direito, à pluralidade conflituosa e mutável dos nossos pontos de vista sobre ela, e aliás só ela permite pensá-la. Montaigne se distingue aqui, nitidamente, dos sofistas de hoje, e de sempre. Trata-se de saber, não quem fala, mas o que se diz, e de buscar, não a vitória, mas o verdadeiro: "Festejo e afago a verdade em qualquer mão que a encontre", escreve Montaigne, "e rendo-me alegremente a ela, e entrego-lhe minhas armas vencidas, se a vejo aproximar-se de longe" (III, 8, 924). Mas para isso é preciso haver uma verdade. Ora, tratando-se de moral, eu não diria que nada é verdadeiro (porque, nesse caso, como se poderia mentir?), mas que não é a verdade que julga o valor da ação. A verdade, mesmo que desconhecida, é universal, como acabamos de ver, o que nenhum valor poderia ser: a pluralidade de gostos e de opiniões, sobre a qual Montaigne não pára de falar, mostra suficientemente que a avaliação depende do indivíduo ("as acessões externas adquirem sabor e cor da constituição interna", I, 14, 67) e que as coisas, como as roupas, só nos "aquecem" com o calor que nelas pomos ("quem abrigasse um corpo frio dele obteria o mesmo serviço para a frieza: assim se conservam a neve a o gelo", *ibid*.). O relativismo de Montaigne, pois há um relativismo aí, excede seu ceticismo e não poderia se reduzir a ele. Todos os homens que sabem contar concordarão com o conteúdo de uma bolsa, mas não com o valor que dão à sua posse: vários preferiram a pobreza, e "a riqueza não mais do que a glória, do que a saúde, têm tanta beleza e prazer quanto lhes presta quem as possui" (*ibid*.). É que "nossa opinião dá preço às coisas, [...] e chamamos de valor nelas, não o que elas trazem, mas o que nelas colocamos" (I, 14, 62). Por isso a pluralidade de pontos de vista é aqui menos a marca da nossa ignorância ou da nossa incerteza do que a marca, no fundo mais essencial, das nossas diferenças. Pelo que a moral é uma solidão, como dirá Alain, e não tem outra garantia, em cada um, além do seu juízo, nem outra legitimidade além do para si. É o que indica fortemente, entre inúmeras outras passagens, o início do capítulo sobre "o jovem Catão": "Não cometo esse erro comum de julgar um outro de acordo com o que sou. Creio facilmente em coisas diversas de mim. Para me sentir empenhado numa forma, não obrigo os outros, como todos fazem; e creio e concebo mil modos contrários de vida; e, ao contrário do usual, recebo mais facilmente a diferença do que a semelhança entre nós. Libero quanto se quiser um outro ser das minhas condições e princípios, e o considero simplesmente em si mesmo, sem relação, confeccionando-o com base em seu próprio modelo" (I, 37, 229). O relativismo de Montaigne é, antes de mais nada, respeito pelo outro. Ninguém melhor do que ele defendeu o *direito à diferença*, como se diz hoje em dia, nem o articulou melhor ao respeito pelo que há de universalmente humano em todo homem. "Os homens são todos de uma espécie", escreve (I,

14, 51)[20], e cada um, como se sabe, "traz consigo a forma inteira da humana condição" (III, 2, 805). Daí, por exemplo, a defesa dos selvagens (I, 31) e a condenação sem fraqueza dos nossos conquistadores (III, 6). Mas esse respeito pelo universal humano (e pela "razão universal impressa em todo homem não desnaturado", III, 12, 1059) também é o que impede privilegiar absolutamente o ponto de vista de alguém: daí a recusa, como diríamos, do etnocentrismo, e o respeito, de novo, pelos índios da América. "Cada um chama de barbárie o que não é do seu uso" (I, 31, 205), e, se esses são de fato *selvagens* ("assim como chamamos de selvagens os frutos que a natureza, por si e por seu progresso ordinário, produziu", *ibid.*), na verdade eles não são mais *bárbaros* que nós: "o horror barbaresco", infelizmente, também se vê nos cristãos, e mais até (I, 31, 209). Os homens rivalizam no pior e não se entendem sobre o bem. Não se poderia portanto julgar legitimamente uma cultura em nome de outra, nem condenar um indivíduo em nome de valores que não são os dele. É por isso que, acrescenta Montaigne, "eu desejo especialmente que cada um de nós seja julgado por si próprio e que não me considerem, por conseguinte, a partir dos exemplos gerais" (I, 37, 229). Temos aí como que um socratismo extremo,

---

20. Apesar do início do capítulo 42 do livro I: "Eu bem que iria além de Plutarco e diria que há mais distância entre este e aquele homem do que entre este homem e aquele animal." Note-se que a frase está escrita no futuro do pretérito e não se refere à unidade biológica da espécie humana nem à diversidade das culturas, mas, como o título do capítulo e o contexto indicam, à desigualdade inter-individual "que há entre nós". Tal qual, a fórmula é exagerada, claro, e Montaigne sentia bem isso: o condicional exprime aqui um pensamento simplesmente possível, mas levado ao limite e não efetivamente sustentado. Desse ponto de vista, o que Tzvetan Todorov escreve em *Nous et les autres* (Seuil, 1989, p. 56) parece injustificado.

que se volta contra o platonismo. Sócrates teve razão de trazer a filosofia do Céu para a Terra; mas, no que concerne à moral, não basta: é preciso trazê-la a si. "Nós obstruímos nossos pensamentos com o geral e com as causas e condutas universais, que se conduzem muito bem sem nós, e deixamos para trás nosso fato e Michel, que nos concerne muito mais de perto que o homem" (III, 9, 952). Socratismo da singularidade, se vocês quiserem, que já evoca um pouco os cínicos. "Vejo um homem, mas não vejo a humanidade..." Montaigne, como Antístenes, desconfia do universal, ou sabe que ele nunca é dado: "Esses juízos universais que me parecem tão ordinários não dizem nada. São pessoas que saúdam todo um povo em turba e em tropa. Os que têm verdadeiro conhecimento o saúdam e observam nomeada e particularmente" (III, 8, 936). Não há bem absoluto nem moral universal: "Os homens são diferentes em gosto e em força; é preciso levá-los ao *seu* bem segundo eles, e por caminhos diferentes" (III, 12, 1052, grifo meu). Não, é claro, que então tudo seja permitido: primeiro porque não se vive só ("a necessidade compõe os homens e os junta; essa costura fortuita se organiza posteriormente em leis", III, 9, 956), depois porque cada um permanece submetido às exigências da moral (da *sua* moral) ou, como diz Montaigne, às "leis éticas, que concernem ao dever particular de cada um em si" (III, 13, 1070). Nem tudo é permitido, portanto, mas nada é moralmente vedado a ninguém, a não ser por si mesmo: "Eu tenho as minhas leis e a minha corte para me julgar, e a elas me dirijo mais que alhures. Restrinjo, de fato, minhas ações segundo outrem, mas só as estendo segundo a mim. Somente vós sabeis se sois covarde e cruel, ou leal e devotado; os outros não vos vêem, eles vos adivinham por conjecturas incertas; eles vêem não tanto vossa natureza quanto vossa arte. Assim sendo, não vos atende à sentença deles; atende-vos à vossa" (III, 2, 807-808). É o que se chama de consciência[21], e é esse o princípio da moral.

Princípio, e não fundamento. Porque, se entendermos por *fundamento* o que legitimaria uma moral universal ou absoluta, é coisa que, parece-me, não poderíamos encontrar nos *Ensaios*. "As leis da consciência, que dizemos nascerem da natureza, nascem do costume" (I, 23, 115), e é por isso que, segundo uma fórmula decisiva da *Apologia*, "nosso dever não tem outra regra senão a regra fortuita" (II, 12, 578). Relativismo sem apelação, portanto, e não é de espantar que Claude Lévi-Strauss tenha se reconhecido nela: "Montaigne leva o relativismo cultural ao seu ponto extremo, negando que possam existir certas 'leis firmes, perpétuas e imutáveis [...] impressas no humano gênero pela condição da sua própria essência'."[22] Sua ausência confirma que a moral não poderia fundar-se nem na verdade nem na natureza. A verdade, de fato, "deve ter um rosto igual e universal" (II, 12, 578-579) e "o que a natureza nos haveria verdadeiramente ordenado, nós sem dúvida seguiríamos com um consentimento comum" (II, 12, 580). Ora, não é assim: de todas as leis supostamente naturais, "não há uma só que não seja contradita e desacreditada, não por uma, mas por várias nações" (*ibid.*). A natureza, por mais comum

---

21. Ver o artigo de M. Conche sobre "La découverte de la conscience morale chez Montaigne" (BSAM, janeiro-junho de 1981, pp. 11-28), republicado em *Montaigne et la philosophie* (cap. VI: La conscience).

22. C. Lévi-Strauss, *Histoire de lynx*, cap. XVIII ("En relisant Montaigne"), p. 284. A citação de Montaigne é extraída da *Apologia*, II, 12, 579-580. Sobre o "relativismo sem apelação" de Lévi-Strauss, ver também a *Anthropologie structurale deux*, Plon, 1973, p. 401, assim como o que eu escrevia em *Viver, op. cit.*, p. 21.

que seja, fracassa portanto em dar ou garantir "a universalidade da aprovação" (*ibid*.): sua universalidade ("A Natureza abraçou universalmente todas as suas criaturas", II, 12, 456) é de fato e não poderia impor nenhum mandamento absoluto. E a razão tampouco consegue fazê-lo: em seu uso prático, "a razão dá aparência a diversos efeitos, é um jarro com duas asas, que se pode segurar com a esquerda e com a direita" (II, 12, 581), é "uma tintura infusa com igual peso em todas as nossas opiniões e costumes, qualquer que seja a forma destes e daquelas: infinita em matéria, infinita em diversidade" (I, 23, 112). A relatividade dos valores é portanto irredutível. É um ponto em que Montaigne coincide com os sofistas e com aquele dentre os estóicos ortodoxos que, reatando com a singularidade cínica, rejeitou mais vigorosamente a suposta universalidade dos *preferíveis*: "Protágoras e Aristão não davam à justiça das leis outra essência senão a autoridade e opinião do legislador; e que, à parte isso, o bom e o honesto perdiam suas qualidades e ficavam sendo nomes vãos de coisas indiferentes. Trasímaco, em Platão, estima que não há outro direito além da comodidade do superior" (II, 12, 580). Ao que Montaigne não objeta nada e, ao contrário, confirma logo em seguida: "Não há coisa em que o mundo seja tão diverso quanto nos costumes e nas leis. Determinada coisa, aqui abominável, ali é recomendada" (*ibid*.). E depois de dar vários exemplos (o roubo, o assassinato, o incesto...), acrescenta tranqüilamente: "Em suma, não há nada tão extremo que não seja acolhido pelo uso de alguma nação" (*ibid*.).

Dirão que se trata nestes últimos textos mais de moralidade objetiva do que subjetiva, mais dos costumes do que dos deveres. Talvez. Mas como distinguir uns dos outros? E como não ver que estes resultam de fato daqueles, de que não são mais que a interiorização? Depois de escrever que "as leis da consciência nascem do costume", Montaigne acrescenta o seguinte, que nem Marx, nem Durkheim, nem Freud rejeitariam: "Tendo cada um em veneração interna as opiniões e os costumes aprovados e recebidos à sua volta, não podemos nos libertar deles sem remorso, nem nos aplicar sem aplausos" (I, 23, 115). A moral é um *habitus*, como dizem nossos sociólogos, e "o hábito de virtude", como diz Montaigne (II, 1, 336), é a própria virtude. Daí a importância do costume, para os povos, e da infância, para os indivíduos: "nosso principal governo está nas mãos das babás" (I, 23, 110)... Parece portanto que, nesse ponto, devemos seguir mais Claude Lévi-Strauss do que Marcel Conche[23]: a consciência moral não escapa da relatividade geral dos valores, e vemos ainda menos como a razão poderia "fundar nosso dever"[24], por ser ela própria nada mais que uma ferramenta "versátil, moldável e acomodável a qualquer figura" (II, 12, 539), nada mais que um "instrumento livre e vago" (III, 11, 1026), capaz decerto tanto de compreender tudo (em teoria) como de justificar tudo (na prática)[25], mas por isso mesmo incapaz de impor ou proibir absolutamente o que quer que seja. "Nós", escreve Montaigne, "que privamos nosso juízo do direito de dar veredictos..." (III, 8, 923).

No entanto, a dificuldade, que tanto Marcel Conche como Claude Lévi-Strauss perceberam, vem do fato de que

---

23. Ver, em *Histoire de lynx*, a longa nota da p. 287, na qual Claude Lévi-Strauss responde – não sem saudar "a grandeza e a salubridade do seu empreendimento" – às "profundas meditações sobre Montaigne" de Marcel Conche e à sua tentativa de salvar, nos *Ensaios*, algo como um fundamento da moral.

24. Não obstante o que escreve M. Conche, em *Montaigne et la philosophie*, p. 125.

25. Ver p. ex. o ensaio sobre o costume (I, 23), especialmente pp. 111-7.

Montaigne não pára de apelar para a razão: longe de seguir cegamente o costume ou o fato estabelecido, ele nos pede que julguemos pela via de razão" (I, 31, 202), que "relacionemos coisas à verdade e à razão" (I, 23, 117), que nos atenhamos a nosso dever "pela razão simples" (III, 1, 792), ou até deixemos à "razão somente [...] a conduta das nossas inclinações" (II, 8, 387). Isso é menos contraditório do que parece, porque "o que nossa razão nos aconselha de mais verossímil é geralmente que cada um obedeça as leis do seu país" (II, 12, 578). Mas apesar de tudo há entre o conservadorismo relativista de Montaigne (seguir o costume) e seu racionalismo universalista (seguir a razão) uma tensão incontestável, que o leitor dos *Ensaios* não pára de encontrar e que, às vezes, o leva a duvidar da coerência de ambos. Digamos desde logo: essa tensão, longe de debilitar o pensamento de Montaigne, parece-me nutri-lo do interior e constituir boa parte da sua força, bem como, para nós, da sua modernidade. De novo, Lévi-Strauss é esclarecedor quando designa, como lugar dessa dificuldade, a relação entre a teoria e a prática: "O conhecimento e a ação estão postos para sempre numa situação falsa: colhidos entre dois sistemas de referência mutuamente exclusivos e que se impõem a eles, embora a confiança, mesmo que temporária, posta num destrua a validade do outro. Precisamos portanto domesticá-los para que coexistam em cada um de nós sem maiores dramas... O sábio encontra sua higiene intelectual e moral na gestão lúcida dessa esquizofrenia."[26] Esta última palavra é sem dúvida discutível, considerando-se o que há de singularmente feliz e sereno na consciência filosófica de Montaigne. Mas ela até coincide com uma ou

---

26. C. Lévi-Strauss, *op. cit.*, p. 288.

outra confissão explícita de Montaigne: "Somos, não sei como, duplos em nós mesmos, o que faz que o que cremos, não cremos, e não podemos nos desfazer do que condenamos" (II, 16, 619). Trata-se, no contexto, da incapacidade em que nos encontramos de pôr nossos atos em conformidade com nossas doutrinas. Mas essa incapacidade, para além da psicologia, não encobre uma dualidade mais essencial? Se teoria e prática não podem se corresponder plenamente, não será porque pertencem a duas ordens diferentes, como dirá Pascal, as quais têm uma relação inversa com os valores? Sem ser absolutamente explicitada ou teorizada por Montaigne, essa disjunção parece presente nos *Ensaios*: há, de um lado, a ordem da razão ou do conhecimento, que considera os valores como objetos e para a qual toda normatividade é historicamente relativa (é o ponto de vista, hoje, das nossas ciências humanas) e, de outro, a ordem da vontade ou da ação, que considera os valores como normas e que os vive como normas absolutas (é o ponto de vista, na prática, de cada um de nós). De um lado, portanto, a "ciência moral", que é de fato: "a consideração das naturezas e condições de diversos homens, os costumes das diferentes nações, é esse o verdadeiro sujeito da ciência moral" (II, 10, 416)[27]. De outro: a moral,

---

27. Essa passagem, presente nas edições publicadas em vida de Montaigne, foi substituída, no exemplar de Bordeaux, por outra, menos explícita (não há nela a expressão "ciência moral"), mas que vai no mesmo sentido: trata-se sempre de insistir na diversidade dos fatos humanos. A propósito dessa "ciência moral", cf. também H. Friedrich, *op. cit.*, pp. 189 ss. H. Friedrich vê bem que "o pensamento dos *Ensaios*, como o de toda a ciência moral, tem por fundamento a separação entre teoria e prática" (p. 195, cf. também pp. 210 e 217), mas tende às vezes a ver aí "uma inconseqüência" (p. 207), o que não creio: ao contrário, a inconseqüência, tão freqüente em filosofia, poderia estar em pretender cancelar a distância que as separa.

que é de direito, ou antes, de dever (ela diz respeito ao "dever particular de cada um em si", III, 13, 1070), mas que não poderia portanto ser científica nem, em geral, decorrer de um conhecimento. Trata-se no entanto de moral, em ambos os casos, mas de dois pontos de vista diferentes: os mesmos valores que, quando são objetos de conhecimento, aparecem como fatos entre outros (por exemplo, em relação ao etnólogo que Montaigne às vezes é) são também objetos de fé ou de inclinação, e vividos conseqüentemente como irredutíveis a qualquer fato (já que julgam a todos eles) e impondo-se incondicionalmente à vontade, pelo menos esse é o sentimento que podemos ter. Daí – já que o mesmo indivíduo pode passar de um desses pontos de vista ao outro, e aliás passa necessariamente – uma irredutível dualidade, com que Montaigne não pára de se espantar. É ela, por exemplo, que explica por que ele continua a fugir, na prática, de certos comportamentos que nenhum argumento teórico ou racional poderia proscrever absolutamente: "encontro assim", ele reconhece, "mais limites e regras em meus modos do que na minha opinião, e minha concupiscência menos licenciosa que minha razão" (II, 11, 428). Esquizofrenia? Nada disso. Mas distinção das ordens e dos pontos de vista, pelo que Montaigne escapa tanto do dogmatismo prático (que erige em verdade a pretensa absolutidade dos valores) como da sofística (que rebaixa ao nível de valores subjetivos as próprias verdades). A coisa muitas vezes é difícil de perceber, devido ao ceticismo de Montaigne. A ordem do verdadeiro é bem afirmada como universal e objetiva, mas não temos nem podemos ter nenhuma certeza de alcançá-la: toda verdade é universal e absoluta, de direito, mas todo conhecimento, de fato, é particular e relativo. É esse o sentido, parece-me, do Deus de Montaigne e, em especial, do fim da *Apologia de Raymond Sebond*: a absolutidade do verdadeiro e do ser são de Deus, que somente ele – se ele existe – é eterno; quanto a nós, só temos acesso à relatividade sempre mutável das aparências. Mas isso não impede que, mesmo nessa historicidade inapreensível que é a nossa, a verdade permaneça de direito universal (sua essência é "uniforme e constante", II, 12, 553, e "deve ter uma fisionomia igual e universal", II, 12, 578...) e seja suficiente para provar que nossos valores – sempre relativos, sempre históricos – não poderiam aspirar a ela. É "nossa opinião [que] dá preço às coisas" (I, 14, 62), como vimos, enquanto, inversamente, "é loucura relacionar o verdadeiro e o falso à nossa suficiência" (I, 27, 178). Nenhum dos nossos valores poderia aspirar à verdade, e é o que os *Ensaios* não cessam de recordar. Tomemos por exemplo um desses textos famosos, de que Pascal tanto proveito vai tirar: "Que bondade via eu ontem acreditada, e amanhã mais, e que o trajeto de um rio recrimina? Que verdade estas montanhas limitam, que é mentira para o mundo que se estende além delas?" (II, 12, 579). É que não é uma verdade, mas apenas o resultado do costume ou, como diz Montaigne, das nossas inclinações. Daí o relativismo de Montaigne, tão radical, e muitas vezes, para as nossas belas almas, tão chocante. O direito não passa de um fato como outro qualquer, que não faz direito (no desconhecimento da sua origem) a não ser pelas ilusões que ele engendra ou veicula: "As leis adquirem sua autoridade na posse e no uso; é perigoso levá-las de volta ao seu nascedouro: elas crescem e se enobrecem fluindo, como nossos rios: siga-os contra a corrente até a sua fonte, eles não são mais que um fiozinho d'água apenas distinguível, que ao envelhecer se enchem de orgulho e se fortalecem" (II,

12, 583). Dirão que a democracia prova o contrário, pela soberania do povo. Mas Montaigne (aliás cheio de simpatia pelas repúblicas, passadas ou presentes, que ele conhece) sem dúvida responderia que a própria democracia, a não ser que se mantenha pela força, que não faz direito, extrai a sua autoridade "da posse e do uso"... Como notou muito bem Hugo Friedrich, Montaigne, nessa matéria, "é um positivista puro, no espírito de Hobbes: '*Auctoritas, non veritas, facit legem...*' Ele mostra que os racionalistas ('essa gente que pesa tudo e reduz tudo à razão') desconhecem essa origem empírica do direito na ilegitimidade de uma antiga posição de força ou de um simples hábito. Não tendo o direito nascido da razão, a razão tampouco pode fundá-lo"[28]. É que "não há nada justo em si" (III, 13, 1071) e que somente a utilidade (e Montaigne, aqui, está bastante próximo de Epicuro e, com isso, de fato, de Hobbes) dá um conteúdo à "humana justiça" (*ibid.*). Se é bom obedecer às leis, nem por isso é necessário ter ilusões quanto a elas: Montaigne obedece sem crer e sem adorar. É por isso que há um cinismo montaigniano, novamente, e no sentido quase corriqueiro do termo: "As leis se mantêm acreditadas, não porque são justas, mas porque são leis. É o fundamento místico da sua autoridade; elas não têm outro... Quem as obedece porque são justas, não as obedece justamente como deve" (III, 13, 1072). O direito se reduz ao fato, portanto, como em Maquiavel, como em Pascal, como em Es-

---

28. H. Friedrich, *op. cit.*, p. 203. A citação de Hobbes ("é a autoridade, não a verdade, que faz a lei"), tirada da edição latina do *Leviatã*, cap. XXVI, não se encontra exatamente assim no texto inglês (cf. p. 295, n. 81, da trad. fr., *Le Léviathan*, Paris, Sirey, 1971) [Trad. bras. *Leviatã*, São Paulo, Martins Fontes, 2.ª ed., 2008.]. Mas é tradicionalmente citada, a justo título, como resumindo o espírito do positivismo ou do realismo hobbesiano. Quanto à citação de Montaigne, é tirada da *Apologia de Raymond Sebond*, II, 12, 583.

pinosa, e é por isso que se trata (como em Alain) não de aprovar mas de obedecer.

De novo, não há aqui nenhuma esquizofrenia e nenhuma contradição, já que, pela mesma razão que, como razão teórica, desvenda a facticidade sempre relativa das leis, aconselha também, como razão prática, "que cada um obedeça às leis do seu país" (II, 12, 578). A dualidade dos pontos de vista não acarreta portanto nenhuma incoerência, muito pelo contrário. Racionalismo e relativismo, longe de se excluírem, são solidários: é por não haver justiça absoluta que é bom, para todos e cada um, se submeter à justiça relativa do seu lugar e do seu tempo. Racionalismo crítico, portanto, muito mais que prescritivo. Não é a razão que comanda: ela no máximo pode dissuadir de crer e aconselhar a obedecer...

Nenhuma justiça absoluta? Pelo menos para nós. É possível, e talvez para Montaigne seja verossímil, que tal justiça exista em Deus, como quererá Pascal (e como rejeitará Espinosa), ou na natureza, como queriam os antigos. De fato, Montaigne evoca pelo menos uma vez "a justiça em si, natural e universal" (III, 1, 796). Mas é para opô-la a "essa outra justiça especial, nacional, constrangida à necessidade das nossas polícias" [das nossas sociedades], e vedar a esta qualquer pretensão ao universal ou ao absoluto (*ibid.*). "Nós não possuímos modelo sólido e exato de um verdadeiro direito e de uma justiça perfeita; temos para nosso uso apenas uma sombra, uma imagem", constata com Cícero (*ibid.*, é uma citação de *De officiis*, III, 17). O absoluto está fora do nosso alcance. Se existe uma "justiça natural e universal", não temos acesso a ela, e a razão, longe de fazer as vezes dela ou a ela levar, é precisamente o que dela nos separa: "É crível que há leis naturais, como se vê em outras criaturas; mas em nós elas estão perdidas, com essa bela razão humana metendo-se a dominar e comandar tudo, alterando e confundindo a fisionomia das coisas segundo a sua vaidade e inconstância" (II, 12, 580). Por isso, é sempre um erro, e um erro muito prejudicial, opor a natureza ou o sobrenatural às leis do seu país. A liberdade do espírito, que Montaigne tanto aprecia, não poderia de fato dispensar de obedecer ("a razão privada tem uma jurisdição somente privada", I, 23, 121), assim como a obediência não poderia subjugar a razão sem abuso. Disjunção das ordens: "Toda inclinação e toda submissão são devidas [aos reis], salvo a do entendimento. Minha razão não foi ensinada a se curvar e a se fletir, meus joelhos é que foram" (III, 8, 935). De novo, mas não posso me delongar sobre esse ponto, estamos bem perto de Pascal, de Espinosa e de Alain. Só existe direito positivo, e é por isso que a obediência é devida, mas não a aprovação: o poder é uma força, não uma prova; o pensamento é livre, e somente ele.

Dever-se-ia falar então de *niilismo filosófico*, como faz Lévi-Strauss[29]? Não creio, e é aqui que a posição de Montaigne adquire sua verdadeira fisionomia. Toda moral ser de fato não abole o *fato* da moralidade. Toda moral ser particular não anula o valor *particular* que Montaigne, em se tratando dos seus próprios atos, concede à sua. E que ele a deve mais ao acaso do que à razão, mais a seu pai do que à verdade (II, 11, 427), não vale, a seu ver, como refutação, muito pelo contrário! A própria pluralidade das morais impõe uma opção que, apesar de ser sempre subjetiva,

---

29. *Op. cit.*, p. 285.

nem por isso será menos firme e determinada – e que não poderia ser substituída pela positividade das leis. Na *Apologia*, por exemplo, justo onde acaba de enunciar o relativismo mais radical, Montaigne acrescenta: "Que nos dirá então a filosofia nessa necessidade? Que obedecemos às leis do nosso país? isto é, esse mar movediço de obstáculos de um povo ou de um Príncipe, que me pintarão a justiça com tantas cores e reformarão tantas fisionomia quantas mudanças de paixão houver nelas? Não posso ter um juízo tão flexível" (II, 12, 579). Esta última frase é puro Montaigne: relativismo e tolerância para os outros, mas exigência e rigor para si. É onde a moral excede o direito, e deve excedê-lo. Montaigne vai mais longe, aqui, do que esperaríamos: "Ladrões vos pegaram, depois vos libertaram, tendo-vos arrancado a promessa de lhes pagar certa soma: será um erro dizer que um homem de bem estará quite com sua fé se não pagar, estando livre das mãos deles. Não é assim. O que o medo me fez querer uma vez, sou obrigado a querer também sem medo; e, mesmo que ele haja forçado somente a minha língua sem a minha vontade, mesmo assim sou obrigado a fazer da minha palavra moeda sonante... Senão, de grau em grau, acabaremos derrubando todo o direito que um terceiro adquire com nossas promessas e juramentos" (III, 1, 801). Estamos longe do indiferentismo pirroniano, para o qual todas as coisas são igualmente "indiferentes, incomensuráveis, indecidíveis"[30], e isso não só objetivamente (o que Montaigne talvez concedesse) mas, para o sábio, subjetivamente. Quanto a Montaigne, ele nunca ensinará que o sábio deve ser "sem juízo e sem in-

---

30. Segundo Aristócles, citado e traduzido por M. Conche, *Pyrrhon ou l'apparence*, Éd. de Mégare, 1973, p. 31. Montaigne conhecia bem esse aspecto do pirronismo: ver p. ex. *Essais*, II, 29, 705-706.

clinação para nenhum lado"[31], e se às vezes oferece como modelo o porco de Pirro, que permanece sereno na tempestade, indiferente à morte que o ameaça (I, 14, 54-55, II, 12, 490), também o reivindica contra Pirro e contra os estóicos, para fazer da dor e do prazer diferenças efetivas: "Faremos nossa pele acreditar que as chicotadas lhe fazem cócegas? E nosso paladar, que aloé seja vinho de Graves? O porco de Pirro é de nossa estofa aqui. Ele não tem medo da morte, mas, se batemos nele, grita e se atormenta" (I, 14, 55). No que concerne à conduta da vida, não é Epicuro que tem razão, já que ela é indecidível, mas é ele quem está mais próximo daquilo que Montaigne sente e pensa. A dor, apesar de ser subjetiva (só há dor para um sujeito que sofre), é um mal e, para o sujeito, um mal objetivo: "Aqui nada consiste em imaginação. Opinamos sobre o resto [o resto é questão de opinião], é essa a ciência certa, que representa seu papel. Nossos sentidos mesmos são juízes disso, *Qui nisi sunt veri, ratio quoque falsa sit omnis*" (I, 14, 55)[32]. Não é verdade portanto que tudo se equivalha, nem que toda ética, para Montaigne, seja permutável com qualquer outra: a dor é um mal, o prazer é um bem, e é com essa régua (que recusa ambos!) que se deve medir tanto a

---

31. Como queria Pírron, segundo Aristócles (*ibid.*). Montaigne está tão distante dessa posição que nem consegue, sobre esse ponto e acerca de Pirro, acreditar nos testemunhos dos antigos: ver *Ensaios*, II, 12, 505.

32. A citação latina é tirada de Lucrécio, IV, 485: "Se as pessoas não são verídicas, toda a razão nos engana também." Notemos que esse argumento, freqüentemente utilizado por Montaigne na ordem teórica para rejeitar o dogmatismo (cf. p. ex. II, 12, 600), é utilizado aqui na ordem prática para rejeitar o indiferentismo ou o niilismo. Isso confirma que se trata de fato de ordens diferentes e que Montaigne se distingue nisso tanto do dogmatismo epicuriano (que pretende abarcar essas duas ordens num mesmo conhecimento) quanto do niilismo pirroniano (que pretende esvaziar ambos de qualquer conteúdo e de qualquer validade).

virtude estóica como a ataraxia pirroniana. Ambas têm a sua grandeza, mas desumana. O epicurismo, embora igualmente inacessível em sua pureza, indica pelo menos a boa direção: o prazer é a meta, ainda que nem sempre o caminho, e as volúpias só devem ser evitadas "se trouxerem consigo dores maiores", do mesmo modo que só devem ser buscadas "as dores que trazem consigo volúpias maiores" (II, 37, 765). Daí esse epicurismo de Montaigne, que é menos de doutrina que de temperamento talvez, mas que não cessará de se acentuar com o tempo, não porque Montaigne tenha mudado, mas porque já não ousa ser ele próprio. A sabedoria montaigniana, longe de ser um moralismo, é de inspiração hedonista e eudemonista. "A opinião dos estóicos" sobre a virtude é desmentida pela experiência: "São sutilezas agudas, insubstanciais, em que a filosofia às vezes se detém" (II, 11, 429), mas de que a vida não tem o que fazer. Quanto à de Pirro, muito raramente evocada, e cada vez menos (não encontramos nenhuma referência a ele ou aos pirronianos em todo o livro III), vimos que era desmentida pelo próprio porco que lhe servia de modelo... Ao contrário, a ética de Epicuro, apesar de firme e rigorosa, como Montaigne percebe muito bem, e até demais talvez (II, 11, 422), pelo menos permanece fiel ao que a natureza e o bom senso nos ensinam: que "é preciso ampliar a alegria, mas reduzir tanto quanto se puder a tristeza" (III, 9, 979). Para Montaigne como para Epicuro, o prazer é que é "nossa meta" (I, 20, 81) e, não obstante o que pensavam os estóicos, "na própria virtude, a meta derradeira das nossas intenções é a volúpia" (I, 20, 82). Consciente de que existe aí um ponto de ruptura com a maioria dos filósofos não epicurianos, Montaigne acrescenta, como quem bate um prego: "Agrada-me martelar-lhes no ouvido essa palavra [volúpia] que lhes é tão desagradável" (*ibid.*, todas essas frases são adições posteriores a 1588)... A coisa é conhecida demais para que eu me detenha nela: "Montaigne, aqui, está do lado de Epicuro"[33], e ele só é estóico, quando é, "por epicurismo"[34]. Se é necessário aprender a morrer, por exemplo, é que não se poderia aproveitar de outro modo a vida: "ou a razão não dá atenção, ou só deve visar nosso contentamento, e todo o seu trabalho deve tender em suma a nos fazer viver bem e à vontade..." (I, 20, 81). Equivoca-se portanto Hugo Friedrich (coisa rara!) quando escreve, a propósito da sabedoria de Montaigne: "Ele se mistura aí intimamente com traços estóicos, epicurianos, céticos, mas *nenhum prepondera.*"[35] Não é exato: o epicurismo prepondera na prática, tanto quanto o ceticismo na teoria. É por isso que o pensamento de Montaigne não se reduz a "um ecletismo liberal"[36], e é isso que possibilita a sua coerência. Assim como o epicurismo e o estoicismo só têm pertinência, de um ponto de vista teórico, *sob o domínio do ceticismo*, como vimos, há que dizer, de um ponto de vista prático, que estoicismo e pirronismo só têm validade *sob o domínio do epicurismo*. O prazer domina a vida, assim como a incerteza domina o pensamento. Isso confirma que temos aí duas ordens diferentes, como já havíamos visto e como a experiência comprova: a incerteza não impede de fruir; nem o prazer, de duvidar. Seria tão ilusório querer superar o abismo que separa essas duas ordens (seja tomando a sensação por prova, como fazia Epicuro, seja tomando a razão por moral, como faziam os estóicos)

---

33. M. Conche, *Montaigne et la philosophie*, p. 89.
34. Como já dizia F. Strowski, *Montaigne*, Alcan, 1906, reed. 1931, p. 114.
35. *Op. cit.*, p. 85 (grifos meus).
36. Ao contrário do que acreditava H. Friedrich, *ibid*.

quanto seria louco querer privar-se de uma ou outra. É também por isso que o epicurismo prático de Montaigne não é dogmático: primeiro pelas razões teóricas que se sabe, depois porque a sabedoria de Epicuro lhe parece ao mesmo tempo demasiado íntegra e demasiado elevada para ele, o que equivale a dizer que, no fundo, ela só era boa para Epicuro ou alguém da sua têmpera. Nominalismo até as últimas conseqüências: não há sabedoria, apenas sábios, e cada um o é por si.

Montaigne percebe muito bem, desse ponto de vista, o que distingue a sabedoria do saber: "Mesmo que pudéssemos ser sapientes do saber de outrem, sábios só podemos ser da nossa própria sabedoria" (I, 25, 138). Isso o aproxima novamente dos cínicos, e eu gostaria de me deter nesse aspecto um instante.

Devemos evitar fazer demasiadas simplificações e impor a Montaigne nossas categorias acadêmicas. Às vezes ele considera estóicos Antístenes, Diógenes ou Crates (é verdade que Epicteto concordaria com ele...)[37] e, como se sabe, reivindica Sócrates com muito mais freqüência do que reivindica os cínicos. Ecletismo? De novo, não acredito. Diria antes que Montaigne mostra-se mais penetrante do que alguns dos nossos historiadores e, inclusive, mais fiel à história da filosofia em seu itinerário vivo. A filiação socrática do cinismo é tão comprovada quanto a filiação cínica do estoicismo (Epicteto, por exemplo, cita Sócrates e Diógenes com mais freqüência do que a Zenão e Crisipo), e é a

---

37. Ver p. ex. II, 12, 583; II, 37, 759; III, 9, 978; III, 13, 1076... Lembremos que Zenão de Cício, fundador do Pórtico, foi discípulo de Crates e que os estóicos nunca renegaram essa filiação. Ainda em Epicteto, "cínico" é utilizado como sinônimo de "estóico".

elas que Montaigne permanece fiel: pulando de certo modo por cima de dois mil anos de historiografia platônico-cristã, ele reata, poderíamos dizer, com a grande tradição – cínica e cirenaica – que, antes de levar ao epicurismo e ao estoicismo, encontrava em Sócrates, contra os sistemas físicos ou metafísicos, o modelo de uma filosofia do homem ou, melhor ainda, de um homem filósofo. Se Sócrates é "o mestre dos mestres" e "o mais sábio que já existiu" (III, 13, 1076 e nota 1), não é que sua filosofia seja superior às outras, é que ele aprende a se conhecer e remete cada um a si. Por isso ele podia ser ao mesmo tempo, como Montaigne não ignora, mestre de Antístenes (III, 13, 1076) e de Aristipo (II, 11, 425), se bem que cínicos e cirenaicos se oponham praticamente em tudo, a ponto de poderem ilustrar a relatividade dos pontos de vista e a capacidade que tem a razão de justificar por igual posições existenciais inconciliáveis (II, 12, 581). Mas deixemos Sócrates, que justificaria por si só um artigo, deixemos os cirenaicos, que Montaigne não segue (ver por exemplo II, 20, 673 e III, 13, 1107), e vamos aos cínicos.

Montaigne fala deles com freqüência. É verdade que a preciosa *Concordance* de Leake[38] só registra três ocorrências da palavra *cínico* (vimos que Montaigne costumava confundi-los com os estóicos), mas anota, em compensação, dezesseis ocorrências de Antístenes, nove de Crates, vinte e três de Diógenes, sem falar de outros cínicos de menor envergadura (Metrocles, Bion, Hipárquia, Demétrio...) que Montaigne, mais sensível aos indivíduos do que às escolas,

---

38. *Concordance des Essais de Montaigne*, preparada por R. E. Leake, em dois volumes, Genebra, Droz, 1981. Sobre a importância dos cínicos nos *Ensaios*, ver também o artigo sobretudo descritivo de R. Esclapez, "Montaigne et les philosophes cyniques", *BSAM*, julho-dezembro de 1986, pp. 59 a 76.

gosta às vezes de citar. Sobretudo, muito mais do que essa simples quantificação, é o conteúdo dessas referências que chama a atenção: embora de importância desigual, como se pode imaginar, elas são quase todas positivas e sobre pontos em que Montaigne, não fosse a proximidade dos cínicos, poderia sentir-se muito só. É o caso inverso do de Aristóteles, muitas vezes evocado (Leake registra 83 ocorrências), mas quase sempre superficialmente e muito mais como contraste (ver, por exemplo, I, 26, 146 e 151; II, 12, 507 e 539...). Com os cínicos, ao contrário, apesar de só conhecê-los, obviamente, de segunda mão (sobretudo por Diógenes Laércio), Montaigne tem uma verdadeira familiaridade, que gostaríamos de chamar de intimidade filosofante: tanto quanto nós, só pode lê-los por fragmentos, mas eles o acompanham, e ele não pára de meditar sobre o seu exemplo. Muitas vezes, pela carga de provocação que trazem: seu despudor o deleita, assim como sua liberdade de tom e de conduta (I, 49, 298; II, 12, 583 e 585...). Ele também gosta do desprezo que sentem pela glória (II, 16, 619), pelo louvor (III, 8, 925), pelos sacerdotes (II, 12, 444), pela multidão e seus mestres (I, 25, 135, II, 16, 624, III, 8, 935...) e, inclusive, de modo geral, pela humanidade. Há como que um anti-humanismo montaigniano, pelo menos teórico (diz respeito ao olhar que podemos lançar sobre a humanidade, e não a nossos deveres para com ela), feito de lucidez e de misericórdia, que se reconhece no anti-humanismo dos cínicos:

> Nunca podemos ser suficientemente desprezados segundo nosso mérito... Não creio que haja tanta desgraça em nós quanto vaidade, nem tanta malícia quanto tolice: não somos tão cheios de mal quanto de inanidade; não somos tão miseráveis quanto somos vis. Assim, Diógenes, que vaga-

va sozinho, rolando seu tonel e torcendo o nariz para o grande Alexandre, considerando-nos moscas ou bexigas cheias de vento, era um juiz muito mais ácido e mais pungente, por conseguinte mais justo, a meu ver, do que Timão, aquele que foi apelidado de odiador dos homens. Porque o que se odeia se toma a sério (I, 50, 303-304).

Não está aí porém o essencial. Quanto ao fundo, Montaigne vê bem que o cinismo é antes de tudo um moralismo ("esses filósofos atribuíam um valor extremo à virtude e rejeitavam todas as outras disciplinas que não a moral", II, 12, 585), às vezes, aliás, levado ao extremo (II, 2, 347), mas precioso na medida em que, não se deixando lograr nem pelo saber nem pelos costumes nem pelas leis, ele remete cada um, solitariamente (mas não arbitrariamente, como veremos) à sua própria vontade. A crítica do intelectualismo é bem acentuada: a verdadeira filosofia, para Diógenes, não tem a ver nem com o saber nem com os livros (I, 26, 168), e "a virtude", diz Antístenes, "contenta-se consigo mesma: sem disciplinas [sem regras teóricas], sem palavras, sem efeitos" (I, 39, 241). Mas é sobretudo a independência dos cínicos em relação aos bons costumes (Diógenes "fazendo em público a sua masturbação": II, 12, 585) e às leis que parece, a ele como a nós, caracterizar mais fortemente a doutrina. Foi o que chamei de *anomia cínica*, pela qual a virtude é toda de vontade, e de uma vontade, por recusar todo universal, irredutível a todo e qualquer saber ou legislação (a vontade *singularmente* boa)[39]. Montaigne percebe perfeitamente a grandeza e a exigência dela. Assim é que, depois de evocar "a licença dos abraços cínicos" ao mesmo tempo que a intransigente moralidade

---

39. *Supra*, pp. 48 a 53.

de Diógenes, Crates ou Hipárquia, acrescenta: "Se é que em todas as ações *eles atribuíam a soberana autoridade à eleição* [decisão] *de seu sábio e acima das leis*; e não punham às volúpias outro freio que a moderação e a conservação da liberdade alheia" (II, 12, 585; grifos meus). A partir do momento em que nem os reis nem o povo têm legitimidade moral, as leis também não têm. Diógenes, desprezando Alexandre (I, 50, 304) e se alimentando de repolho para não ter de cortejar os tiranos (II, 12, 581), associa-se nisso às críticas que Antístenes (III, 8, 935), Crates (I, 25, 135) ou Demétrio (II, 16, 624) podiam fazer à democracia ou, em geral, à "voz do povo", da qual "Demétrio dizia galhofeiramente que não receitava nem a que lhe saía por cima, nem a que lhe saía por baixo" (*ibid*.). A legalidade, para os cínicos, não poderia confundir-se portanto com a moralidade, nem esta se reduzir àquela: "Antístenes permite que o sábio ame e faça a seu modo o que ele acha oportuno, sem se ater às leis; tanto mais que ele tem melhor parecer que ela e maior conhecimento da virtude" (III, 9, 990). Mas não convém iludir-se quanto a esse conhecimento: é menos um saber positivo do que o sinal de uma recusa. Para Antístenes, lembra-se Montaigne, o aprendizado moral consiste sobretudo em "desaprender o mal", e Montaigne reconhece aí o horror que lhe inspira "a maioria dos vícios" (II, 11, 428). O caso é que a virtude cínica é irredutível às leis da Cidade e que, também nisso, Montaigne sente-se próximo dos cínicos: um homem de bem pode ser, ante as leis, "enforcável dez vezes na vida", ele reconhece, enquanto outro "poderia não ofender as leis, mas nem por isso mereceria o elogio de homem virtuoso e a filosofia mandaria com muita justiça chicoteá-lo" (III, 9, 990). Disjunção das ordens: é tão imoral submeter sua consciência à lei quanto é ilegal (pelo menos quanto à ação) submeter a lei à sua consciência. Onde se vê que o conselho "cada um [deve] obedecer às leis do seu país" não esgota a moralidade montaigniana: cada um deve obedecer também às exigências da sua consciência. Mas então o que resulta, quando consciência e leis se opõem?

Em certos casos, bastará distinguir o foro interior do homem público, a pele da camisa, Michel do prefeito: "A vontade e os desejos fazem, eles próprios, as suas leis; as ações precisam recebê-la do ordenamento público" (III, 1, 795). Mas nem sempre é tão simples, já que nenhuma ação é possível sem consentimento da vontade. O *ordenamento público* não desculpa tudo. Por exemplo, quando a política e a moral divergem essencialmente, o que não é raro, resulta daí que nos vemos divididos então entre duas exigências contraditórias, e Montaigne não ignora nem evita essa dificuldade: os capítulos 1 e 10 do livro III mostram como ele estava consciente, e quase dolorosamente, de uma tensão irredutível entre essas duas ordens, a ponto de muitas vezes estar bem próximo de Maquiavel (cujos discursos são "bastante sólidos", II, 17, 655), mas optando, de seu lado e diferentemente do florentino, por uma atitude, em última instância, moral. O pensamento de Montaigne, nesse domínio, é trágico (não tenta conciliar o inconciliável), mas a mil léguas de qualquer imoralismo. Quando o que devo ao Príncipe ou à lei se opõe num ponto essencial ao que devo à minha consciência ou a outrem, quando o direito, como dizemos hoje em dia, se opõe ao dever, é o dever que deve prevalecer: "Nem todas as coisas são permitidas a um homem de bem para servir a seu Rei, nem à causa geral e às leis" (III, 1, 802). É assim que Montaigne, quase sozinho em seu tempo, condena sem ambigüidade os horrores do colonialismo, da tortura judiciária ou das guerras de religião: é "que há algo ilícito contra os próprios inimigos e [que] o interesse comum não deve requerer tudo de todos contra o interesse privado" (III, 1, 802). Portanto, há de fato em Montaigne, como em Diógenes ou em Maquiavel, disjunção entre a moral e a política[40]; mas onde Maquiavel faz essa disjunção em benefício da política, Montaigne, como Diógenes, a faz em benefício da moral. Foi o que Villey percebeu muito bem (o qual, aliás, falava do "cinismo paradoxal" de Montaigne[41]) e o que coincide com o que chamei de cinismo moral[42]: mais vale virtude sem poder do que poder sem virtude. Sócrates na prisão vale mais do que Alexandre no seu trono (III, 2, 809), e se Epaminondas é "o mais excelente" dos "homens excelentes" é que ele soube, mesmo no poder ou à frente dos seus exércitos, submeter sua ação a "essa parte que deve ser considerada primordialmente, a única que assinala verdadeiramente o que somos" e que Montaigne, como todo o mundo, chama de "consciência" (II, 36, 756). Epaminondas, por exemplo, "não pensava que fosse possível, nem mesmo para reaver a liberdade do seu país, matar um homem sem conhecimento de causa [e] considerava também que numa batalha devia-se evitar o embate com um amigo que estivesse na parte contrária e poupá-lo" (*ibid.*, 757). A política, para o indivíduo, deve submeter-se à moral, e não a moral à política. Isso não significa que se deva sempre seguir as regras "rudes, novas, impolidas ou impolutas" de uma "vir-

---

40. É o que chamei primeiro de cinismo, num sentido restrito: ver meu artigo "Le bon, la brute et le militant", *Une éducation philosophique*, Paris, PUF, 1989, pp. 121-41.
41. Em sua apresentação do primeiro capítulo do Livro III (p. 789).
42. "Le bon, la brute et le militant", *op. cit.*, p. 126.

tude escolástica e noviça" (III, 9, 991). Montaigne não se faz de boa alma: ele sabe que "os assuntos de Estado têm preceitos mais ousados" (*ibid.*) e que certas regras morais, aplicadas com demasiado escrúpulo, podem se revelar, em política, "ineptas e perigosas" (*ibid.*). Ética da responsabilidade, diria Max Weber, em vez de ética da convicção. Apesar do que, de novo, nem tudo é permitido. Se "a virtude atribuída aos assuntos do mundo é uma virtude com várias dobras, cantos e ângulos, para se aplicar e colar à humana fraqueza" (*ibid.*), isso tem limites: um só pode forçar sua consciência visando o interesse comum ("não é digna nenhuma utilidade privada para a qual forcemos nossa consciência; a utilidade pública, bem, quando ela é muito aparente e muito importante", III, 1, 800), e unicamente nos limites que a consciência tolere[43]. Dirão que temos aí uma circularidade. Claro: essa circularidade é a própria consciência! A partir do momento em que não há nem leis universais nem normas absolutas (anomia cínica), o sujeito é o único juiz dos seus atos, e é essa solidão reflexiva (*"tenho minhas leis e minha corte para julgar a mim..."*) que o define como sujeito moral. O relativismo teórico, ou metaético, baseado no fato de que nenhuma moral é verdadeira, desemboca aqui no que eu chamaria de absoluto prático (não decorre do saber, mas da vontade) e num universal singular (só vale universalmente para o indivíduo que é seu juiz). Ambos permanecem, é claro, relativos ao sujeito, e é precisamente isso que lhes veda aspirar em verdade ao absoluto ou ao universal: "é uma lei municipal que tu ale-

---

43. Para mais detalhes, ver "Le bon, la brute et le militant", *op. cit.*, pp. 135-8, assim como meu artigo "Morale et politique dans les *Essais*", *in Montaigne, maire de Bordeaux*, obra coletiva, Ed. L'Horizon chimérique, Mairie de Bordeaux, 1992, pp. 101-2.

gas, tu não sabes que ela é a universal" (II, 12, 524). Montaigne não se toma nem por Deus nem pelo todo da natureza. Mas nem por isso renuncia a ser si mesmo, ou antes (porque "ser" seria dizer demais: "nós todos somos parcelas...", II, 1, 337), a querer o que quer. É por isso que ele escapa do niilismo moral, sem cair no dogmatismo. Sua moral vale apenas para ele, claro; mas, para ele, vale absolutamente. Ela pertence à fé, se vocês quiserem, mas no sentido antigo, e não teológico, do termo – no sentido em que a fé é fidelidade à sua palavra e a si: "Cada um deve jurar a si mesmo o que os reis do Egito faziam seus juízes jurar solenemente: que não se apartariam da sua consciência por nenhum mandamento que eles próprios se impusessem" (III, 1, 797). É o que se pode chamar de primado da ética, que vale em última instância contra as exigências da política, e até contra as leis do nosso país ou contra as regras (sempre históricas e relativas) da moral ordinária. A necessidade assim manda, claro, como mandam a lei ou a moral. Mas nós não somos moralmente obrigados a nada, a não ser que assim consintamos – e Montaigne só consente na medida em que sua consciência o autoriza. Querem um exemplo? É uma lei arraigada a de que devemos cumprir com nossas promessas, e vimos que Montaigne a respeitava mais escrupulosamente do que a maioria; mas nem por isso deixa de ter exceções: podemos, e até devemos, "faltar com a nossa promessa, se prometemos uma coisa ruim e iníqua por si" (III, 1, 801). Porque, explica Montaigne, e isso resume tudo, "*o direito da virtude deve prevalecer sobre o direito da nossa obrigação*" (III, 1, 801, grifos meus). Primado da ética, e sobre a própria moral.

Quer isso dizer que a posição de Montaigne é pura e simplesmente *decisionista*, como diríamos hoje? Pode parecer que sim. Já citei o que Montaigne, sem criticá-los, escrevia a propósito dos cínicos: "em todas as ações eles atribuíam a soberana autoridade à eleição [decisão] de seu sábio e acima das leis" (II, 12, 585), e poderia multiplicar os exemplos. O desejo e a vontade é que, de fato, tanto para Montaigne como para Espinosa, determinam o valor das coisas: "nossa opinião dá preço às coisas [...] e chamamos de valor nelas, não o que elas trazem, mas o que nelas colocamos" (I, 14, 62). É o sujeito que decide, portanto, e somente ele: "não há razão, nem prescrição, nem força, que possa ir contra a sua inclinação e a sua escolha" (*ibid.*, 57). Solidão da consciência: é a própria consciência. Quem poderia julgar no meu lugar? Agir no meu lugar? No entanto isso não significa que se possa decidir qualquer coisa. Solidão não é arbítrio, solidão não é isolamento: nem no espaço (já que vivemos com outrem), nem no tempo (já que recebemos, pelo costume e pela educação, a herança das gerações precedentes). Fazemos parte da sociedade tanto quanto da natureza, e seria tão louco querer escapar daquela quanto pretender se libertar desta. A roupa é um fato de costume (I, 36, 225-226); por acaso é uma razão para andar nu? Montaigne não acha: "O pudor é uma bela virtude" (I, 23, 117), social certamente, mas nem por isso menos valorosa. A proibição do incesto pode decorrer apenas da educação; nem por isso deixa de ser uma "crença útil", que não se poderia, como Crisipo, rechaçar senão à custa de "opiniões selvagens" (*ibid.*). O costume é "que nos torna impossível o que não o é" (I, 36, 225); mas essa impossibilidade nos constitui e não poderíamos nos libertar dela sem nos perder. Aliás, quem quereria, e a que preço? O desejo e a vontade são, eles próprios, o resultado de uma natureza e de uma história, tão coletivas quanto individuais, e devem por isso submeter-se (ainda que essa decisão, em última instância, só dependa deles: não se sai da circularidade da consciência) aos valores que delas receberam e que os formaram, valores certamente relativos e históricos, contingentes, se vocês quiserem (o que não significa arbitrários), mas que por isso mesmo é mais importante transmitir – já que só sobrevivem por essa transmissão – e que o indivíduo tem a responsabilidade, em tudo o que dele depende, de fazer existir e durar. Ser fiel a si também é ser fiel à história – natural e social, antes de ser individual – que nos fez o que somos[44]. É onde a posição de Montaigne não se reduz ao decisionismo, se entendermos por isso a pura e simples redução dos valores a um ato de vontade (a uma *decisão*). Montaigne é humilde e sensato demais, é demasiado respeitoso com a natureza (que é "uma doce guia", III, 13, 1113), com seu pai e com os antigos, para pretender legislar soberanamente ou *decidir* o que é bom ou ruim. Seu pensamento decorre muito mais de um naturalismo esclarecido ("devemos, sem dúvida, prestar um pouco à simples autoridade da natureza, mas não nos deixar tiranicamente arrastar a ela", II, 8, 387), de um racionalismo não dogmático (a razão deve ser responsável pela "conduta das nossas inclinações", *ibid.*, mas vimos que ela fracassava em decidir de modo absoluto) e de um respeito crítico ao costume ou à tradição (tanto por admiração pelos antigos quanto por repulsa à novidade), e essas três atitudes se moderam aliás mutuamente (a razão impede de acompanhar de forma absoluta o costume, que impede de acompanhar de modo absoluto a natureza, que impede de acompanhar de modo absoluto a

---

44. Ver M. Conche, *Montaigne et la philosophie*, pp. 118-9 (sobre a fidelidade a si) e pp. 95-6 (sobre a história).

razão...) e convergem, em se tratando principalmente de moral, numa disposição interior em que a *submissão*, como diz Montaigne (II, 12, 488), prevalece de longe sobre a *decisão*. Montaigne tem demasiado horror aos vícios para poder decidir que eles não são mais vícios, e o valor, para ele como para qualquer um, é menos o objeto ou o resultado da vontade do que aquilo a que esta se submete ou em referência à qual se determina. A moral é, nisso, do âmbito da fidelidade, não mais somente à sua própria palavra, mas ao que a humanidade fez de si e de nós, que ela nos lega e que nós lhe devemos. De novo, isso excede qualquer decisionismo estrito, que conduziria tão-somente ao arbítrio e ao caos: "De resto", reconhece Montaigne, "se é de nós que tiramos a regulação dos nossos costumes, em que confusão nos lançamos!" (II, 12, 578). É necessária outra coisa portanto – mas o que, se não há universal? É aqui que Montaigne se afasta dos cínicos da Antiguidade, que só apelavam para a natureza. Ele apela também para a cultura, e até para a lei, não, é claro, como universal (não há universal), mas como real (e fazendo, a esse título, parte da natureza: "chamamos também de natureza o uso e a condição de cada um de nós", III, 10, 1009) e comum pelo menos a um grupo ou a um povo: o que nos salva aqui da *confusão*, como diz Montaigne, é primeiramente e antes de tudo a lei (aqui, mais no sentido moral do que jurídico do termo), não como universal, repitamos, mas em sua particularidade histórica ou, se preferirem, religiosa (Montaigne, no fundo, não dá a última palavra). Retorno ao teológico-político? De maneira nenhuma, já que não há ciência de Deus (não há teo-logia!) e já que, como diz Montaigne, "é um conflito que se decide muito mais pelas armas da memória do que pelas da razão" (I, 32, 216). O dogmatismo teológico-político quer impor em toda parte o poder do Deus-Verdade, o que Montaigne veda duplamente, já que a verdade nunca é conhecida com certeza, na ordem teórica, nem capaz de comandar absolutamente, na ordem prática. Retorno portanto, em vez disso, à fidelidade (se confiarmos principalmente na história) ou à fé (se confiarmos principalmente na religião). Daí este texto maior da *Apologia*, que pode de início parecer bem embaraçoso, mas que não poderíamos eludir:

> É somente a humildade e a submissão [Montaigne tinha escrito inicialmente: a obediência] que podem fazer um homem de bem. Não se deve deixar ao juízo de cada um o conhecimento do seu dever; é necessário prescrevê-lo, não deixá-lo escolher seu discurso: senão, conforme a imbecilidade e a variedade infinita das nossas razões e opiniões, nós nos forjaríamos enfim deveres que nos levariam a nos comer uns aos outros, como diz Epicuro. A primeira lei que Deus deu ao homem foi uma lei de pura obediência; foi um mandamento nu e simples, em que o homem não teve nada a conhecer nem a discutir; tanto mais que obedecer é o principal ofício de uma alma razoável, reconhecedora de um celeste superior e benfeitor. De obedecê-lo e ceder nascem todas as outras virtudes, assim como de crer tudo saber, o pecado. E, inversamente, a primeira tentação que veio à humana natureza de parte do diabo, seu primeiro veneno, insinuou-se em nós pelas promessas que nos fizeram de ciência e conhecimento: '*Eritis sicut dii, scientes bonum et malum*' [sereis como deuses, sabendo o bem e o mal, Gênesis, III, 5]. E as sereias, para enganar Ulisses, em Homero, e atraí-lo a seus remansos perigosos e ruinosos, lhe oferecem em dom a ciência. A peste do homem é a opinião de saber. Eis por que a ignorância nos é tão recomendada por nossa religião como peça própria da crença e da obediência (II, 12, 488).

Esse texto surpreendente condensa, parece-me, o essencial do pensamento de Montaigne e do que faz tanto a sua riqueza como a sua dificuldade: ceticismo ("a peste do homem é a opinião de saber"), mas também submissão a uma "lei de pura obediência", o que supõe que a conheçamos pelo menos factualmente; crítica do intelectualismo (representada aqui pelo diabo e pelas sereias!), mas também rejeição do puro decisionismo ("não se deve deixar ao juízo de cada um o conhecimento do seu dever"); relativismo ("a imbecilidade e a variedade infinita das nossas razões e opiniões"), mas também rejeição do niilismo (trata-se expressamente de "fazer um homem de bem")... O fato de tudo isso estar relacionado é no fundo o sentido da última frase: a crença e a obediência vêm preencher, na prática, o vazio que a ignorância, na teoria, deixa aberto. Mas a imagem de um Montaigne submetido parece tão incômoda que muita gente tentou pura e simplesmente eliminar esse texto, vendo nele um sinal de prudência ou de habilidade ante a censura eclesiástica. Seria não ver que a submissão, na ação, pode acompanhar a liberdade de espírito mais intransigente e, inclusive, no caso de Montaigne, que ela é necessária à sua plena expressão. Lembremos as fortes fórmulas de *Da arte da conversação*. "Toda inclinação e toda submissão são devidas [aos reis], salvo a do entendimento. Minha razão não foi ensinada a se curvar e a se fletir, meus joelhos é que foram" (III, 8, 935). Podemos portanto ser livres e fiéis, e Montaigne foi de fato ambas as coisas[45]: ele aprende a obedecer sem se submeter, a criticar sem trair. É esse em parte o desafio do que chamarei de ci-

---

45. Como observa Merleau-Ponty: "Ele procurou e talvez tenha encontrado o segredo de ser ao mesmo tempo irônico e grave, livre e fiel" (*op. cit.*, p. 347).

nismo montaigniano, entendendo com isso essa disjunção que os *Ensaios* não param de instaurar e de manter aberta entre o que é do âmbito da inclinação ou da obediência (digamos: os joelhos...) e o que é do âmbito do conhecimento ou da liberdade do espírito (digamos: a razão). A ordem do verdadeiro (para a qual nada vale absolutamente: relativismo sem apelação) e a ordem do valor (que prescinde sem problemas da verdade: a *inclinação* e a *submissão* bastam) não poderiam nem se confundir nem se reduzir uma à outra. É como uma chaga aberta, mas que é essencial não fechar: porque nesse caso tudo o que se conseguiria fazer seria encerrar o valor na verdade (como fazem os dogmáticos) ou a verdade no valor (como fazem os sofistas), e em ambos os casos estaria acabada a liberdade do espírito (a razão teria de se inclinar diante do rei ou os joelhos de fazer as vezes de razão). Contra o que Montaigne mantém, entre a teoria e a prática, um hiato irredutível, que o impede de se empenhar por inteiro: "Quando minha vontade me dá a um partido", escreve, "não é por uma obrigação tão violenta que meu entendimento é infectado" (III, 10, 1012). Assim, ele é o contrário de um fanático, e isso vai muito além da psicologia: essa *infecção*, que é o quinhão dos seus contemporâneos e a tendência espontânea de qualquer homem, é a confusão entre o desejo e a verdade (aquilo que Freud, notemos, chamará de ilusão), e é ela que os *Ensaios* não param de denunciar. O verdadeiro e o bem só se unem em Deus: só podemos habitar a ausência deles (nem um nem outro nunca são dados em pessoa) ou, quando às vezes pensamos termos deles nos aproximado, somente a sua disjunção. Entre ambos: o juízo, que articula como pode (mas sem confundi-los nem reduzi-los um ao outro), e caso a caso, as exigências da razão e as exigências da fidelidade. Claro, é o mesmo indivíduo que vive e pensa em cada uma dessas duas ordens; mas ele está submetido nelas a duas exigências diferentes: o pensamento só se submete ao verdadeiro, isto é, a si, enquanto a ação se submete – e *deve* submeter-se – ao costume, aos valores e à lei. A inclinação e a submissão não são devidas apenas aos reis (III, 8, 935); são devidas também, em toda ação, à comunidade humana que é a nossa. De novo, é aqui que Montaigne se afasta dos cínicos antigos, cuja selvagem singularidade não pode aprovar: "Parece-me que todos os modos singulares e particulares partem muito mais da loucura ou da afetação ambiciosa do que da verdadeira razão; e que o sábio, por dentro, deve retirar sua alma da multidão e mantê-la em liberdade e em condição de julgar livremente as coisas; mas, por fora, deve seguir inteiramente as maneiras e as formas aceitas" (I, 23, 118). Portanto nem a liberdade do espírito dispensa de obedecer, nem a obediência poderia fazer as vezes de liberdade do espírito. Dirão que se trata aqui somente de uma obediência exterior ("por fora"), ao passo que o texto da *Apologia* que acabamos de citar evoca ao contrário uma "humildade e submissão" interior (ele diz respeito aos nossos "deveres"), e isso não em relação ao rei ou à multidão mas sim a uma lei propriamente moral. Por que não? Podemos dobrar os joelhos também diante dos valores ou dos mandamentos. Aliás, a diferença nem sempre é tão acentuada entre o que se deve ao soberano e o que só se deve a si mesmo. Assim é que, nesse mesmo capítulo 23 do livro I, logo depois de opor o "dentro" ao "fora", Montaigne, invocando novamente Sócrates, reivindica, não, é claro, a suficiência (vimos que isso estava excluído), mas pelo menos o alcance propriamente *moral* do respeito às leis ou aos costumes: "A sociedade pública não dá nenhuma importância a nossos pensamentos; mas o que resta, como nossas ações, nosso trabalho, nossas fortunas e nossa vida própria, há que prestar e entregar a seu serviço e às opiniões comuns, como o bom e grande Sócrates se recusou a salvar sua vida desobedecendo ao magistrado, apesar de ser um magistrado injusto e iníquo. Porque é a regra das regras, e a lei geral das leis, que cada um deve observar aquelas do lugar em que está" (I, 23, 118). É sempre relativismo, e do mais extremo, pois o que Montaigne nos diz aqui (como muito mais dirão Pascal ou Espinosa) é que a regra do direito... é o fato! Mas isso tem recíproca, é o que indica o modelo socrático: o fato, pela Cidade e para a consciência, torna-se direito – ou a Cidade é o tornar-se direito do fato. A legalidade não é, portanto, nem moralmente suficiente nem moralmente indiferente: subsiste aqui um jogo, no sentido mecânico do termo, que somente o juízo, e sempre singularmente, pode resolver. Não obstante, se todo direito é de fato (relativismo), isso não significa que não há direito (o relativismo não é um niilismo). Isso significa simplesmente que não há direito absoluto, ou que a lei, para dizê-lo de outro modo, não poderia prescindir nem da força (do lado do príncipe) nem da obediência (do lado dos súditos). Não é porque uma lei é justa que devemos obedecê-la (III, 13, 1072); ao contrário, é por ser lei e por obedecermos a ela que ela é justa. Relativismo e respeito à legalidade, longe de se oporem, coincidem aqui, e Montaigne, mais uma vez, não está tão longe de Espinosa. Sua razão, como a de Diógenes, está "acima das leis" (II, 12, 585); mas sua vontade, como a de Sócrates, se submete a elas porém, e isso até é razoável: a razão, se não está submetida às leis, aprende no entanto – na falta de alternativa e salvo exceção – a submeter-se a elas. Ora, num registro diferente (tratando-se desta vez da lei moral, em vez da lei jurídica), parece-me que o texto da *Apologia* nos diz algo que vai no mesmo sentido. Como fazer um homem de bem? Montaigne responde nitidamente, pelo menos naquela passagem: por humildade e submissão à lei ou, em geral, à moral. Isso é coerente com o resto da sua obra e compatível com o seu relativismo, na medida em que se compreenda que lei e moral, aqui como em outros casos, são de fato *relativas* a uma certa história: a lei moral não é um universal acessível ao saber ou à razão, mas um imperativo de fato, transmitido pela revelação e/ou pela tradição ("um mandamento nu e simples, em que o homem não teve nada a conhecer nem a discutir"), que remete cada um à sua vontade, decerto, mas a uma vontade sempre submetida a outra coisa que não ela própria, ou antes, que só se submete a si – porque, afinal, esse momento é necessário: o espírito "não se compromete com nenhuma causa que ele não aprove" (I, 26, 155) – sob a direção de outra coisa que a domina, embora com seu acordo, e que a guia. O prescritivo ("é necessário prescrevê-lo a ele") não é portanto nem repelido (ausência de niilismo), nem fundado em razão ou em verdade (ausência de dogmatismo), nem enfim reduzido ao arbítrio de uma opção individual (ausência de decisionismo). Resta o quê? Resta a fidelidade à palavra dada e recebida (esta, aliás, sempre anterior, de direito como de fato, àquela), e é comovente aqui que Montaigne, cuja mãe era de origem judaica e que recebeu do pai a educação humanista que se sabe, ponha lado a lado nesse texto Homero e o Gênesis, encontrando igualmente neles tanto a insuficiência do saber como a da licença, e por conseguinte a necessidade de uma lei, não mais jurídica mas moral, que só se impõe a todos sob a condição – jamais completamente realizada – de se impor primeiro em cada um. O universal não é dado: nem Deus nem o Bem são do âmbito de um saber ou de uma experiência. É o que nos separa do absoluto, sem dúvida; mas é também o que nos abre o mundo "maravilhosamente vão, diverso e ondulante" dos homens. De fato, a partir do momento em que o absoluto está ausente, nada impede que leis diferentes coabitem tranqüilamente (contanto que nenhuma tenha pretensão a uma verdade absoluta), nem que um indivíduo ou um povo se reconheça mais particularmente numa delas – por exemplo, em se tratando de Montaigne, na "que Moisés dirigiu ao povo da Judéia saído do Egito" (II, 16, 630).

Sua moral não é cristã, disseram[46]. Sem dúvida, já que ela não leva em conta nem dogmas, nem esperanças, nem castigos. Mas ele nunca renegou tampouco "as santas prescrições da Igreja católica, apostólica e romana, na qual morrerei e na qual nasci", dizia ele (I, 56, 318). De novo, talvez seja demasiado precipitado (mesmo que essa frase seja posterior à viagem à Roma e pareça dirigir-se aos censores pontificais) ver aí nada mais que prudência ou habilidade. Obedecer às leis do seu país, para Montaigne, é também obedecer à Igreja, e o próprio Sócrates não teria oposto objeção alguma a isso (II, 12, 578), nem La Boétie (I, 28, 194). Aliás, se "somos cristãos do mesmo modo que somos perigordinos ou alemães", Montaigne, que "é indiscutivelmente perigordino, é portanto, de forma igualmente

---

46. P. ex., G. Lanson, "La vie morale selon les *Essais*", 1924, republicado em *Essais de méthode, de critique et d'histoire littéraire*, Hachette, 1965 (ver em particular pp. 173-4). Ver também M. Conche, *Montaigne ou la conscience heureuse*, pp. 8-10, e *Montaigne et la philosophie*, pp. 117-8.

indiscutível, cristão"⁴⁷. Mas isso não prova nada, nem num caso nem no outro. Releiamos o capítulo 56 do livro I, sobre "as preces". Seu sentido não é de modo algum submeter o pensamento à religião, mas ao contrário separá-los: nesse capítulo, escreve Villey, "é completo o divórcio entre os dois domínios, da razão e da fé" (pertencendo a fé, evidentemente, ao que chamo de ordem prática), e é um divórcio, diria eu, que devemos desejar que seja amigável ou por consentimento mútuo, já que "cada qual ganhará em fazer seu jogo à parte"⁴⁸. Montaigne pode portanto ser ao mesmo tempo cético (na teoria) e cristão (na prática), e não há nisso nenhuma contradição, já que se trata de duas ordens diferentes, cada uma das quais só é legítima se não invadir a outra. Simplesmente, isso proíbe Montaigne de absolutizar sua crença (que é tão-só uma crença subjetiva⁴⁹) ou de impor a quem quer que seja a lei (evidentemente relativa) que, para os cristãos, dela resulta ou que a embasa: se Montaigne é indiscutivelmente perigordino, outros, tão indiscutivelmente quanto ele, serão bretões, ateus, muçulmanos...

É esse, parece-me, o alcance laico do humanismo montaigniano, feito de lucidez e de tolerância. A razão universal, embora "impressa em todo homem não desnaturado" (III, 12, 1059), é incapaz de fundar a ordem prática: a moral, a política ou a religião não são do âmbito da verdade mas do valor, não da consciência mas da inclinação, e por isso são sempre particulares e relativas. Somente Deus, se ele existe, pode juntar essas duas ordens. Mas, se ele exis-

---

47. Como observa M. Conche, *Montaigne et la philosophie*, p. 42.
48. P. Villey, nota do capítulo 56 do livro I, p. 317. Como não pensar, novamente, no Espinosa do *Tratado teológico-político*? [trad. bras., São Paulo, Martins Fontes, 2003].
49. Ver M. Conche, *Montaigne et la philosophie*, p. 42.

te ou não, é coisa que a razão não pode saber e que, por conseguinte, é do âmbito da relatividade das crenças e das práticas... Quanto ao que sabemos do homem, tampouco poderia fundar uma moral: todo o início da *Apologia de Raymond Sebond* visa despir o homem de todo e qualquer privilégio objetivo: visa considerar-nos na natureza, "não estamos nem acima nem abaixo do resto" e "sem nenhuma prerrogativa, preexcelência verdadeira ou essencial" (II, 12, 459). Mas isso é porventura uma razão para renunciar ao que somos? Montaigne diria antes que o que sabemos do homem (que ele não passa de um animal entre outros, e capaz do pior: o que chamo de anti-humanismo teórico) dá maior importância ainda ao que queremos para ele (por exemplo, que ele seja plenamente humano: o que chamo de humanismo prático). E o que ignoramos de Deus, ele poderia acrescentar, impõe a cada um a humildade, a reserva, a tolerância... Relativismo e humanismo andam, nisso, lado a lado: é por não haver lei absoluta (natural) que devemos respeitar as leis particulares (históricas) pelas quais os homens se fizeram humanos, por não o serem suficientemente por natureza ou por razão. Nada mais nos é pedido nem prometido: trata-se apenas "de fazer bem e devidamente o homem" (III, 13, 1110). Mas para tanto é necessário aceitar os limites da humanidade e, por conseguinte, renunciar a toda pretensão ao absoluto: aceitar-se homem é também renunciar a Deus, e até mesmo a conhecê-lo. Todo homem, então, é igual a qualquer outro ou, pelo menos, não seria capaz de julgar legitimamente em seu lugar. É esse o único universal que nos resta, que aliás nada mais é que uma particularidade bem ampla e que tem um alcance sobretudo crítico ou negativo: ele não é outra coisa senão a própria humanidade, em sua existência de fato e na aceitação das suas diferenças. Com o que Montaigne, por mais perigordino e católico que se diga, permanece fiel ao cosmopolitismo de Sócrates e dos cínicos ("Perguntaram a Sócrates de onde ele era. Não respondeu: de Atenas; mas sim: do mundo", I, 26, 157), e à humanidade bem como a si: "Considero todos os homens meus compatriotas e abraço um polonês como um francês, pospondo [subordinando] essa ligação nacional à universal e comum" (III, 9, 973).

Tal humanismo, ao mesmo tempo fiel e tolerante, lúcido e respeitoso, também é, digamos para terminar, o que dá importância à educação. Se o absoluto nunca é dado, se não há lei natural (ou se nós a perdemos: II, 12, 580), "a educação do filho de homem pelos homens, o que constitui no fundo as humanidades, conta mais que todo o resto"[50]. Se nossos valores não resultam nem de um saber nem de uma opção, mas sim de uma transmissão, isso implica de fato que o homem só é humano pela filiação (quanto à natureza) e pela educação (quanto à cultura). Dois títulos nos vêm então à memória: "Da semelhança dos filhos com os pais" (II, 37) e "Da instituição dos filhos" (I, 26). Os capítulos que eles designam são de importância desigual: sobre a herança, Montaigne não tem mesmo que dizer (seu capítulo na verdade fala de outra coisa), mas ele se estende longa e precisamente sobre a educação. Esta, ao contrário de toda sofística, deve antes de mais nada ensinar a amar a verdade: "que a instruamos [a criança] principalmente a se render e entregar as armas à verdade, assim que ela a perceber: seja que ela nasça das mãos do seu adversário,

---

50. J. Chateau, *Montaigne psychologue et pédagogue*, 1964, reed. Vrin, 1971, pp. 71-2.

seja que nasça nela mesma por alguma reconsideração" (I, 26, 155). Mas não bastaria: "Qualquer ciência é prejudicial a quem não tem a ciência da bondade" (I, 25, 141), a qual, decerto, não é uma ciência. A educação, para Montaigne, se ela inclui evidentemente a transmissão de um saber (o que chamaríamos de instrução), não poderia reduzir-se a esta: o importante é formar o homem, e isso só é possível formando seu juízo. Evoco para simples lembrança as fórmulas famosas: "mais vale um homem hábil que um homem sábio, mais vale a cabeça bem-feita do que a cabeça cheia, mais os costumes e o entendimento que a ciência..." (I, 26, 150). Claro, tratava-se, na época de Montaigne, de uma ciência que não era ciência, quero dizer, de um saber sobretudo literário, que devia mais à erudição do que à experiência ou aos cálculos. Mas isso não altera em nada o essencial, e Montaigne poderia sem dúvida escrever hoje, *mutatis mutandis*, o que escrevia então, que vocês me permitirão citar um tanto longamente (porque a oposição entre a teoria e a prática aparece mais claramente aí):

> De que proveito podemos estimar ter sido para Varrão e Aristóteles essa inteligência de tantas coisas? Ela os isentou porventura dos incômodos humanos? Ficaram livres dos acidentes que ameaçam um carregador? Tiraram da lógica algum consolo para a gota? Por saber como esse humor se aloja nas juntas, sentiram-no menos? Compuseram com a morte para saber que algumas nações rejubilam-se com ela e com a cornice para saber que as mulheres são comuns em certas regiões? Inversamente, tendo ocupado a primeira linha no saber, um entre os romanos, o outro entre os gregos, e na época em que a ciência mais florescia, não sabemos porém que eles tenham tido alguma excelência particular em sua vida; o grego teve até trabalho para se desincumbir de certas tarefas notáveis, na dele.

MONTAIGNE CÍNICO?

Descobriu-se acaso que a volúpia e a saúde são mais saborosas a quem sabe Astrologia e Gramática? *Illiterati num minus nervi rigent?* [Por ser iletrado, é-se menos vigoroso no amor?, Horácio, *Epodos,* VIII, 17], e a vergonha e a pobreza são menos importunas?... Vi em meu tempo centenas de artesãos, centenas de lavradores, mais sábios e mais felizes do que reitores de universidade, e com os quais eu preferiria parecer. A doutrina [a ciência], é minha opinião, está entre as coisas necessárias à vida, como a glória, a nobreza, a dignidade ou, quando muito, como a beleza, a riqueza e aquelas outras qualidades que lhe servem certamente, mas de longe, e um pouco mais por fantasia do que por natureza (II, 12, 487).

Durkheim, citando e comentando esses textos, e outros do mesmo gênero, fica chocado com o seu "ceticismo pedagógico", que supõe "uma profunda indiferença para com a ciência [e] um vivo sentimento da sua ineficácia educativa", a risco de levar, ele escreve, "a uma espécie de niilismo pedagógico"[51]. Essas fórmulas são sem dúvida exageradas ou demasiado unilaterais (em se tratando da pedagogia de Montaigne, é melhor ler o belo livro de Jean Chateau[52]), mas é verdade que o conhecimento, para Montaigne, não é essencial, nem pode ser. É a vontade e o juízo que se trata de formar, e nem uma nem outro podem se reduzir ao saber: "a ciência e a verdade podem se instalar em nós sem juízo, e o juízo também pode estar em nós, sem elas: na verdade, o reconhecimento da ignorância é um dos mais belos e mais seguros testemunhos de juízo que eu co-

---

51. Durkheim, *L'évolution pédagogique en France*, 1938, reed. PUF, 1990, pp. 254 a 260.
52. Cf. *supra*, nota 50.

nheço" (II, 10, 409; ver também I, 25, 140). Daí a indiferença, não tanto em relação às ciências (já que, como vimos, é necessário submeter-se à verdade) quanto em relação aos dogmas ou aos sistemas. Nem dogmatismo, portanto, nem sofística: novamente como os cínicos, Montaigne só crê no juízo singular. É o que determina para o educador sua tarefa diante do aluno: "Que ele o faça passar tudo pelo crivo e não aloje nada em sua cabeça por simples autoridade e crédito; que os princípios de Aristóteles não lhe sejam princípios, como tampouco os dos estóicos ou dos epicurianos" (I, 26, 151). Montaigne, homem sem princípios? De forma alguma: não se poderia fazer tábua rasa do passado, nem julgar a partir de nada. Montaigne não tem a ingenuidade de um Descartes, nem o fanatismo destruidor dos utopistas. Ele vê perfeitamente que "quase todas as opiniões que temos são adquiridas por autoridade e crédito" (III, 12, 1037), e no fundo isso o tranqüiliza: "Não faz mal: não poderíamos escolher pior do que por conta própria, num século tão fraco" (*ibid.*). Mas a autoridade e o crédito devem, por sua vez, ser submetidos ao julgamento da razão: a fidelidade não deve ser cega, mas crítica e livre. Por exemplo, a pluralidade conflitual dos princípios deve moderar nossa adesão a cada um deles: "Proponha-se a ele essa diversidade de juízos: ele escolherá se puder, senão permanecerá em dúvida" (*ibid.*). Tarefa infinita, e que deve sê-lo. É inclusive o único infinito, não que nos é dado, decerto, pois ele nunca o é, nem nenhum outro, mas ao qual nosso pensamento, ao menos por sua incompletude, tem acesso: "a admiração [o espanto] é o fundamento de toda filosofia; a inquisição [a pesquisa], o progresso; a ignorância, o fim" (III, 11, 1030). Nunca se parará de pensar, portanto, e é por isso que a vida não poderia, sem loucura, querer se basear no conhecimento que temos dela. O bem não é para ser conhecido, mas *experimentado*: já era esse o sentido dos *exercícios* cínicos[53] (ou, em Sócrates, desse "contínuo exercício de sabedoria e de virtude", I, 11, 44), e é esse o sentido dos *Ensaios*, e da vida.

Resumamos. Se entendermos por *dogmatismo prático*, como propus[54], a conjunção do valor e da verdade sob o domínio da verdade (caso em que o justo seria justo como dois e dois são quatro: objetiva e universalmente), é claro que Montaigne é tão pouco dogmático na prática quanto é em teoria. Por isso, ele não pode ser, por exemplo, nem epicuriano nem estóico ortodoxo. Mas tampouco pode ser pirroniano até as últimas conseqüências: a *diferença* entre o prazer e a dor (ao mesmo tempo objetivamente relativa e, se assim podemos dizer, subjetivamente absoluta), como entre a virtude e o vício, impede-o de fato de se reconhecer no *indiferentismo* de Pirro. Enfim, se entendermos por *sofística* a conjunção do valor e da verdade sob o domínio do valor (caso em que o verdadeiro só seria verdadeiro como o justo é justo: de certo ponto de vista ou relativamente a um certo interesse[55]), Montaigne não pode tampouco ser considerado um sofista: a verdade para ele, mesmo que desconhecida ou duvidosa, continua sendo, de direito, independente do sujeito que a julga e irredutível do ponto de vista que ele tem sobre ela. Montaigne é levado

---

53. Ver M.-O. Goulet-Cazé, *L'ascèse cynique*, Vrin, 1986 (e especialmente, no que concerne à tradução da palavra *áskesis*, que traduzo aqui como *exercício*, a nota 2 da p. 11).

54. "A vontade cínica", *supra*, pp. 35 ss.

55. Ver *ibid.*, pp. 36 a 42. Ver também minha contribuição a *Pourquoi nous ne sommes pas nietzschéens*, Paris, Grasset, 1991 ("La brute, le sophiste et l'esthète: 'l'art au service de l'illusion'").

portanto a disjungir essas duas ordens (ou a supor sua possível conjunção somente em Deus): o valor e a verdade não poderiam, para nós, nem se confundir nem se reduzir um ao outro. O conhecimento e a ação, a teoria e a prática pertencem a duas ordens distintas, e é isso que autoriza Montaigne a seguir, mas sempre livremente, mestres diferentes: o pirronismo (mas um pirronismo moderado) domina seu pensamento teórico, assim como o epicurismo e o cristianismo (mas ambos não dogmáticos e moderando-se mutuamente[56]) dominam seu pensamento prático. Tal disjunção das ordens, que poderá fazer pensar em Pascal ou em Espinosa, não deixa de evocar os cínicos da Antiguidade[57]: para Montaigne como para eles, a virtude excede o conhecimento e, sem se reduzir ao arbítrio de uma *decisão* (já que a natureza, a razão e a história nos guiam), não vale senão por meio do indivíduo, singularmente, que a quer. Mas é um cinismo ao mesmo tempo generalizado e moderado. A natureza como a razão ou a história fracassam em reconciliar totalmente o conhecimento e a ação (a ordem do verdadeiro, a ordem do bem), e portanto somente o homem – e cada homem solitariamente – deve assumir, na unidade de uma existência, o trágico que nasce, cada vez, da dualidade de ambos: somente o juízo estabelece o vínculo entre a universalidade sempre incerta do ver-

---

56. Sobre a relação entre o cristianismo e o epicurismo, especialmente no século XVI (e sobre o "epicurismo cristão"), ver M. Dreano, *La religion de Montaigne*, Nizet, 1969, pp. 171 ss. Dito isso, note-se com Marcel Conche que "Montaigne, na Bíblia, cita o *Eclesiastes*, esse livro epicuriano, muito mais que o Evangelho, e mal menciona Jesus Cristo" (*Montaigne et la philosophie*, p. 11)... É que o epicurismo, nele domina sem dúvida o cristianismo: talvez ele fosse cristão por epicurismo (que religião é mais agradável?), ao passo que não se vê que sentido haveria em ser epicuriano... por cristianismo.

57. Ver "A vontade cínica", *supra*, pp. 43 ss.

dadeiro e a particularidade sempre relativa dos valores – e, mal ele se volta para si mesmo e para as suas condições, o desfaz. A própria religião, que postula sua reconciliação original ou final, não escapa nem da incerteza de toda teoria nem da relatividade de toda prática, e é por isso submetida aos próprios limites que ela às vezes sonha superar. Quanto à filosofia, que pensa essa disjunção, ela possibilita no máximo aceitá-la, mas sem nunca poder reduzi-la nem superá-la: nem o Bem absoluto nem o Verdadeiro absoluto estão ao seu alcance (II, 12, *passim*), e essa dupla vacância – tanto teórica quanto prática – do absoluto estabelece para a filosofia a sua tarefa, que é infinita, e os seus limites, que são intransponíveis (pois são os próprios limites do sujeito que filosofa). Toda religião é histórica e toda filosofia é subjetiva. O relativismo, portanto, não tem apelação, pelo menos nesta terra, e é por isso que ninguém – nem filósofo nem sacerdote – pode julgar em nosso lugar. Mas é também por isso que o indivíduo não poderia suprimir abruptamente, sem risco nem presunção, as regras e os costumes ordinários da humanidade. Onde os cínicos antigos opunham a natureza à lei (em benefício da natureza), Montaigne, sem mascarar em nada sua dualidade, aprende a respeitar uma e outra, a habitar sua cisão, que nos faz homens, e a aceitar, na tensão e no aproximativo, mas também no "contentamento", como ele diz, a historicidade que daí resulta: "sabedoria, mas alegre e social", escreve ele (III, 13, 1116). Nem naturalismo nem decisionismo: trata-se tão-somente de *"fazer bem o homem"*, e isso não pode acontecer sem fidelidade à humanidade e a si: "Minha consciência se contenta consigo: não como a consciência de um anjo ou de um cavalo, mas como a consciência de um homem; acrescentando sempre esse refrão, que não é um refrão formal, mas de ingênua e essencial submissão: que eu falo inquirindo e ignorando, remetendo-me da solução pura e simplesmente às crenças comuns e legítimas. Eu não ensino, eu conto" (III, 2, 806).

Mostrar como Montaigne, assim fazendo, pode hoje nos ajudar a pensar e a viver, excederia os limites deste artigo já longo[58]. Permitam-me apenas, à guisa de conclusão, citar um dos raros filósofos do nosso século que se deu ao trabalho de ler e meditar suas lições. Em seu magnífico *Breviários para os cegos*, depois de ter percorrido numa página e meia o longo sono teológico que sucedeu a filosofia antiga ("o Deus objeto, durante os séculos cristãos, manteve o pensamento entorpecido..."), Alain escreve o seguinte, que me compraz citar por inteiro:

> Montaigne é uma bela aurora depois dessa longa noite. Nutrido nos antigos, duvidando assaz vigorosamente para dominar todas as ciladas da lógica e seguindo por firme juízo a sabedoria estóica, que ensina a sofrer como homem e a morrer bem, Montaigne representa o juízo só ou o homem sem Deus. Uma força de espírito admirável contra a imaginação, a superstição, o preconceito, as paixões circula nos *Ensaios*, talvez o único livro de filosofia que se oferece sem sistema e sem o furor de provar. Mas os partidos julgaram-no mal, porque ele julga todos eles.[59]

---

58. Sobre a sabedoria de Montaigne, ver "Montaigne ou la philosophie vivante", *Une éducation philosophique*, pp. 236 s. ["Montaigne ou a filosofia viva", *Uma educação filosófica*, pp. 282 ss.], assim como meu prefácio ao 9º capítulo do livro III dos *Ensaios*: *De la vanité*, Paris, Rivages, 1989. Sobre a sua relação com a filosofia, ver minha conferência na Société des Amis de Montaigne, "Je ne suis pas philosophe" *(Montaigne et la philosophie)*, Paris, Librairie Honoré Champion, col. "Études montaignistes", 1993.

59. Alain, *Abrégés pour les aveugles*, Bibliothèque de la Pléiade ("Les passions et la sagesse"), 1960, p. 804.

MONTAIGNE CÍNICO?

Não se sai assim da Idade Média, nem dos sistemas, nem dos partidos: o torpor ou o furor sempre ameaçam. É por isso que precisamos de Montaigne, e hoje talvez mais que nunca – para que o homem sem Deus não seja sem espírito nem sem juízo[60].

---

60. Assinalemos que, sobre a questão do fundamento da moral, Marcel Conche discutiu meu ponto de vista no Preâmbulo da segunda edição (posterior à primeira publicação deste artigo) de *Montaigne et la philosophie*. Ele me critica amistosamente por "fazer pouco caso" da sua página 125 (que, de fato, eu apenas assinalava: cf. *supra*, nota 24), na qual ele mostrava que, em Montaigne, "é a razão que funda nosso dever": não aceitando esse ponto, eu tinha necessariamente de absolutizar o relativismo cultural dos *Ensaios*, o que conduz "à tolerância universal, logo à tolerância do horrível" (Preâmbulo, pp. VII e VIII). Sem poder retomar toda a discussão (muito depende aqui da leitura que se faz da *Apologia*, cujo alcance Marcel Conche reconhece que restringe), procuremos ver onde se situa exatamente a divergência. Marcel Conche tem certamente razão ao insistir sobre a importância da razão em Montaigne, particularmente em seu uso prático. Eu mesmo disse que havia nos *Ensaios* um "racionalismo universalista", que prescrevia "julgar pela via da razão" (*supra*, pp. 98-9): com o que Montaigne de fato anuncia as Luzes (como aliás já notava Lévi-Strauss) e não poderia se reduzir a um ponto de vista puramente decisionista ou niilista (*supra*, pp. 105 a 110 e pp. 118 a 128). Assim, não posso deixar de aprovar Marcel Conche quando ele escreve excelentemente que "o relativismo cultural deve ser ele próprio relativizado" e isso, de fato, "na fidelidade a uma tradição de universalidade inaugurada pelos primeiros descobridores do universal, os gregos" (Preâmbulo, p. IX). Foi o que eu mesmo procurei mostrar, com outras palavras, nas páginas que precedem: a razão impede de seguir absolutamente o costume ou a natureza, tanto quanto (mas, parece-me, não mais) costume e natureza impedem de seguir absolutamente a razão. O que contesto não é a importância da razão em Montaigne, mas simplesmente (se é que isso pode ser simples!) o fato de ela ter na sua moral o papel de um *fundamento*, capaz – porque de outro modo não haveria *fundamento* – de erigir seus juízos de valor em verdades universais e necessárias. É verdade que Montaigne escreve que ele não deve ser escravo "senão da razão" (III, 1, 794) e que é necessário ater-se a seu dever "pela razão simples" (III, 1, 792). Mas não se trata, de modo algum, no contexto, de fundar a moral! Trata-se de distingui-la da política: devo ser escravo apenas da razão, não dos príncipes, explica Montaigne, e ater-me ao meu dever "pela razão simples" em vez de pela "paixão odiosa

ou amorosa pelos grandes" (*ibid.*). É verdade que Montaigne escreve que "a razão nos veda [fazer coisas] ilícitas e más, e ninguém acredita nela" (II, 17, 632). Mas isso não significa que elas sejam ilícitas ou más *porque* a razão as veda. O contexto refere-se à oposição da "cerimônia", que se interessa sobretudo pelas palavras e pela razão, que se interessa sobretudo pelos atos: é muito pouco para encontrar aí um fundamento, e seria espantoso que Montaigne passasse tão rapidamente por uma questão tão importante, tão decisiva! E, se "ninguém acredita nele", esse suposto fundamento só seria capaz de justificar uma moral abstrata, que ninguém aplica e que está muito longe, parece-me, dos gostos e das preocupações de Montaigne. Sobretudo, creio ter mostrado no que precede que a razão, aliás ela própria infundada e inverificável (cf. *Apologia*), é incapaz de decidir absolutamente o que é bem e mal, logo não poderia livrar nossos juízos morais da sua singularidade subjetiva (cf. p. ex. o início de *Do jovem Catão*), nem da sua particularidade cultural (cf. p. ex. *Do costume*): daí o que chamei, acompanhando Hugo Friedrich e tantos outros, de *relativismo* de Montaigne. Mais uma vez, isso não anula seu racionalismo, mas o tempera: a razão, em Montaigne, é abertura para o universal – abertura, não acesso ou dom. Ela vem *relativizar o relativismo*, de fato; ela não o abole: vale dizer que ele permanece e a relativiza, por sua vez. O racionalismo de Montaigne, em matéria de moral como no resto, é um racionalismo muito mais crítico do que dogmático: a razão é menos o que prescreve absolutamente isto ou aquilo do que o que veda crer de forma demasiado absoluta nas prescrições do costume ou da lei, assim como seguir de forma demasiado cega os impulsos do nosso corpo ou da natureza. Ela não abole uns isso nem umas nem outras, e não poderia por si só tomar o lugar da moral. Senão, não seria verdade que "a razão é uma tintura infusa com igual peso em todas as nossas opiniões e costumes, qualquer que seja a forma destes e daquelas" (I, 23, 112), nem que "metendo-se a dominar e comandar tudo", ela "altera e confunde a fisionomia das coisas segundo a sua vaidade e a sua inconstância" (II, 12, 580; trata-se, no contexto, indubitavelmente da razão prática), nem enfim que, "conforme a imbecilidade e a variedade infinita das nossas razões e opiniões, nós nos forjaríamos enfim deveres que nos levariam a nos comer uns aos outros, como diz Epicuro" (II, 12, 488). A razão, repitamos, pode justificar tudo: tanto a antropofagia como a sua rejeição, tanto o roubo como a sua proibição, tanto Diógenes como Aristipo (II, 12, 581). Quer isso dizer que tudo se equivale? De forma alguma, mas que a razão não basta para decidir a esse respeito. O pior vício, para Montaigne (cf. p. ex. II, 11), é a crueldade, inclusive para com os animais: alguém acreditaria que é por ela não ser razoável? E alguém acreditaria que Montaigne oporia somente a razão, ou mesmo a razão antes de tudo, aos genocídios nazistas (é o exemplo tomado por Marcel Conche)? E isso, mesmo moralmente, bastaria? Que houve nazistas dotados de razão, e até de justificativas racionais do nazismo, a história confirma tristemente, e isso nos impede de crer absolutamente na razão. Montaigne teria aprovado Hume, parece-me, quando este último observa que "não é contrário à razão preferir a destruição do mundo inteiro a um arranhão no meu dedo" (*Traité de la nature humaine*, II, 3, 3, trad. fr. Leroy, Aubier, 1983, p. 525; ver também III, 1, 1, especialmente pp. 585-6). De fato, que horror não foi racionalmente sustentado? Há maior arrazoador que um Sade? Lembremo-nos de *A filosofia na alcova*: "É incrível em que abismo de absurdos nos lançamos quando abandonamos, para raciocinar, o socorro da tocha da razão!" E justificar racionalmente o estupro, o assassinato, a tortura... As Luzes também têm uma parte de sombra que não se deve esquecer: a tal ponto a razão é "um instrumento livre e vago" (*Ensaios*, III, 11, 1026), de fato, que pode servir para tudo (II, 12, 539)! Claro que Montaigne não é Sade – mas porventura é a razão que antes de tudo os distingue? Montaigne certamente não pensaria assim, ele, que afirmava que "a verdade e a razão são comuns a todos e a cada um" (I, 26, 152) e que julgava sua própria virtude "acidental e fortuita" e sua "concupiscência menos licenciosa que [sua] razão" (II, 11, 427-428). Fundamento? Mas que valem nossos fundamentos? Que provam? "Estimo que não caia na imaginação humana nenhuma fantasia tão extremada que não encontre o exemplo de algum uso público e, por conseguinte, que nosso discurso não ampare e funde" (I, 23, 111). Mais uma vez, não existe aí nenhum niilismo moral: Montaigne não diz que a moral não vale nada, mas que seus valores são relativos (e multiplamente relativos: à natureza, à razão, à cultura...); nem que ela não deva nada à razão, mas sim que ela não lhe deve tudo. Fiel aos gregos, sim! Mas aos epicurianos (para quem virtude e justiça são relativas ao prazer e à história) pelo menos tanto quanto aos estóicos (para quem, por serem prescritas pela razão, valem absoluta e universalmente). E fiel também aos judeus, como lembrei (cf. p. ex. II, 12, 488; II, 16, 630), fiel nisso aos cristãos, pelo menos ao que estes deveriam ser, em outras palavras ao espírito do cristianismo, que é de justiça e de caridade (cf. p. ex. II, 12, 442). Fiel portanto à humanidade e ao coração, tanto quanto à razão: a razão é condição necessária da moral; ela não é sua condição suficiente, nem, por conseguinte, seu fundamento. Apesar de ser ele próprio "relativizado" pela razão, o relativismo de Montaigne mesmo assim é sem apelação: tomar "a razão como guia" (I, 26, 155) não é instalar-se confortavelmente no universal ou no absoluto, é constatar que não temos acesso a ele, ou em todo caso que ninguém pode decidir absolutamente. Cada um enxerga o universo à sua porta e a razão em seu juízo. Mas o que isso prova? "Parece que não temos outra visão da verdade e da razão afora o exemplo e a idéia das opiniões e usos do país em que vivemos" (I, 31, 205). "Parece"? Sim; mas onde Montaigne afirma o contrário? Se a razão é universal de direito (Montaigne evoca "a semente da razão universal impressa em todo homem não desnaturado", III, 12, 1059), só podemos utilizá-la, de fato, de um certo ponto de vista, sempre particular (II, 12, 600) e através das nossas categorias, que são sociais e históricas (II, 12, 527, 570, 575...). Os gregos teriam de outro modo tolerado a escravidão? Em nome de que, portanto, erigir em universal o que nos parece sê-lo? Aliás, se Montaigne invoca às vezes – raramente! – "leis universais e indubitáveis" a que seríamos submetidos, trata-se muito mais de leis da natureza do que da razão, e muito mais de prazer do que de moral (III, 5, 879) – ora, é sabido que a razão é precisamente o que nos separa dessas "leis naturais" (II, 12, 580). O universal em ato é o universal da natureza ("A Natureza abraçou universalmente todas as suas criaturas", II, 12, 456), e mesmo assim é só um universal de fato, e relativo a seu modo, já que submetido ao tempo, ao devir, ao perpétuo movimento de tudo. Ora, a razão, longe de lhe escapar (como fará por exemplo em Kant), permanece submetida a ela: "Se a natureza encerra nos limites do seu progresso ordinário, como todas as outras coisas, também as crenças, os juízos e as opiniões dos homens, se elas têm a sua revolução, a sua estação, o seu nascimento, a sua morte, como os repolhos, se o céu as agita e rola à sua guisa, que autoridade magistral e permanente lhes atribuímos?" (II, 12, 575). Não há (em todo caso para o homem) razão pura, e todo juízo é histórico: "e nós, e nosso juízo, e todas as coisas mortais vão correndo e rolando sem cessar. Assim, não se pode estabelecer nada de certo sobre uns e outros, estando o julgador e o julgado em perpétua mutação e movimento" (II, 12, 601). A mesma variabilidade se encontra no espaço (I, 23, *passim*; II, 12, 578-580). Assim como a razão vem relativizar o relativismo cultural (abrindo o indivíduo ao universal: "a verdade e a razão são comuns a todos e cada um", I, 26, 152), as viagens e a tolerância devem relativizar nesse aspecto as pretensões da razão ou do indivíduo que a invoca: "Tantos humores, seitas, juízos, opiniões, leis e costumes nos ensinam a julgar sadiamente os nossos, e ensinam nosso juízo a reconhecer sua imperfeição e sua fraqueza natural: o que não é um aprendizado ligeiro" (I, 26, 158). E se, é claro, não se deve tolerar *tudo*, não temos nenhum critério objetivo, nenhum fundamento universal, que nos permita decidir absolutamente o que é ou não tolerável. Mas será que precisamos mesmo disso? Precisamos de um fundamento para ter, como Montaigne, "horror da crueldade" (II, 8, 922)? Precisamos de um fundamento para odiar, como Montaigne, "toda sorte de tirania, tanto a das palavras como a dos fatos" (III, 8, 931)? Precisamos de um fundamento para nos sentir, como Sócrates ou Montaigne (I, 26, 157; III, 9, 973), cidadão do mundo e solidário de todos os homens? Precisamos de um fundamento para amar a vida, a verdade, a paz? E esse horror, esse ódio, esse sentimento, esse amor – esclarecidos pela razão, guiados pela razão, mas não *fundados* nela – não bastam para condenar e combater o nazismo? Marcel Conche objeta-me que, se não há moral universal, um nazista

MONTAIGNE CÍNICO?

pode alegar seus próprios valores para justificar seus atos. Sem dúvida, mas não é o que acontece também? Como isso faz que eu esteja errado de um ponto de vista teórico? Como isso me impede, na prática, de opor meus valores aos dele, e minha força à sua força? O relativismo de Montaigne, tal como eu o leio, não faz dele um niilista, na ordem prática, tanto quanto o seu ceticismo, na ordem teórica, não faz dele um sofista: a incerteza não impede de amar a verdade; a tolerância não impede de odiar a intolerância, nem de combatê-la. "Tal como eu o leio"... Porque tudo isso é, evidentemente, do âmbito da interpretação, e concedo de bom grado que a de Marcel Conche também é possível. Observo aliás que meu amigo Tzvetan Todorov, também um bom conhecedor dos *Ensaios*, me fez, oralmente, uma crítica inversa à que me endereça Marcel Conche: segundo Todorov, eu teria superestimado a parte de racionalismo e de universalismo em Montaigne e, em consequência, subestimado a amplitude ou a absolutidade do seu relativismo... Isso, claro, não prova que estou com a razão (por que a verdade estaria no meio?), mas atesta, parece-me, que há espaço aqui para várias leituras ou interpretações diferentes: que nossas divergências refletem algo como uma hesitação que, sem dúvida, foi a de Montaigne antes de ser a nossa. Note-se, aliás, que o Montaigne de Marcel Conche se parece estranhamente com ele, assim como o meu, não ignoro, pode se parecer comigo. O que não surpreenderá a ninguém (como evitá-lo, em se tratando de um autor que amamos, admiramos e no qual nos reconhecemos?) e que dá razão, no fim das contas, a... Montaigne.

4
A alma-máquina
ou
de que o corpo é capaz*

A união da alma e do corpo é evidentemente ininteligível, e nesse ponto Pascal e Descartes concordam: a distinção das substâncias (que essa união supõe: só se pode unir o distinto) impede que se compreenda como elas podem agir uma sobre a outra, como no entanto constatamos que fazem, ou mesmo ser uma só coisa, e esse mistério é o próprio homem[1].
Não se escapa dessa dificuldade por sua negação. Muitos acreditam escapar do dualismo cartesiano, como dizem,

───────────
* *L'âme et le corps (Philosophie et psychiatrie)*, org. do dr. Michel-Pierre Haroche, Paris, Plon, 1990.
1. Descartes, *Lettre à Elisabeth du 28 juin 1643*; Pascal, *Pensées*, 199/72. A mesma idéia (como nota Pascal, talvez a partir de Montaigne) já se encontra em santo Agostinho: "A maneira como o espírito está unido ao corpo não pode ser compreendida pelo homem, e no entanto é isso o homem" (*Cité de Dieu*, XXI, 10, citado por Montaigne, *Essais*, II, 12 [p. 539 da edição Villey]). Em todo este artigo, cito Descartes a partir da edição Alquié, em três volumes (Paris, Garnier, 1963, 1967 e 1973). Conforme o uso, salvo no que concerne às cartas (suficientemente designadas por sua data e seu destinatário), indico também a paginação no volume correspondente da edição de referência Adam e Tannery (paginação dada à margem por Alquié). Por exemplo, "*Méditations*, VI, AT 64, p. 492" significa: *Méditations métaphysiques*, sexta meditação, p. 64 da edição Adam e Tannery (tomo IX), p. 492 da edição Alquié. No que concerne a Pascal, cito da edição Lafuma das *Oeuvres complètes* (Paris, Seuil, 1963). Para *Pensées*, o primeiro número é o da numeração Lafuma; o segundo, o da edição Brunschvicg.

quando na verdade apenas esquecem seu rigor. A alma ser unida ao corpo – o corpo agir sobre ela como ela age sobre ele – não resolve o problema mas o constitui. Descartes sabia melhor que ninguém que "não estou apenas hospedado em meu corpo, como um piloto em seu navio, mas além disso sou estreitamente conjunto a ele, e tão confundido e misturado que componho com ele como que um só todo"[2]. É a experiência de todos nós. Daí o que hoje é chamado de fenômenos *psicossomáticos*, os quais, longe de refutar o dualismo, como às vezes se acredita, o confirmam. De fato, que o homem seja unidade psicossomática só terá sentido se o espírito e o corpo forem realmente distintos. É por isso que todas as platitudes, muitas vezes de inspiração médica ou psicanalítica, que lemos hoje sobre a interação entre a alma e o corpo apenas confirmam – exceto o rigor – a separação substancial cuja necessidade e cuja inteligibilidade Descartes e Pascal haviam salientado. O psicossomatismo não é o contrário do dualismo: é um dualismo frouxo.

Ora, o dualismo é expressamente contraditório ou aporético: não se pode, reconhece Descartes, pensar juntas "a distinção entre a alma e o corpo e sua união, porque para tanto é preciso concebê-las como uma só coisa e, ao mesmo tempo, concebê-las como duas, o que se contraria"[3]. Só se pode escapar dessa contradição renunciando a pensar, é o que Descartes confessa[4] e que dá razão, afinal, a Pascal[5].

---

2. *Méditations*, VI, AT 64, p. 492. Ver também o Resumo desta sexta meditação ("a alma do homem é realmente distinta do corpo, no entanto ela é tão estreitamente conjunta e unida a ele que compõe com ele como que uma só e mesma coisa").
3. *Lettre à Elisabeth du 28 juin 1643*, t. III da ed. Alquié, p. 46.
4. *Ibid.*, pp. 44-8.
5. Ver por exemplo *Pensées*, 199/72.

A ALMA-MÁQUINA OU DE QUE O CORPO É CAPAZ

Quem quiser escapar do dualismo e das suas aporias deve, portanto, trabalhar não a união ou a interação entre a alma e o corpo, mas a sua identidade. Se a alma *é* o corpo – ou se o corpo tem como alma apenas a si mesmo –, "psicossomático" já não tem sentido: seria o mesmo que dizer "somatossomático" ou "psicopsíquico", isto é, nada.

Mas esse monismo radical – que é o de Epicuro e de Lucrécio, o de Espinosa ou o de La Mettrie –, embora escape, por definição, das dificuldades do dualismo, logo cai em outras, que talvez não sejam menores. Quais são elas? É o que este artigo gostaria de esclarecer um pouco, em três domínios diferentes: o conhecimento, a moral, a filosofia.

Consideraremos portanto que a alma e o corpo são "uma só e mesma coisa", como diz Espinosa[6]. Mas que coisa? A alma? Para que esta resposta tivesse sentido, seria necessário saber o que é a alma – ora, ignoramos tudo sobre ela, até mesmo sobre a sua existência. Isso já não é verdade no caso do corpo, que conhecemos não só desde sempre, por experiência, mas cada vez melhor, graças às ciências. Esse conhecimento pode, sem dúvida, quanto ao seu alcance ontológico, ser contestado (certos filósofos acreditaram não ter corpo, e essa crença, embora possa parecer ridícula, não pode ser refutada), mas não é esse o nosso propósito. Levaremos, ao contrário, esse conhecimento e esse progresso a sério, e levaremos à extrema conseqüência a negação da alma que ele possibilita. É o que se chama de materialismo, que é um monismo físico. Dirão que isso não é mais espinosista, e eu concordarei: a natureza

---

6. Espinosa, *Ética*, III, escólio da prop. 2 (cito Espinosa a partir de *Éthique*, edição Appuhn, reed. Garnier-Flammarion).

não é coisa pensante[7] para o materialista, e é por isso que ela não é Deus. Mas nós pensamos, nós que não somos mais que matéria. É o que autorizava La Mettrie a buscar, na unicidade da substância material, o caminho de um novo espinosismo, que diferia do antigo (senão não seria *novo*), ao mesmo tempo que prolongava, ou até radicalizava, algumas das suas concepções[8]. A alma e o corpo são uma só e mesma coisa: o corpo.

O que advém daí para o conhecimento? Advém que ela é um estado do corpo, submetido como tal a causas físicas. Pergunta-se então como um corpo pode pensar, mas essa é outra questão, que deve ser formulada aos neurobiólogos, que já começam a responder a ela. A verdadeira dificuldade não está nisso, na possibilidade ou na existência desse pensamento material, mas em sua validade. Se é o corpo que pensa, o que pode valer esse pensamento? Se toda idéia verdadeira tem causas, que não são – ou não são apenas – outras idéias verdadeiras (ou razões), mas estados do corpo (por exemplo, determinado processo cerebral), como ter certeza de que essa idéia é verdadeira, estando entendido que essa certeza não seria, ela própria, mais que um estado do corpo, submetido como tal a outras causas físicas (exatamente ao mesmo título que uma idéia falsa!), e assim indefinidamente? Se todo pensamento é do corpo, que diferença existe entre uma idéia verdadeira e uma idéia falsa? Entre uma certeza e um sentimento de

---

7. Ao contrário do que escreve Espinosa, para o qual "o pensamento é um atributo de Deus [isto é, da natureza], em outras palavras, Deus é coisa pensante" (*Ética*, II, prop. 1).

8. Sobre a relação entre La Mettrie e Espinosa, ver a minha exposição ("La Mettrie: un 'Spinoza moderne'?") no colóquio de dezembro de 1987, *Spinoza au XVIIIe siècle*, Paris, Méridiens Klincksieck, 1990.

certeza, justificado ou não? Entre uma evidência e um sentimento de evidência? Entre uma prova e a crença (fisicamente determinada) de que ela é uma prova? Parece que se deve responder: nenhuma – e é aqui que o materialismo, quer ele queira, quer não (e, no mais das vezes, não quer!), coincide com o ceticismo.

Consideremos, por exemplo, a certeza que tenho da minha existência. Essa certeza, posso pretender fundá-la, seja sobre um raciocínio (como parece fazer Descartes no *Discurso do método*), seja sobre a consciência, suficientemente evidente por si própria, que tenho da existência do meu pensamento (como convidam a fazê-lo as *Meditações*). Mas o primeiro caso se reduz ao segundo, pelo menos na medida em que o raciocínio só vale pelo sentimento evidente que tenho da sua validade. Em outras palavras, o *cogito* só tem a seu favor a evidência, e é exatamente isso o que, para Descartes, faz a sua força. Mas faz também a sua fraqueza, ainda que seja a alma que pense, e é o que Montaigne, Pascal e Hume objetarão a todo dogmatismo: o que se chama de evidência (seria necessário dizer o sentimento de evidência) nunca é mais que um estado de alma, que prova a rigor que o sentimos (e nem sempre, pois prova supõe o princípio de identidade, que não tem prova), mas que não poderia provar que tenho razão de senti-lo. A evidência não tem portanto outra prova além de si mesma, o que não é uma prova, e é por isso que (como toda prova supõe a evidência) não há prova.

Confirma-o, no fundo, o próprio Descartes, que necessitará provar a existência de Deus para legitimar sua crença nas provas. É mais que claro que temos aí uma circularidade: Deus necessita da evidência (para ser provado), assim como a evidência necessita de Deus (para ser garantida)⁹. E não vejo como se poderia contestar – que atenua o alcance do cartesianismo, o que, mais uma vez, dá razão a Pascal e a Hume. Mas nem por isso pode-se criticar Descartes por essa circularidade: ela é a própria circularidade da evidência, no interior da qual há que se instalar (como fazem todos os dogmáticos¹⁰) ou há que rejeitar em bloco

---

9. Como Arnauld havia visto: *Quatrièmes objections...*, AT 166, p. 652. A resposta de Descartes parece decepcionante: somente a lembrança da evidência, ele explica em substância, necessita ser garantida por Deus (AT 189-190, p. 690); mas, à parte o fato de que isso parece desmentido por outros textos de Descartes (ver a esse respeito Alquié, *La découverte métaphysique de l'homme chez Descartes*, Paris, PUF, reed. 1987, pp. 246 ss.), a própria evidência seria então sem garantia, e os céticos é que teriam razão. Mesmo que seja verdade que só se pode duvidar de uma idéia clara e distinta parando de pensá-la, isto é, *a posteriori*, de maneira retrospectiva (esse ponto é muito bem esclarecido por M. Beyssade, "La problématique du 'Cercle' et la métaphysique du *Discours*", in *Problématique et réception du* Discours de la méthode *et des* Essais, textos reunidos por H. Méchoulan, Paris, Vrin, 1988), o fato é que essa evidência, que se mostra retrospectivamente duvidosa (pela hipótese do Deus onipotente enganador), era-o desde o início, mesmo quando não se podia, de fato, pô-la em dúvida. As idéias claras e distintas são portanto, ao mesmo tempo, indubitáveis de fato e duvidosas de direito; mas, nesse caso, nenhuma demonstração baseada nelas – por mais convincente que seja – poderia, de direito, pretender-se apodíctica. Assim, não se pode provar que Deus existe e que não é enganador, nem portanto que as evidências são verdadeiras. A circularidade cartesiana – porque, assim sendo, é claro que se trata de uma – impede que se faça do cartesianismo uma ciência (no sentido cartesiano do termo), e é por isso que Alain tem razão: ser cartesiano não é uma questão de provas mas de vontade, não de ciência mas de generosidade. Mas isso Descartes não diz...

10. Utilizo aqui a palavra "dogmático" em seu sentido tradicional: é *dogmático* todo filósofo que pretende enunciar verdades certas. Não confundir esse dogmatismo teórico com o que chamo de dogmatismo prático, que consiste em considerar os valores – o Bem, o Belo, o Justo... – como verdades. O dogmatismo teórico é o contrário do ceticismo; o dogmatismo prático, do relativismo. É possível que todo cético seja relativista, ou deva sê-lo; mas nem todo relativista é cético (de fato, nada o obriga a considerar a verdade como valor). Espinosa, por exemplo, é relativista, mas não é cético: é dogmático no primeiro sentido da palavra, e não no segundo.

A ALMA-MÁQUINA OU DE QUE O CORPO É CAPAZ

(como fazem os céticos). Descartes teve o mérito de tirar, pelo menos parcialmente, as conseqüências disso: um ateu não pode ter certeza de nada, explicava ele, nem mesmo da sua própria existência[11]. Fica anotado. Mas como provar

---

11. Ver por exemplo *Discours de la méthode*, AT 38, p. 610, *Méditations*, III, AT 28-29, p. 433, e V, AT 55, p. 477. Ver também as *Réponses aux objections*, II, AT 111, p. 565, e VI, AT 230, p. 868, assim como a *Lettre à Regius du 24 mai 1640*, p. 245. Ao que talvez se oponha a certeza imediata do *cogito*. Mas o *cogito* só é certeza da existência de uma coisa pensante qualquer, e não do eu pessoal concreto (como bem viu M. Gueroult, *Descartes selon l'ordre des raisons*, Paris, Aubier-Montaigne, 1968, p. 54 e nota 8), e essa certeza mesma nada mais é que uma indubitabilidade de fato, que pode e deve ser criticada. De fato, e ao contrário do que às vezes se acredita, o *cogito*, se triunfa sobre a hipótese do gênio maligno, não triunfa sobre a hipótese – muito mais inquietante – do Deus onipotente enganador e criador (de que não se fala na segunda Meditação e que reaparecerá, debilitado mas invicto, na terceira). A impossibilidade em que estou de duvidar da minha própria existência, na medida em que eu a penso, produz apenas uma persuasão de fato, que só vale o que vale a luz natural – a qual poderia não valer absolutamente nada, se meu criador houvesse decidido assim. Para passar de uma persuasão de fato a uma certeza de direito (para passar da evidência à ciência), também o *cogito* deve ser garantido, portanto, pela veracidade divina (na origem de cuja demonstração ele no entanto se encontra), e é por isso que há uma circularidade. Ver a esse respeito o belo livro de J.-M. Beyssade, *La philosophie première de Descartes*, Paris, Flammarion, 1979, especialmente pp. 256-61 e pp. 328-38. Beyssade compara, com pertinência, o sistema cartesiano a uma arquitetura (cuja pedra angular seria a veracidade divina) que "produz a estabilidade no nível do todo sem procurá-la no nível do elemento", e seria um equívoco considerar isso uma circularidade (p. 336). "Seria errado dizer que a pedra angular não pode contribuir para a estabilidade das pedras sobre as quais se apóia: sem ela, estas viriam abaixo, assim como as outras verdades metafísicas sem a garantia divina." Sem dúvida. Mas isso explica por que o sistema fica de pé, não prova que ele seja verdadeiro. Isso rende homenagem ao gênio de Descartes (quem o contesta?), não justifica seu dogmatismo. Se a verdade das idéias claras e distintas só é garantida, como é, por aquilo mesmo que elas tendem a demonstrar (a existência e a veracidade de Deus), temos uma circularidade, e essa circularidade, para um dogmático, é viciosa. Na medida em que se pretendeu filósofo – e não arquiteto –, Descartes fracassa em sua empresa, e é o que qualquer um, de fato como de direito, pode constatar: o carte-

então que Deus existe, já que não há prova sem ele nem, portanto, dele? Escreveram-se a esse respeito livros volumosos, vários dos quais são excelentes. Remeto a eles. Mas enfim eles só interessarão de fato aos que acreditam nas provas de Descartes, que não são tão numerosas assim. Os outros serão remetidos à evidência, à sua fraqueza e à sua circularidade. Não há provas sem a evidência, mas a evidência não tem provas. Se a certeza não passa de um estado de alma, não se tem certeza.

Tem-se muito menos ainda, se a certeza não é mais que um estado do corpo. Descartes e Pascal, mais uma vez, mostraram isso com pertinência suficiente. Um corpo não pode ter certeza de nada, já que toda certeza nele se explica por causas que, sendo materiais, não têm nada a ver com a certeza. Nossos dois autores pensaram resolver o problema, um pelo *cogito*, outro pela fé. Mas o que resta dele, se é o corpo que pensa? Dirão que a hipótese contradiz tanto o ensinamento do *cogito* (segundo Descartes) quanto a experiência da fé (segundo Pascal). Pode ser. Mas essa contradição só poderia refutar a hipótese se esse ensinamento e essa experiência sobrevivessem a ela e conservassem, apesar dela, sua pertinência (ou, mas dá na mesma, se já fossem dados como verdadeiros, o que se trata precisamente de examinar). Ora, como ficamos? Se é o corpo (ou uma parte do corpo: o cérebro) que pensa, todo pensamento resulta de um processo material objetivamente descritível e,

---

sianismo, que pretendia fundar uma ciência certa, não passa de uma filosofia entre outras, mais bem-sucedida que a maioria delas, certamente, mas tão duvidosa quanto todas. Só mesmo amando muito pouco a filosofia ou odiando violentamente a dúvida, é que alguém pode se melindrar com essa conclusão ou tomá-la por uma condenação. Descartes é grande demais para pertencer exclusivamente aos cartesianos.

pelo menos de direito, reiterável. Em outras palavras, se não há alma imaterial, o corpo não passa de uma máquina, isto é, segundo a definição usual da palavra, um sistema material, ou um conjunto de sistemas materiais, "capaz de transformar e utilizar a energia" (como diz o dicionário *Le petit Robert*), isto é, "capaz de efetuar certo trabalho ou exercer certa função, seja sob a conduta de um operador, seja de maneira autônoma" (como precisa *Le petit Larousse*). É a hipótese de La Mettrie, à qual a neurobiologia contemporânea dá um acréscimo de atualidade[12]. Ora, o que uma máquina fez, outra máquina sempre pode refazer. Pode-se portanto imaginar um cérebro eletrônico, daqui a vinte mil anos, que seria programado com base no modelo do cérebro de Descartes (supostamente conhecido ou reconstituído a partir das suas obras). Essa brilhante máquina – à qual nada impede de atribuir uma consciência – seria no fim das contas persuadida, não só que existe, o que é nossa hipótese, mas até mesmo (já que ela teria demonstrado que Deus existe e não é enganador) que tem o corpo de Descartes, as mãos de Descartes, que sabe sacar da espada e

---

12. Ver J.-P. Changeux (*L'homme neuronal*, Paris, Fayard, 1983), para quem "a máquina cerebral humana" é uma "máquina de pensar" (cap. V, p. 161 da reed. em livro de bolso, Hachette, col. "Pluriel"). Ao contrário do que às vezes se escreveu, La Mettrie levava a sério sua idéia (que é muito mais que uma metáfora: um modelo conceitual) de *homem-máquina*. Simplesmente, nem é preciso dizer, ele não tinha a ingenuidade de acreditar que toda máquina era composta de molas e parafusos... Não se deve confundir o mecanismo (que é uma concepção não-vitalista do vivente) com um "conserte você mesmo": se o homem é uma máquina, isso não o reduz ao trabalho de relojoeiro ou de encanador. Se os vivos são máquinas, uma máquina tem de poder ser viva – e La Mettrie, que era médico, estava bem posicionado para sabê-lo. Explicar a vida por outra coisa que não a vida (isto é, explicá-la) não é negar sua existência nem sua especificidade; é negar sua autonomia ontológica.

que é autora das *Meditações metafísicas*... Como não é assim, essas idéias – embora pensadas, hipoteticamente, exatamente do mesmo modo que as pensou o cérebro de Descartes – são falsas. Ora, nada as distingue, formalmente, das idéias de Descartes, as quais – embora claras e distintas – eram portanto duvidosas. "*Ego sum, ego existo*", articularia nossa máquina; mas ela se enganaria redondamente sobre esse *ego*. Sem dúvida não estaria equivocada ao afirmar que ela é, já que ela pensa; mas acreditaria infalivelmente ser Descartes, e isso Descartes não tinha o direito de pensar – nem mesmo ao cabo das seis meditações. Encontramos aqui as críticas de Hume e Nietzsche: o pensamento não poderia provar a existência de um sujeito pensante (de um *ego*), poderia no máximo provar a existência de um pensamento, cuja verdade portanto – por não poder sair dele – não pode provar. Pensa, logo pensa. Mas que esse pensamento seja verdadeiro é o que nenhuma eletrônica pode atestar. Nossas máquinas são mais humildes, e mais rigorosas, que nossos metafísicos.

Dirão que uma máquina assim é impossível. Isso, parece-me, não é tão certo, e não bastaria para invalidar nossa hipótese. Mas admitamos. Podemos também conceber, não mais um cérebro eletrônico, mas um *verdadeiro* cérebro (um cérebro humano), que viesse a se encontrar daqui a cem mil anos – seja por acaso, patologia ou por uma manipulação neurobiológica – exatamente no mesmo estado que o cérebro de Descartes quando ele escreveu as *Meditações*. Esse cérebro (digamos: o cérebro do sr. X, que nada veda pensar possa ser, daqui a cem mil anos, inteiramente produzido em laboratório, com ou sem o sr. X...) estaria portanto persuadido de que existe, de que é mais fácil conhecer a alma que o corpo, de que Deus existe e, mais uma vez, de que ele existe, etc., mas também de que ele é – ele, o cérebro do sr. X, e não Deus – René Descartes, militar e filósofo, que vive na Holanda, no século XVII, e que está escrevendo as *Meditationes de prima philosophia*... Sabemos, por hipótese, que essas últimas crenças são falsas; mas nem por isso elas são menos certas para ele (pelo menos desde que ele fez a Meditação VI) do que eram para Descartes. Como, hipoteticamente, nada distingue as suas idéias das de Descartes, estas últimas, embora verdadeiras e evidentes, eram portanto duvidosas. Ora, toda idéia pode ser submetida à mesma hipótese; nenhuma portanto é certa de direito (objetivamente), mas apenas de fato (subjetivamente). Como uma certeza subjetiva não é uma certeza (não é mais que uma persuasão, e de fato podemos estar persuadidos da veracidade de uma idéia falsa: o cérebro do sr. X, persuadido de ser Descartes), temos de concluir portanto, e dar por inconteste, que nenhuma proposição é certa ou necessariamente verdadeira. Dirão que, então, não é certo que tudo é incerto – foi o que Pascal viu[13]. Mas ele acrescentava logo em seguida: "À glória do pirronismo"[14], e tinha razão. O fato de o ceticismo ser, ele próprio, duvidoso é coisa que não o refuta, mas o confirma. É o resultado a que também chega o materialismo: se é o cérebro que pensa, não podemos ter certeza de nada, nem mesmo de que é o cérebro que pensa.

Objetarão talvez que podemos ter certeza, pelo menos, das idéias que, independentemente da existência de qualquer objeto, são verdadeiras em si, qualquer que seja o cérebro que as pense. Assim, por exemplo, que dois e três

---

13. *Pensamentos*, 521/387.
14. *Ibid.*

juntos sempre formarão cinco, ou que o quadrado nunca terá mais que quatro lados... Mas não se pode evidentemente conceber um estado cerebral determinado que produza esses pensamentos e o pensamento de que esses pensamentos estão certos. Como então ter certeza? Se é o cérebro que pensa, ele é, se não onipotente, pelo menos mais poderoso do que nós (já que não podemos pensar a não ser por meio dele). Logo, ele pode fazer que eu erre todas as vezes que fizer a adição de dois e três, ou que conte os lados de um quadrado, ou que avalie alguma coisa ainda mais fácil... E o que há de mais fácil do que a idéia da minha própria existência? Se é o meu cérebro que pensa, ele pode me enganar em tudo, inclusive quanto ao meu ser. Dirão que não há dúvida de que existo, se ele me enganar. Não é tão certo assim, porque basta que ele exista – ele, meu cérebro – e *se* engane. Um cérebro se tomar por André Comte-Sponville pode provar a existência do cérebro (mas esta, na verdade, está incluída na hipótese), mas de modo algum – já que pode se tratar perfeitamente do cérebro do sr. X – a existência de André Comte-Sponville! Com todo o respeito que devo a ele, o mesmo se aplica ao cérebro e à existência de Descartes. Se foi um cérebro que pensou o cartesianismo, então a existência de Descartes é duvidosa, como tudo o que os cérebros pensam. É exatamente por isso que, observarão, Descartes procurou a evidência, não no corpo, mas no pensamento puro de um *ego cogitans*. Sem dúvida. Mas isso, que explica o procedimento de Descartes, não poderia provar sua validade: se qualquer cérebro pode se tomar por Descartes, o que prova que Descartes é outra coisa além de um cérebro? Todos conhecem esta piada sobre Victor Hugo: "Era um louco que se tomava por Victor Hugo..." Como escapar disso? Mas então a teoria de Descartes é não apenas incompreensível em suas conseqüências (quanto à união substancial de duas substâncias distintas) como circular em seu princípio: ela só é verdadeira se a evidência não for um estado do corpo, o que não é uma evidência. O cartesianismo, portanto, é duvidoso, e é por isso que – já que tem pretensão à certeza – é falso.

Vou irritar os cartesianos, mas não tem importância: Descartes me dá razão. O que faço é tão-somente levar a sério o que ele afirmou com toda nitidez e que minhas pequenas ficções visam apenas confirmar: um ateu, dizia ele, nunca pode estar certo de que as verdades mais evidentes são verdadeiras nem, portanto, quando ele tem certeza que tem razão de tê-la. De fato, a inexistência de Deus faz pesar sobre todas as nossas idéias a mesma ameaça – muito mais provável porém – que a existência de um Deus onipotente e enganador[15]. Por conseguinte, seria necessário, para provar que estou errado, provar primeiro que Deus existe, e é o que Descartes pretende fazer e sobre o que nem Pascal nem Kant (para não falar de Hume ou de Nietzsche!) tinham ilusões. Mas, ainda que as provas de Descartes nos convencessem, isso não provaria nada: o fato de que um cérebro está convencido não prova que ele tem razão de o estar. Ora, como provar que não é o cérebro que pensa, já que, se for ele, não há provas?

De resto, se acompanhei um pouco Descartes, por jogo e para me afastar dele, só o fiz a título de exemplo. Qual-

---

15. "Quanto menos poderoso o autor que atribuirão à minha origem, mais será provável que sou tão imperfeito que sempre me engano", *Méditations*, I, AT 17, p. 410. É por isso que a hipótese materialista é equivalente, conforme o próprio Descartes confessa, à do Deus onipotente e enganador – e Descartes não pode vencer nem uma nem outra sem cair numa circularidade.

quer dogmático também serviria, e o próprio Espinosa não escaparia. "Quem tem uma idéia verdadeira sabe ao mesmo tempo que tem uma idéia verdadeira e que não pode duvidar da verdade do seu conhecimento", dizia ele[16]. É sempre a circularidade da evidência, na qual podemos certamente nos instalar, mas que não prova nada. O que define a evidência é que não se pode duvidar dela; mas essa impossibilidade não passa de um fato, que só prova a si mesmo: ela explica o dogmatismo, não o justifica. É sem dúvida plausível, se tivermos uma idéia verdadeira, que a verdade seja *"norma sui et falsi"*[17], em outras palavras, que não haja outro método a não ser dirigir o espírito "segundo a norma da idéia verdadeira dada"[18]. Mas é esse o caso? Sim, responde Espinosa (*"habemus enim ideam veram"*[19]); mas isso, é claro, não tem prova – já que toda prova o supõe. Donde o círculo, sempre: "para bem raciocinar e provar a verdade, não necessitamos de nenhum outro instrumento além da própria verdade e do bom raciocínio"[20]. Logo só podemos provar uma verdade se já estivermos no verdadeiro, o que nos impede de provar que estamos. Essa circularidade já limita o alcance do dogmatismo, se é a alma que pensa (seria preciso remeter, novamente, a Montaigne, Pascal e Hume); mas ela o limita *a fortiori*, se é o corpo. Falaram um tanto precipitadamente do materialismo

---

16. *Ética*, II, prop. 43.
17. *Ibid.*, escólio ("norma de si mesma e do falso").
18. *Traité de la reforme de l'entendement*, § 27 (Appuhn) ou 38 (Koyré).
19. *Ibid.*, § 27 (Appuhn) ou 33 (Koyré): "porque temos uma idéia verdadeira".
20. *Ibid.*, § 29 (Appuhn) ou 44 (Koyré, de que sigo aqui a tradução). Tanto para Espinosa como para Descartes, "as idéias que são claras e distintas nunca podem ser falsas" (*ibid.*, § 40 ou 68).

de Espinosa[21]; claro que é um equívoco: para ele, as idéias existem tanto quanto os corpos e não seriam produzidas por eles[22]. Daí um idealismo, não ontológico, claro (já que só existe uma substância, de que o pensamento é apenas um atributo entre outros), mas gnoseológico: "A finalidade é ter idéias claras e distintas, isto é, *idéias tais que provenham do espírito puro* [ex pura mente] *e não de movimentos fortuitos do corpo.*"[23] Mas, se é o cérebro que pensa, não há espírito puro e nunca poderemos estar certos – por não

---

21. Ver por exemplo G. Deleuze, *Spinoza, philosophie pratique*, Paris, Éditions de Minuit, 1981, p. 28. Creio me lembrar que eu próprio – erroneamente – utilizei essa expressão em *Le mythe d'Icare* (Paris, PUF, 1984) [trad. bras. *Tratado do desespero e da beatitude*, São Paulo, Martins Fontes, 1997).

22. Ver especialmente *Ética*, II, props. 1, 2, 5 e 6 (com as demonstrações) e III, prop. 2, demonstração e escólio. J.-P. Changeux cita, em epígrafe ao seu capítulo IX, a frase de Espinosa, no Apêndice da primeira parte da *Ética*: "os homens julgam as coisas segundo a disposição do seu cérebro". Mas seria cair num contra-senso ver nisso uma confissão de materialismo: esses juízos cerebralmente determinados na verdade provam, como Espinosa precisa logo em seguida, que "os homens muito mais imaginam as coisas do que as conhecem", o que, é claro, vale em seu espírito como condenação. Bem diverso é o caso de um pensamento verdadeiro (ele não é causado pelo cérebro, mas por outra idéia verdadeira), e é por isso que Espinosa está persuadido de pensar a *Ética* não segundo a disposição do seu cérebro, mas segundo a ordem das idéias verdadeiras (não segundo a disposição do seu cérebro, mas segundo a disposição da natureza: ver *Ética*, II, prop. 7). Cumpre lembrar porém – é o que faz a grandeza e a dificuldade do espinosismo – que idéias e corpos só existem como modos de uma só e mesma substância, dentro da qual são portanto – embora concebidos sob atributos diferentes – "*as mesmas coisas*" (*Ética*, II, escólio da prop. 7, e III, escólio da prop. 2). Essa teoria, que não pretendo refutar (aliás, isso é obviamente impossível) e que poderia muito bem ser verdadeira, deixa no entanto não resolvida a questão da emergência em nós das idéias verdadeiras. Que seja o cérebro a pensar, não impede que ele pense segundo o verdadeiro (e não unicamente segundo a sua disposição); mas isso impede de provar que assim é.

23. *Traité de la réforme de l'entendement*, § 49 (Appuhn) ou 91 (Koyré, de que sigo aqui a tradução).

podermos sair disso – de que os movimentos do corpo não são fortuitos ou correspondem a uma verdade objetiva qualquer. "Não se sabe o que o corpo pode", dizia Espinosa[24]; mas, se é o corpo que pensa, não se sabe tampouco o que pode o pensamento.

Passo rapidamente por Pascal. "Somos tanto autômato quanto espírito", reconhece ele, e "o autômato arrasta o espírito sem pensar em fazê-lo."[25] Muito bem. Mas como distinguir então o que vem do espírito do que vem do autômato? E como provar que aquele é outra coisa que não um efeito deste? Não há como, e Pascal percebe-o bem: "Não temos nenhuma certeza da verdade desses princípios, fora da fé e da revelação, senão que os sentimos naturalmente em nós. Ora, esse sentimento natural não é uma prova convincente da verdade deles, já que, não havendo certeza fora da fé, se o homem é criado por um deus bom, por um demônio mau ou por acaso, é duvidoso que esses princípios nos sejam dados ou verdadeiros, falsos ou incertos segundo a nossa origem."[26] Mas, se não há certeza "fora da fé", não pode haver tampouco certeza *da* fé: não há como provar Deus, já que as provas só valem por ele. Pascal, mais lúcido que Descartes, reconhece-o: a razão não pode provar Deus, e somos incapazes, segundo as luzes naturais, de conhecer "o que ele é e mesmo se ele é"[27]. Deus só se dá indubitavelmente na graça e no amor. É o que expõe o Memorial: "*Certeza, certeza... Alegria, alegria, alegria, lágrimas de alegria...*"[28] Mas, se é o cérebro que chora, o que

---

24. *Ética*, III, escólio da prop. 2.
25. Pascal, *Pensamentos*, 821/252.
26. *Pensamentos*, 131/434.
27. *Pensamentos*, 418/233.
28. "Mémorial", *Pensamentos*, 913.

provam as lágrimas? Que crédito dar à sua alegria, se é o cérebro que se rejubila? O êxtase místico não passa de um estado do corpo, que uma droga pode perfeitamente produzir. E o que prova uma droga?

Aplico aqui objeções que decorrem do materialismo a autores que não se identificavam com ele; mas o procedimento é legítimo, porque esses autores não têm como recusá-lo sem cair na circularidade. Isso, é claro, não prova que eles estão errados (já que a hipótese materialista não passa de uma hipótese); mas isso prova que não se pode provar que eles têm razão. A hipótese materialista (que é o corpo que pensa) vem assim quebrar todo dogmatismo idealista, e isso não enquanto idealismo – é um poder que uma hipótese não poderia evidentemente ter –, mas enquanto dogmatismo. É por isso que as mesmas objeções também valem, e mais diretamente, contra todo dogmatismo materialista. Assim, Epicuro e Lucrécio necessitam, para demonstrar a existência exclusiva dos átomos e do vazio, por um lado, utilizar regras lógicas cuja validade são incapazes de garantir (já que toda garantia as supõe) e, por outro lado, postular a verdade das sensações (verdade que evidentemente não tem provas, já que não há prova que não seja pela sensação: os sentidos não podem nem "se controlar entre si", nem "corrigir a si mesmos", nem ser retificados pela razão que "saiu por inteiro deles"[29]). Circularidade da razão, circularidade da sensação. Essas duas circularidades, apesar de formarem uma só (que é a circularidade da natureza: *naturae species ratioque*), nos encerram: não pode-

---

29. *De rerum natura*, IV, 482-499 (trad. fr. Ernout). "Por conseguinte", conclui Lucrécio, "suas percepções de todos os instantes são verdadeiras" (IV, 499).

mos sair delas nem para criticá-las nem para fundá-las, e é por isso que o dogmatismo epicuriano, tão fortemente demonstrativo, permanece na verdade indemonstrável. Aliás, mesmo que não fosse o caso, não se vê que certeza suas demonstrações poderiam pretender. Se o pensamento (seja ele, de resto, verdadeiro ou falso) é o efeito de movimentos de átomos que não pensam (e é essa, ainda hoje, a concepção de Changeux, e a nossa), como ter certeza da sua fiabilidade, estando entendido que ele é, pelas razões que arrolei, inverificável? Pode-se filosofar sem ser formado de átomos filósofos, explica Lucrécio[30]. Sem dúvida. Mas, já que é a origem, hipoteticamente, de todas as filosofias, como saber qual a verdadeira? Dirão que o materialismo de hoje pode se apoiar, ao contrário do atomismo antigo, nos progressos consideráveis das ciências da natureza. Claro. Mas, tanto quanto elas, ele não pode provar que são verdadeiras nem, portanto, fundar nelas uma certeza ontológica que nem elas nem ele têm. A adequação do conhecimento ao ser não é passível de uma demonstração científica: as ciências não apenas não podem ser provadas (a proposição "as ciências são verdadeiras" não é, evidentemente, uma proposição científica), mas – quanto ao ser – não provam nada. De resto, mesmo que fossem verdadeiras (o que, é claro, se pode pensar) e certas (o que não se pode provar), isso não resolveria em nada a questão do materialismo: as ciências podem conhecer o que é, mas não, metafisicamente, o que não é. Se os materialistas têm razão, a alma e Deus estão portanto – por sua inexistência mesma – ao abrigo de qualquer refutação científica: se os materialistas têm razão, eles não podem provar que têm razão.

---

30. *De rerum natura*, II, 987-988.

A ALMA-MÁQUINA OU DE QUE O CORPO É CAPAZ

Eu falava de dificuldades; vê-se que elas não são pequenas. O monismo materialista fracassa na fundação de qualquer dogmatismo que seja: se tudo é matéria, tudo é duvidoso, inclusive que tudo é matéria. A neurobiologia, aqui também, leva água ao moinho das nossas dúvidas: se a certeza não é mais que um estado neuronal, ela não passa de um fato como outro qualquer, que só prova a si mesmo e que não podemos provar. Os anglo-saxões confirmam-no por toda sorte de ficções divertidas. Imaginemos, sempre daqui a cem mil anos, um laboratório de neurobiologia. Conservaram e mantiveram em vida nesse laboratório, depois de destruído seu corpo, o cérebro do sr. X, numa cuba ligada a eletrodos que lhe fazem ver e pensar (isto é, que lhe dão todos os impulsos necessários para que ele veja e pense) o mundo, inclusive o corpo do sr. X em funcionamento... Ele acreditaria por exemplo ser professor de filosofia na Sorbonne: ele se veria num anfiteatro, dando aula, depois na sua sala, escrevendo algum artigo sobre a alma e o corpo... Tudo isso seria falso: não haveria nem estudantes, nem anfiteatro, nem sala – nada além de um cérebro numa cuba. Como saber, inclusive, se a Sorbonne ou a Terra existiram um dia? Nosso cérebro está convencido disso, mas o que prova a convicção de um cérebro? Dirão que ela prova pelo menos que algo existe e pensa... Sem dúvida; mas o que concluir daí, se esse *algo* é completamente indeterminado (se ele pode ser, por exemplo, e indiferentemente, um cérebro numa cuba ou um homem no mundo) e se a veracidade desses pensamentos é indecidível? Um cérebro não pode ter certeza de nada, já que sua certeza mesma poderia ser apenas um artefato obtido, à custa de uma manipulação bem simples, por algum laboratorista malicioso. Como portanto um materialista poderia ter certeza do que quer que seja (já que o materialista, hoje, é reconhecido entre outras coisas por isto: ele está convencido de que é um cérebro nele que pensa)? Todo materialismo dogmático é, portanto, contraditório ou circular, e é por isso que a maioria deles o é. Há algo mais ridículo do que um cérebro dogmático numa cuba? E que diferença decisiva, de um ponto de vista gnoseológico, entre uma cuba (com eletrodos, etc.) e um corpo? Aqui, é Descartes que tem razão: um ateu ou um materialista não pode ter certeza de nada, e isso, que veda provar Deus (já que, repitamos, toda prova o supõe), veda também, e *a fortiori*, provar sua inexistência ou a validade, independentemente dele, de toda e qualquer prova. Se é o cérebro que pensa, repitamos, não se pode ter certeza de nenhum pensamento, nem mesmo deste: que é o cérebro que pensa.

Dirão que isso refuta o materialismo; mas só refuta na verdade os materialismos dogmáticos (como era o de Epicuro). A objeção, em compensação, não tem peso contra um materialismo não-dogmático (como o de La Mettrie e como os de muitos cientistas de hoje), que encontra, na crença na existência exclusiva da matéria, um sistema de explicação coerente, estimulante, plausível e libertador, sem procurar com isso erigir essa crença em certeza. Não, notemos, que esse materialismo fracasse em explicar a si mesmo: uma teoria materialista do materialismo é evidentemente possível, com a única condição – mas ela é imperativa – de que esse materialismo se apresente como *crença* (ou, diria Louis Althusser, como um conjunto de teses) e não como *certeza* (como um conjunto de provas). A proximidade com Hume ou Montaigne é máxima aqui: não, claro, que eles sejam materialistas, mas na medida em que uma teoria materialista do saber é necessariamente uma teoria da crença, e é por isso que um materialismo dogmático (um materialismo que se pretenda certeza) é sempre incoerente. Resta pensar então, e é possível, um materialismo não-dogmático. Se tudo é matéria, tudo é incerto, dizia eu; mas não decorre daí, evidentemente, que tudo seja falso. Se tudo é matéria (materialismo), é possível portanto que haja uma verdade e que essa verdade seja pelo menos parcialmente conhecível (postulado que define o que chamarei de racionalismo); mas nunca se pode estar certo de conhecê-la, nem portanto de conhecê-la inteiramente (o materialismo, se pode e deve ser racionalista, não poderia ser dogmático).

Ceticismo? Depende em que sentido. Se se entender por ceticismo a negação de toda verdade ou de todo conhecimento, de modo algum: se nada é verdadeiro, não é verdade que tudo é matéria, e um materialismo cético seria nisso tão incoerente – ou até mais – quanto um materialismo dogmático. Em compensação, se se entender por ceticismo (como em Montaigne ou Hume), não a negação de toda verdade ou de todo conhecimento, mas de toda certeza, esse ceticismo é uma passagem obrigatória do materialismo: se tudo é matéria, nada é certo, nem mesmo que tudo é matéria, nem que tudo é incerto. À glória do pirronismo. Se nesse ponto dogmatismo e ceticismo são rejeitados, ambos fracassando tanto em refutar o outro como em se provar, esse fracasso é de fato mortal para o dogmatismo, quando faz viver o ceticismo. O ceticismo triunfa na impossibilidade do seu triunfo; é por isso que, por mais incapaz que seja de refutar o dogmatismo, ele o vence. Que a certeza não é possível, eis o que refuta o dogmatismo e confirma (pela impossibilidade de provar a sua fundamentação!) o ceticismo. Um cético deve ser portanto ceticamente cético (é o que se chama às vezes, a propósito de Montaigne ou Hume, de ceticismo moderado, mas ele é na verdade mais cético do que o outro, que não passa de um ceticismo dogmático), e é assim também que deve ser um materialista. É possível, claro, que conheçamos a verdade e que o pensamento se liberte por isso do cérebro que o pensa[31]; mas isso não é certo. Pode ser, e é o que eu creio, que os racionalistas tenham razão (que um pensamento verdadeiro seja submetido não apenas ao cérebro que o pensa mas também à verdade que ele pensa[32]); mas não se pode ter certeza disso (os racionalistas dogmáticos estão portanto errados pelo menos em sê-lo dogmaticamente). Pascal é insuperável aqui: "Pode ser que haja demonstrações verdadeiras, mas disso não há certeza"[33] – isso, de fato, não pode ser demonstrado. O problema diz menos respeito aos conteúdos de doutrina (a minha tende a ser epicuriana ou espinosiana) do que ao estatuto que lhes é reconhecido. Mesmo que Epicuro e Espinosa tenham razão sobre o mundo e sobre a vida, como creio que têm, equivocam-se ao erigir essa razão em certeza – pois são incapazes de prová-la. Circularidade da evidência, dizia eu, e podemos nos instalar dentro ou fora desse círculo (eu, de minha parte, penso melhor dentro dele). Mas é preciso saber o que é um círculo e que as provas, dentro dele, não têm

---

31. O que é uma exigência não apenas do dogmatismo, mas também do racionalismo e, portanto, das próprias ciências (e das neurociências): ver meu artigo "Le démon de Changeux (Neurosciences et philosophie)", *Une éducation philosophique*, pp. 159 ss.

32. Como é possível? Cabe aos neurobiólogos, não aos filósofos, explicá-lo. Mas, se assim não fosse, não haveria verdade alguma, e as próprias neurociências não teriam valor: encerrar as neurociências num neurobiologismo estrito e fechado seria condená-las como ciências (ver "Le démon de Changeux", *op. cit.*, p. 161).

33. *Pensamentos*, 521/387.

portanto prova. Pode-se optar entre ceticismo e dogmatismo, claro, e inclusive deve-se; mas o fato de isso ser uma questão de opção dá razão aos céticos. É necessário portanto, seja-se aliás dogmático ou cético, sê-lo com reserva, isto é, se me permitem a expressão, ceticamente ou, por assim dizer, provisoriamente. Mas é um provisório sem saída. Quando se crê deter a verdade, dizia Lequier, deve-se "saber que se crê, e não crer que se sabe"[34]. Aqui há espaço, e o materialismo não pode prescindir dele, para um dogmatismo de segunda linha (um dogmatismo provisório), que seria como que a aposta do verdadeiro ou a hipótese do conhecimento – filosofia da verdade possível, ou até provável, e não da certeza necessária. É o que separa o materialismo do ceticismo propriamente dito, e o aproxima novamente de Epicuro e de Epinosa, mas de um ponto de vista que não é mais o deles. E por que não? O fato de o epicurismo ou o espinosismo não podem provar que são verdadeiros não prova tampouco que são falsos (a não ser na medida em que têm pretensão à certeza) e não impede portanto – se os julgarmos mais prováveis ou mais benéficos que outros sistemas – de ser epicuriano ou espinosista. Era assim que Montaigne lia os filósofos, e é assim que se deve lê-los. Daí o que chamei em outra ocasião de humildade especulativa[35], que deveria caracterizar todo racionalismo (já que a razão fracassa em se provar) e de que o materialismo, mais do que qualquer outra filosofia, deve fazer seu pão cotidiano e o resguardo da sua sabedoria.

---

34. Jules Lequier, *Oeuvres complètes*, Neuchâtel, Éditions de la Baconnière, 1952, p. 39.
35. "L'ego-philosophie ou la solitude de la pensée", *Une éducation philosophique*, pp. 58 ss.

Concluamos sobre nosso primeiro ponto. A dificuldade que eu evocava (se é o nosso cérebro que pensa, o que pode valer esse pensamento?), por mais real que seja, só é insuperável para o materialismo dogmático. Ela não refuta nada num materialismo aberto à dúvida e à suspeita (inclusive em relação a si mesmo) e impede que o refutem. Se é o cérebro que pensa, nenhuma idéia é certa (ceticismo); mas pode ser que várias sejam verdadeiras (racionalismo), e o materialismo não pede mais que isso. O idealismo, não podendo provar nunca que nem tudo é matéria (já que só poderia prová-lo admitindo primeiro que nem tudo é matéria, petição de princípio que anularia o alcance da sua demonstração), não tem portanto armas – em todo caso não tem provas – contra o materialismo, como este não tem contra ele. Por conseguinte, é necessário renunciar ao sonho dos dogmáticos (a grande paz do saber!) e deixar a filosofia no seu lugar, que é o exame das razões e o conflito – sem saída nem provas – das crenças. Filosofar é pensar sem provas, isto é (já que não há prova absoluta), pensar. Mas voltaremos a isso para terminar.

Mas, antes, e a moral? Se a alma e o corpo são uma só e mesma coisa (o corpo), que resta do bem e do mal, do dever, da virtude?

Compreende-se que esse segundo problema não é independente do primeiro. Se, para um materialista, nenhuma verdade pode ser dada como certa, isso também vale para as que, se existem, se referem à moral ou que pretendem constituí-la de dentro. Mesmo que uma proposição moral fosse tão verdadeira quanto uma proposição física ou histórica, ela ainda seria duvidosa, e o dogmatismo moral (prático) bate aqui no seu limite teórico, que é o de todo dogmatismo. Mesmo admitindo-se que a proposição "não deves mentir" é verdadeira, ou pode sê-lo, é impossível – se é o corpo que pensa – erigir essa verdade possível em verdade necessária. Mesmo que tivéssemos deveres absolutos, não poderíamos reconhecê-los com certeza. Mesmo que houvesse imperativos categóricos, só poderíamos reconhecê-los hipoteticamente.

Mas o problema moral, muito embora esteja incluído no problema teórico, não se reduz a ele. Resta ainda saber se uma proposição moral é uma verdade pelo menos possível. Ora, a coisa, para um materialista, parece não apenas duvidosa mas (na medida em que um materialista se permite afirmar o que lhe parece verdadeiro) inconcebível, e isso por duas razões.

A primeira é que, se tudo é matéria, toda verdade se relaciona, direta ou indiretamente, a um estado de fato: uma posição é verdadeira se, e somente se, ela descrever adequadamente um estado ou um acontecimento do mundo material (isto é, do mundo). Um mandamento moral que pretenda descrever, não o que é, mas o que deve ser, vê-se por isso mesmo sem objeto material – logo sem objeto – e portanto não poderia ser verdadeiro. Dirão que, desse ponto de vista, a lógica ou a matemática tampouco o são. De fato, pode ser que a palavra "verdade" não seja a que lhes convém. Pelo menos elas descrevem relações internas ao mundo (já que os lógicos e os matemáticos dele fazem parte), e não pretendem julgá-lo. Se são verdadeiras, são verdades do mundo e *no* mundo: elas o descrevem (ou descrevem determinadas relações que nele atuam), elas não o comandam. Já a moral, tomada em seu sentido absoluto, se propõe como imperativo – e o que é um imperativo *verdadeiro*? A noção de moral só tem sentido se se supuser um além dos fatos (o dever), um além do mundo (a Lei), um além do real (o valor), e isso o materialismo não poderia aceitar. Se tudo é matéria, toda verdade é de fato (quanto ao seu objeto), e é por isso que não há verdades morais – já que um fato não poderia comandar absolutamente[36]. Se tudo é matéria, a moral portanto não apenas não tem certeza, mas também – pois que não tem objeto – não tem verdade. O materialismo é incompatível com o dogmatismo prático tanto quanto com o dogmatismo teórico (ou antes, mais incompatível ainda, pois que essa incompatibilidade se soma à outra). A verdade, para um materialista, não tem moral – e é por isso que a moral não é verdadeira.

A segunda razão não diz mais respeito à moral mesma, mas a seu suposto sujeito (o homem). Se é o corpo que quer, a moral não somente não é verdadeira, quanto a seu objeto, mas é ilusória, quanto a seu princípio. A mesma idéia de moral (no sentido absoluto do termo: como conjunto de deveres) supõe, de fato, como Descartes e Kant viram, a do livre-arbítrio. Ora, se é o corpo que quer, está claro que a vontade não poderia se escolher a si mesma de maneira indeterminada. Não, claro, que uma máquina não possa querer: nada impede que um sistema material complexo seja, pelo menos relativamente, independente ou autônomo, e parece ser esse o caso do nosso cérebro, como

---

36. Podemos retomar aqui, *mutatis mutandis*, as profundas observações de Hume em seu *Traité de la nature humaine* (ver especialmente III, 1, 1, trad. fr., Aubier, 1983, p. 585) e de Wittgenstein em sua "Conférence sur l'éthique" (in *Leçons et conversations*, trad. fr., Gallimard, col. "Idées", reed. 1982, pp. 145-7). Toda verdade, observa Wittgenstein, se reduz a um enunciado de fato, e "nenhum enunciado de fato pode ser ou pode implicar um juízo de valor absoluto" (como são os da moral). Decorre daí que não existem verdades morais, pelo menos no sentido em que a verdade tem para nós um conteúdo lógica ou fisicamente definido. Se a moral existe, conclui Wittgenstein, ela é "sobrenatural". Mas, se tudo é matéria, não há sobrenatural.

"sistema auto-organizador aberto", dotado de memória e de consciência, e capaz de responder, de maneira nova e sem dúvida parcialmente aleatória, às solicitações inéditas do seu ambiente[37]. O materialismo não anula em nada o papel da vontade: se é o corpo que quer, sou capaz portanto de querer (já que sou meu corpo). O materialismo não esvazia tampouco a idéia de liberdade de todo conteúdo: que o corpo queira espontaneamente, sem ser prisioneiro do seu passado nem do seu meio, que ele seja capaz, ao menos em parte, de se autoprogramar, e isso incluindo uma parte de aleatório ou de indeterminação (uma parte de *jogo*, no sentido tanto lúdico quanto mecânico do termo), nada disso é absurdo nem incompatível com as teorias neurobiológicas atuais. As concepções epicurianas, estóicas ou hobbesianas da liberdade podem, nisso, ser conservadas, e nada impede de reinterpretá-las em termos de processos eletroquímicos atuando no interior de um sistema complexo auto-regulado. Se é meu corpo que quer, posso ser tão livre quanto Epicuro ou Epicteto, o que não é pouco.

Em compensação, essa liberdade não poderia ser evidentemente um livre-arbítrio, se por isso se entender "o poder de se determinar a si mesmo sem ser determinado por nada"[38]. Uma máquina pode perfeitamente se determinar, mas não, é óbvio, de maneira indeterminada. Mesmo que se determinasse aleatoriamente, o que é evidentemen-

---

[37]. Ver a esse respeito a exposição de Henri Atlan, "Conscience et désirs dans des systèmes auto-organisateurs", in *Le cerveau humain* (*L'unité de l'homme*, orgs. E. Morin e M. Piattelli-Palmarini, tomo 2), Paris, Seuil, 1974, col. "Points", pp. 187-203.

[38]. Segundo a definição que dele dá Marcel Conche em *L'aléatoire*, Mégare, 1989, p. 79.

te possível, permaneceria submetida por isso mesmo aos acasos do seu funcionamento, tais como resultam – mesmo com algum jogo – da sua organização e, em geral, das leis da natureza. Assim é que a vontade, em Lucrécio, escapa do destino (pelo aleatório do *clinâmen*), mas evidentemente não das determinações atômicas – sejam elas aleatórias (*clinâmen*) ou não (desejos, simulacros...) – de que ela resulta e que ela não comanda. A alma é incapaz de desviar um simples átomo: suas volições são o efeito, não a causa, dos movimentos atômicos. Como poderiam elas ser absolutamente livres? Se é o corpo que quer, posso muito bem fazer o que quero (liberdade de ação), querer o que quero (espontaneidade da vontade) e até, de certo modo, escolher o que quero (autodeterminação do querer); mas está excluído que essa escolha possa ser totalmente indeterminada (já que o aleatório, se é que existe, é uma determinação material) ou que eu possa, num instante dado, querer ou fazer outra coisa que não o que quero ou faço (o que exige a hipótese do livre-arbítrio). Se é o corpo que quer, e por mais espontânea e imprevisível que seja essa vontade, ele quer necessariamente o que quer, a cada instante, e não poderia portanto querer outra coisa: se é o corpo que quer, não há livre-arbítrio, e em vez de meu corpo fazer o que quero, eu (ou antes, ele) é que quero (é que quer) o que ele faz.

Ora, Descartes viu bem, antes de Kant, que a moral, considerada em seu sentido absoluto, não poderia sobreviver a tanto. Uma máquina, ele explica, não merece nem elogio nem repreensão[39], e é por isso que ela não poderia per-

---

39. *Principes*, I, 37, AT 40, pp. 112-3. Ver também Kant, *Critique de la raison pratique*, Examen critique de l'analytique (pp. 100-13 da trad. fr. Picavet, Paris, PUF, 1971) [Trad. bras. *Crítica da razão prática*, São Paulo, Martins Fontes, 2003].

tencer ao âmbito da moral. Não que não se possa ter, sobre esta ou aquela máquina, juízos de valor: uma máquina pode ser mais ou menos eficiente, mais ou menos útil ou perigosa, mais ou menos confiável, e também (se o homem é uma máquina) mais ou menos generosa, mais ou menos amorosa ou verídica. É o que deixa espaço, no materialismo, para uma ética e também, portanto (na falta de uma moral absoluta, que seria de direito) para uma moral de fato, que nada mais é que a expressão imaginária ou ilusória dessa ética ou dos juízos de valor que a embasam. Mas, embora possamos julgar o valor de uma máquina, não poderíamos lhe imputar a responsabilidade moral ou absoluta do que ela é ou faz – o que seria criticá-la absurdamente por não ser outra máquina ou não funcionar de um modo diferente do que ela funciona. Sei que às vezes insultamos o carro que engüiça; mas quem iria, em cima dessa loucura, fundar uma filosofia? Que você prefira um Rolls-Royce a um carro popular, um computador de primeira linha a outro que não o é, tudo bem. Mas criticar um carro popular por ser um carro popular, criticar um computador por ter o desempenho que tem, é evidentemente injusto e pueril, e é por isso que, se tudo é matéria, a idéia de responsabilidade moral (tomada no sentido absoluto) também o é.

Foi o que La Mettrie compreendeu. Claro, há bons e maus, gente de bem e crápulas, e é legítimo preferir os primeiros. Mas se cada um age "*maquinalmente*", como diz La Mettrie[40], isto é, em função da sua disposição orgânica (tal como resulta da hereditariedade, dos hábitos e da educa-

---

40. Por exemplo, no *Discours sur le bonheur*, p. 263 da ed. Fayard (Paris, 1987, tomo 2 das *Oeuvres philosophiques*): "Somos maquinalmente inclinados a nosso próprio bem..."

ção), não poderíamos, sem cometer uma injustiça, recriminar os segundos por seu comportamento, nem portanto puni-los de outro modo que não fosse para regular seu funcionamento ou o da sociedade[41]. Daí a misericórdia, que não é o perdão (já que não há nada a perdoar numa máquina), mas a antítese materialista do ódio, do desprezo e do ressentimento. Um novo humanismo poderia nascer aqui, que seria um humanismo do corpo, e mais suave que o outro talvez. "Sabem por que ainda faço algum caso dos homens?", indaga La Mettrie. "É porque creio seriamente que eles são *máquinas*. Na hipótese contrária, conheço poucos cuja companhia seja estimável. O materialismo é o antídoto da misantropia."[42] Que se puna, se preciso, vá lá: "afinal temos de matar os cães raivosos e as cobras"[43], constata La Mettrie após Espinosa. Mas quem iria odiar ou torturar um animal? E que outra coisa é o homem? Misericórdia para todos – doçura e paz.

Se é o corpo que quer, indagávamos, que resta do bem e do mal, do dever e da virtude? Há que responder: nada de absoluto, nada que mereça cólera ou ódio. Enquanto pretender valer em verdade, enquanto supuser o livre-arbítrio, toda moral absoluta será ilusória. Mas resta espaço para uma moral relativa (uma moral de fato, submetida às regras da cultura ou da sociedade: regras da humanidade, não apenas biológica mas histórica) e para uma ética da misericórdia, do prazer e da vontade. La Mettrie não tinha demasiadas ilusões a esse respeito: "Deploro", dizia ele graciosamente, "a sorte da humanidade de estar, por

---

41. Ver por exemplo o *Discours sur le bonheur*, pp. 262-5 e *passim*.
42. La Mettrie, *Système d'Épicure*, § 46, pp. 369-70 (tomo 1 das *Oeuvres philosophiques*).
43. *Discours sur le bonheur*, p. 265.

assim dizer, em mãos tão ruins quanto as dela"[44]; mas, enfim, não há outras mãos, e isso deve ditar nossa conduta: responsabilidade não mais moral, mas sim ética, não pela culpa, mas pela ação. Nada impede, por outra parte, de pensar que Espinosa tenha razão e que essa ética também seja uma ética do amor (já que a máquina humana é capaz de sentimentos, como a experiência prova). Mas esta é outra história, da qual nos basta aqui assinalar a possibilidade ou a exigência, e que tratei, como pude, em outra oportunidade[45].

Resta então o problema da filosofia. Se é o corpo que filosofa, que pode valer a filosofia? E para que filosofar? Esse terceiro campo de problemas está, é claro, submetido ao primeiro e, em parte, ao segundo. É o que me autoriza a ser rápido: o essencial já foi dito, talvez. Vimos que uma filosofia materialista não poderia aspirar legitimamente à certeza: filosofar, dizia eu, é pensar sem provas. Isso é verdade, em certo sentido, para todo pensamento (já que as ciências não podem provar que são verdadeiras ou que suas provas o sejam), e é por isso que a filosofia é o pensamento levado às últimas conseqüências. Um cientista é filósofo a partir do momento em que se pergunta o que vale a sua ciência. E todo homem, a partir do momento em que se interroga sobre o que vale a sua vida. Longe de impedir o pensamento, a dúvida alimenta-o, move-o e veda-lhe repousar em toda e qualquer certeza. Esse movimento é a própria filosofia. Resta que a hipótese do verdadeiro

---

44. *Ibid.*, p. 288.
45. *Traité du désespoir et de la béatitude*, Paris, PUF, 1984 e 1988 (ver especialmente o capítulo 4) [trad. bras. *Tratado do desespero e da beatitude* e *Viver*, São Paulo, Martins Fontes, 1997 e 2000].

pode muito bem ser considerada a mais provável (mas isso permanece submetido, de direito, a essa hipótese mesma: não se sai da circularidade) – e de uma probabilidade tão grande que vale, na prática, como certeza. A Terra não girar em torno do Sol, eu ser um cérebro numa cuba, são coisas que podem ser pensadas, mas suporiam outras hipóteses, muito mais complexas do que a hipótese, bem mais modesta, no fim das contas, do funcionamento racional e razoável do nosso cérebro. Proveniente da natureza, por que não poderia conhecer as leis desta, que também são as suas? De resto, mesmo que tudo fosse ilusão, essa ilusão universal seria para nós, com a lógica que vemos ou pomos nela, como que uma verdade, e a filosofia conservaria ainda seu papel e sua justificação. Encontramos aqui a grande tirada de Woody Allen: "Pode ser que nada exista e que tudo não passe de ilusão", ele reconhece com os céticos. "Mas nesse caso", acrescenta como um simplório qualquer, "paguei meu carpete caro demais." É tão seguro assim, porém, que um carpete por definição ilusório teria exatamente o mesmo uso de um carpete verdadeiro (pelo que, precisamente, não se pode saber se ele é verdadeiro ou ilusório)? É aqui que a vida recupera seus direitos, e o pensamento, seus problemas. Porque o uso não é tudo: pode-se amar a verdade por ela mesma e, portanto, fazer dela um valor. É o que exprime o aforismo de Woody Allen e que Espinosa permite mais ou menos compreender: não é porque a verdade é um valor que nós a amamos; é porque nós a amamos que ela é (para nós) um valor[46]. Isso supõe certo desejo de verdade, que nem todos sentem, talvez, mas sem o qual a filosofia seria impossível ou absurda, desejo

---

46. Ver Espinosa, *Ética*, III, escólios das props. 9 e 39.

do qual nada nos impede de pensar que um cérebro seja ou (pela educação) se torne capaz.

Esse desejo é justificado? Precisa sê-lo? Pode sê-lo? Deve-se amar mais a verdade que a ilusão ou que a mentira? Esses problemas são filosóficos (nenhuma ciência é capaz de resolvê-los nem mesmo de colocá-los) e é por isso que a vida pode sê-lo.

Deve sê-lo? Cabe a cada um decidir em função da felicidade, ainda que frágil, que nela encontrar e da verdade, ainda que incerta, que nela acreditar alcançar.

Dirão que, se tudo é matéria, a felicidade é um estado do corpo que não prova nada. Claro. Mas ela tampouco tem necessidade de provas, e nada veda pensar que um corpo que filosofe alcance-a mais facilmente que outro. A experiência ensina suficientemente que há uma felicidade do pensamento, a qual, mesmo que fosse ilusória, ainda valeria a pena, como felicidade, ser vivida. É a sabedoria de Montaigne, contra a qual o ceticismo nada pode: Cada qual está bem ou mal conforme se achar. Contente está não quem assim julgamos, mas quem assim julga de si mesmo. E somente nisso a crença se dá essência e verdade."[47] Se eu me creio feliz, eu sou feliz[48], e é isso que se chama ser feliz.

Aqui, o ceticismo nada pode contra a vida, nem a filosofia contra a sabedoria. O fato de só haver aparências – e ainda que elas não sejam aparências de nada –, retira o que das aparências?[49] De nenhum pensamento ser certo, retira

---

47. *Essais*, I, 14 (p. 67 da ed. Villey-Saulnier).

48. Daí o que Marcel Conche chama de "cogito eudemonístico de Montaigne: penso que sou feliz, logo sou" (*Montaigne ou la conscience heureuse*, Paris, Seghers, 1964, reed. Mégare, 1992, p. 93).

49. Convém remeter aqui aos belos livros de Marcel Conche sobre Pirro (*Pyrrhon ou l'apparence*, Mégare, 1973) e Montaigne (*Montaigne ou la conscience heureuse*, cit. nota 48, e *Montaigne et la philosophie*, Mégare, 1987, especialmente, neste último livro, o capítulo 2).

o que do pensamento? De toda felicidade ser do corpo, retira o que da felicidade?

Claro, pode ser que nada exista e que tudo não passe de ilusão; mas, mesmo nesse caso, eu não paguei minha felicidade caro demais.

Coragem, cérebro meu, coragem e confiança: sua felicidade é mais certa do que você!

5
Progressismo e revolução
(*1789-1917*)*

Os revolucionários de 1789 e os de 1917 tiveram em comum a crença no progresso. Não há como recriminá-los por isso: como ser revolucionário sem ser progressista?

Para nós, que ainda somos progressistas, ou que queremos sê-lo, coloca-se no entanto a questão: como pensar o progresso, à luz dessas duas revoluções, para reter suas lições e evitar, talvez, alguns dos seus erros?

E, antes de mais nada, o que é o progresso, ou como pensá-lo para que o progressismo seja possível?

Logo pensamos, claro, na *Enciclopédia*. Mas o verbete "Progresso" era, desse ponto de vista, decepcionante. Quatro linhas, que se reduziam a uma definição:

"*PROGRESSO. Movimento adiante;* o progresso *do Sol na eclíptica;* o progresso *do fogo;* o progresso *desta raiz. Usa-se também no sentido figurado, e diz-se* fazer um progresso *rápido numa arte, numa ciência.*"

---

* Intervenção no colóquio de fevereiro de 1989, organizado na Bibliothèque Nationale, pelo Forum International de Politique, sobre o tema "1789 na França, 1917 na Rússia: vida e destino de duas revoluções". Essa intervenção foi feita durante uma mesa-redonda cujo tema era o seguinte: "As raízes filosóficas da noção de 'necessidade', de que se valeram esses dois tipos de revolução, e da sua pretensão à universalidade." As atas desse colóquio foram publicadas na revista *Cosmopolitiques*, n.º 13, em dezembro de 1989.

VALOR E VERDADE

Esse verbete, que Soboul julgava, em sua brevidade, ao mesmo tempo significativo e insignificante[1], não permite pensar em nenhum progressismo: ir *adiante* pode ser ir para melhor (fazer progresso numa ciência) como para pior (a progressão do fogo, que devasta tudo)[2]; e a história, se avança necessariamente para o futuro, nem por isso poderia justificar ou condenar política alguma: seja-se ou não progressista, é sempre o futuro que se prepara, mesmo que se deseje que ele se assemelhe ao presente (conservadorismo) ou ao passado (reação).

Para que o progressismo seja possível, esse *movimento adiante* tem de se fazer *em direção ao melhor* (aliás, é esse o sentido hoje da palavra progresso); e isso supõe evidentemente uma norma, em referência à qual se avalia esse *melhor* e o movimento que, supostamente, nos aproxima dele.

Mas que norma?

É o ponto decisivo, sobre o qual duas concepções se opõem.

A primeira consiste em adotar uma norma absoluta, que julgaria anistoricamente o movimento da história. O progresso é então percebido e julgado objetivamente, do ponto de vista de Deus ou da verdade (de uma verdade que julga: uma verdade normativa), e é nisso que essa concepção é teológica. Mas, para que o progresso seja não apenas um ponto de vista sobre a história mas seu movimento real, é preciso mais: é preciso que a norma que serve para

---

1. A. Soboul, *Textes choisis de l'Encyclopédie*, Paris, Éditions Sociales, reed. 1984, apresentação do verbete "Progresso".

2. "Progresso", de início, era um conceito neutro. O dicionário de Trévoux (1704, reed. 1771) precisava que se diz "progresso" de "toda sorte de avanço, de crescimento, de aumento, seja para melhor, seja para pior".

julgar o progresso da história seja também o fim para o qual ela tende e do qual ela se aproxima, irregularmente talvez mas necessariamente. É nisso que teologia e teleologia vão de par. Há progresso, portanto, cada vez que nos aproximamos desse fim, e regressão cada vez que nos afastamos dele. É o mundo de santo Agostinho e de Bossuet, e também, afinal de contas, o mundo de Kant e de Hegel. O progresso se identifica então com a providência, e o progressismo se dissolve na teodicéia.

A segunda concepção consiste em rejeitar essa normatividade absoluta e, portanto, essa teleologia. É o ponto de vista de Espinosa, e deveria ser, em geral, o ponto de vista dos materialistas. Não existe nenhum valor absoluto, nenhuma norma verdadeira (a verdade não julga), e a história, como a natureza, é desprovida de qualquer finalidade objetiva. "Processo sem sujeito nem fim", dizia Althusser, e isso, que rompia com Hegel, na verdade era fiel a Epicuro, bem como a Espinosa[3]. Não é a história que está submetida a uma norma ou a um fim; nossos valores e nossos objetivos é que são históricos. Em outras palavras, não há valor e finalidade a não ser pelo e para o desejo: não é porque uma coisa é boa que a desejamos, explica Espinosa, ao contrário, é porque a desejamos que nós a consideramos boa e tendemos para ela como se tende para um objetivo[4].

Esse relativismo – porque é um – não impede no entanto de falar de progresso: sempre posso chamar de "pro-

---

3. Ver por exemplo a "Soutenance d'Amiens" (in *Positions*, Éditions sociales, 1976, especialmente pp. 140 a 144), *Éléments d'autocritique* (Hachette, 1974, cap. 4, "Sur Spinoza"), assim como "Sur le rapport de Marx à Hegel" (*Lénine et la philosophie*, seguido de *Marx et Lénine devant Hegel*, Maspero, 1972, especialmente pp. 67 a 71).

4. *Ética*, III, escólios das props. 9 e 39; IV, Prefácio e def. 7.

gresso" o que vai no sentido dos meus desejos. Mas tal concepção parece esvaziar o *progressismo* de todo conteúdo objetivo, encerrando-o numa circularidade. Se cada um de nós chamar de "progresso" aquilo que deseja, pretender-se progressista não passa, de fato, de um pleonasmo (equivale a dizer: sou a favor... do que desejo) e de uma tautologia (já que ninguém, nesse sentido, é contra o progresso: quem iria brigar contra aquilo que deseja?). É o que autoriza todo homem político, qualquer que seja sua orientação, a reivindicar o progresso e a fazê-lo de forma sincera – em todo caso, isso é perfeitamente possível. Os reacionários não escapam da regra: se o melhor já ocorreu, não há progresso efetivo a não ser na reação, e esse progressismo reacionário – ainda que isso choque nossos ouvidos ou nossos hábitos – não é, em si, nem contraditório nem absurdo. Necessitamos nos desfazer aqui de algumas das ilusões que constituem nossa boa consciência progressista. O progresso não pertence a ninguém, porque cada um tem o seu. Se Luís XVI, por exemplo, não foi um revolucionário, não era por ser contra o progresso; é que a Revolução não lhe pareceu ser um. E, mais uma vez, quem poderia censurá-lo por isso? Mas, nesse caso, se todo o mundo é progressista, ninguém o é: o progressismo nada mais é que o nome redundante que cada um dá à sua posição (quando pretende julgá-la do ponto de vista da história) *porque é a sua.*

Duas concepções do progresso, uma dogmática (na medida em que conjunge valor e verdade), a outra relativista (na medida em que as disjunge). Mas, para quem se define como progressista, nenhuma dessas duas concepções é plenamente satisfatória. A primeira, por submeter a história a outra coisa que a si mesma e por supor uma fé de que o progressismo, por toda uma série de razões, tanto filosóficas como históricas, preferiria prescindir. A segunda, porque, relativizando a noção de progresso, parece esvaziar o progressismo de qualquer alcance, ou mesmo de qualquer significação. É preciso portanto encontrar outra coisa – mas o quê?

O ideal seria encontrar *na história* (e não mais fora dela) uma norma objetiva, que não seria do âmbito da fé mas da constatação e que, impondo-se a todos, permitiria porém fazer a triagem entre as posições progressistas e as que não o são. É um pouco a quadratura do círculo, já que se trata de encontrar um ponto de vista universal que privilegia contudo um campo (particular, claro), o que se pode fazer pela conjunção da objetividade com o valor, do fato com o direito, do real com a norma, e isso não em Deus ou num mundo ideal, mas aqui na terra e agora!

Tal conjunção é possível? Mais que isso: ela já é real, já é efetiva, foi o que os séculos XVII e XVIII compreenderam. Há, de fato, um domínio em que a objetividade é um valor, em que o que se faz tem força de direito, em que o real se impõe como norma, e esse domínio é precisamente aquele em que o progresso é mais incontestável. Penso, como vocês compreenderam, no progresso das ciências e das técnicas. A ciência do século XVII basta para atestar que o século XVII sabia mais a esse respeito do que o século XVI. E basta a sua ciência para se ficar, legitimamente, persuadido de que o século XVIII sabia mais que o XVII. O progresso é de fato inconteste, na medida em que comporta em si mesmo sua norma: a história das ciências, dirá Bachelard, é "uma história *julgada*", e julgada *por seu próprio progresso*. Longe de o progresso necessitar de uma norma para ser apreciado, é aqui que o progresso faz norma, e que faz norma, este é o ponto, *objetivamente*[5].

---

5. Ver por exemplo Bachelard, *L'activité rationaliste de la physique contemporaine*, Paris, reed. PUF, 1965, cap. 1, especialmente pp. 24-8.

Minha hipótese é portanto a seguinte: se o progressista quer escapar tanto da teologia e do relativismo como da transcendência e da circularidade, só pode encontrar no progresso científico e técnico o modelo – ao mesmo tempo objetivo e normativo, descritivo e prescritivo – que lhe permitirá justificar, de maneira imanente, seu próprio combate e pensar ao mesmo tempo o valor e a necessidade dele.

Seria preciso entrar em detalhes e confrontar essa hipótese com os diferentes textos fundadores do progressismo. Claro, não se trata de fazê-lo aqui, e peço desculpas por só evocar, e por demais rapidamente aliás, dois exemplos.

O primeiro, em que não se pode deixar de pensar, é o de Condorcet. O fato de que ele foi progressista é uma evidência; mas ele foi também um dos primeiros a teorizar absolutamente a coisa. Em seu *Esboço de um quadro histórico dos progressos do espírito humano*, escrito na prisão, mostrou que a noção de progresso podia bastar, por si só, para dar à história um sentido: as diferentes épocas da humanidade, que ritmam "sua marcha gradual rumo ao seu aperfeiçoamento absoluto"[6], são as dos progressos do espírito humano, os quais são ao mesmo tempo necessários, irreversíveis e indefinidos. Daí o otimismo de Condorcet: temos "os motivos mais fortes para crer que a natureza não pôs nenhum termo às nossas esperanças"[7]. Tal otimismo se deve no entanto menos ao temperamento que ao pensamento. Os progressos do espírito são, de fato e sobretudo, para Condorcet, os progressos das ciências, e é por isso que eles são ao mesmo tempo incontestáveis e indefinidos,

---

6. Condorcet, *Esquisse d'un tableau historique des progrès de l'esprit humain* (que cito da edição Prior, Paris, Vrin, 1970), II, p. 26.
7. *Op. cit.*, X, p. 205.

por serem independentes de qualquer normatividade ou limitação extrínsecas: "os progressos da ciência mesma têm por medida unicamente a soma das verdades que ela encerra"[8], soma cuja "massa real... pode aumentar sem cessar"[9] e de fato aumenta (pois que as suas aquisições são definitivas) a cada descoberta.

Aqui, Condorcet se associa à concepção de Pascal, que havia mostrado que "os efeitos do raciocínio aumentam sem cessar" (ao contrário dos efeitos do instinto), de modo que "não só cada um dos homens avança a cada dia nas ciências [encontramos aqui o exemplo de *progresso* que a *Enciclopédia* dará], mas que todos os homens juntos realizam um progresso contínuo nelas, à medida que o universo envelhece"[10]. É o que justifica a famosa metáfora, que será como um *leitmotiv* do progressismo, segundo a qual "toda a série dos homens, no correr de todos os séculos, deve ser considerada como um mesmo homem que sempre subsiste e que aprende continuamente"[11]. Pascal queria salientar com isso a superioridade epistêmica (mas, para ele, apenas epistêmica) dos modernos sobre os antigos. Toda a dificuldade, para Condorcet e para os progressistas em geral, é discernir um progresso tão incontestável, não apenas nos conhecimentos, como fazia Pascal, mas na própria história, considerada na generalidade do seu desenvolvimento. Em que condições se pode importar o modelo do progresso científico para o campo da história social e política? É onde Condorcet se distingue de Pascal e onde o

---

8. *Op. cit.*, VIII, p. 141.
9. *Op. cit.*, X, p. 219.
10. Pascal, *Préface sur le* Traité du vide, *Oeuvres complètes,* ed. Lafuma, Paris, Seuil, 1963, pp. 231-2.
11. Pascal, *ibid.*

progressismo se funda. Para que tal empréstimo seja possível e legítimo, é necessário – e sem dúvida suficiente – que *a própria história seja uma ciência*, não somente como conhecimento do passado humano (a história dos historiadores: a *História*), mas como história real, como história efetiva (a história dos homens históricos: a *Geschichte*), em suma como história *em via de se fazer*. O progresso histórico será, então, a forma última – ao mesmo tempo a mais geral e a mais elevada – do progresso científico, e o progressismo será apenas o nome dado a esse movimento normativo, objetivo e necessário.

Foi o que Condorcet compreendeu e teorizou. Ele não é o único, claro, e não é necessariamente o primeiro. A crê-lo, já era um pouco essa a idéia de Turgot, como indica este texto revelador:

> Um grande homem, de cujas lições, de cujos exemplos e principalmente de cuja amizade sempre sentirei falta, estava persuadido de que as verdades das ciências morais e políticas são capazes da mesma certeza que as que formam o sistema das ciências físicas, e até que os ramos das ciências que, como a Astronomia, parecem se aproximar da certeza matemática... Essa opinião lhe era cara, porque ela conduz à esperança consoladora de que a espécie humana fará necessariamente progressos no sentido da felicidade e da perfeição, como fez no domínio da verdade.[12]

O ponto é decisivo. A única maneira de reduzir o abismo entre o campo teórico e o campo prático, entre o co-

---

12. Condorcet, *Essai sur l'application de l'Analyse*, citado por G.-G. Granger, *La mathématique sociale du marquis de Condorcet*, Paris, PUF, 1956, p. 138.

nhecimento e a ação, entre a história das ciências e a história pura e simples, é fazer uma ciência da ação (uma pragmática!), é erigir a própria prática histórica em ciência! Ora, era esse o projeto de Condorcet, do qual ele acreditou discernir não apenas a possibilidade mas também o início e... os progressos. É o que ele chama de "matemática social", na qual puderam ver o anúncio das nossas modernas ciências humanas[13]. O nome matemática social não deve enganar: é de uma ciência experimental que se trata, mas que encontraria no cálculo (em especial no cálculo das probabilidades) o instrumento do seu rigor. Mas o essencial, no que concerne ao nosso problema, não é o estatuto epistemológico dessas ciências humanas; o essencial é que elas são e devem ser, para Condorcet, ao mesmo tempo positivas e normativas, descritivas e prescritivas: a "matemática social" é inseparável de uma "arte social" que não é mais que sua aplicação e de que o próprio homem, para terminar, deve sair transformado. "Os homens", escreve Condorcet, "não poderão se esclarecer sobre a natureza e o desenvolvimento dos seus sentimentos morais, sobre os princípios da moral, sobre os motivos naturais de conformar a eles suas ações, sobre seus interesses, seja como indivíduos, seja como membros de uma sociedade, sem fazer também na moral prática progressos não menos reais que os da própria ciência."[14] E explica que o egoísmo ou a violência decorrem apenas de um "erro de cálculo"[15]... Trata-

---

13. Sobre a "matemática social", ver o *Tableau général de la science qui a pour objet l'application du calcul aux sciences politiques et morales*, Oeuvres, ed. F. Arago, Paris, Didot, 1847-1849, t. 1, pp. 539 ss. Ver também G.-G. Granger, *op. cit.*, e a obra já clássica de K. M. Baker, *Condorcet, raison et politique*, trad. fr., Paris, Hermann, 1988.
14. *Esquisse...*, X, p. 226.
15. *Ibid.*

se, como se disse, de "levantar a contradição entre a descrição positiva e a esperança filosófica"[16], ou, como diz Condorcet, de compreender que "a natureza liga, com um elo indissolúvel, a verdade, a felicidade e a virtude"[17]. Logo, tudo evidentemente é possível: "Essas ciências, quase criadas em nossos dias, cujo objeto é o próprio homem, cujo fim é a felicidade, não terão um passo menos seguro que o das ciências físicas."[18] Elas também são fadadas, portanto, a um progresso necessário e indefinido[19]. Ora, como o homem deve progredir com a ciência que o estuda e o guia, como os progressos da ciência social nutrem os da própria sociedade, como "as ciências políticas", enfim, serão fortalecidas pelos "progressos sempre crescentes da instrução elementar, ligados por sua vez aos progressos necessários dessas ciências", podemos contar sem risco de erro com "uma melhoria no destino da espécie humana, que pode ser visto como indefinido, já que ela não tem outros limites que não os desses próprios progressos"[20].

Vê-se então o que é ser progressista: não é nem tender para um fim preexistente (teleologia), nem se submeter simplesmente aos seus desejos (relativismo), é acompanhar o movimento irreversível do conhecimento no sentido de uma verdade cada vez maior, combatendo para tanto todos os que, por erro ou por obscurantismo, pretendam se opor

---

16. G. Gusdorf, *Introduction aux sciences humaines*, Paris, Ophrys, 1974, p. 266.
17. *Esquisse...*, X, p. 228.
18. *Discours de récéption à l'Académie française* (1782), *Oeuvres*, tomo 1, p. 392. É por isso que, continua Condorcet, "essa idéia tão doce, de que nossos netos nos superarão tanto em sabedoria como em luzes, não é mais uma ilusão".
19. *Ibid.*, e *Esquisse...*, X[e] époque.
20. *Esquisse...*, X, p. 232.

a ele. A história dos homens, como a história das ciências – já que é a mesma –, se torna uma história *julgada*, na qual se opõem o passado e o futuro (Bachelard: "uma verdade científica é por essência uma verdade que tem um futuro")[21], isto é, o erro e a verdade! Daí a solidariedade entre a história dos progressos passados (progressismo recorrente) e o anúncio dos progressos por vir (progressismo prospectivo): "se existe uma ciência de prever os progressos da espécie humana, de dirigi-los, de acelerá-los, a história dos progressos que ela já fez deve ser a base da primeira"[22]. É o que justifica o *Esboço*, claro, o qual justifica por sua vez o progressismo...

O segundo exemplo que eu gostaria de evocar concerne aos revolucionários de 1917, pelo menos os que, na esteira de Lênin, se afiliavam a Marx.

Para Marx também a história é uma ciência, e é a ciência não apenas do que aconteceu mas do que *deve* acontecer, ao mesmo tempo por ser objetivamente necessário e moralmente legítimo. Na necessidade histórica, tal como Marx a pensa, se conjugam igualmente o descritivo e o normativo, a verdade e o valor. Lembrem-se da carta a Weydemeyer, na qual Marx se gaba de ter demonstrado que "a luta das classes leva necessariamente à ditadura do proletariado", ditadura que "representa, por sua vez, uma transição em direção à abolição de todas as classes e a uma sociedade sem classes"[23]. Toda a tradição marxista reterá disso que há que lutar portanto pelo comunismo, isto é (já que ele ocorrerá de qualquer modo), para apressar sua vi-

---

21. Bachelard, *op. cit.*, p. 28.
22. *Esquisse...*, p. 11.
23. Marx, carta a J. Weydemeyer de 5 de março de 1852, em *Lettres sur Le Capital*, trad. fr., Éditions Sociales, 1964, p. 59.

tória. Esse *portanto* é surpreendente: equivale a dizer que, já que a vida leva necessariamente à morte, há que fazer o possível para morrer o mais depressa possível... Mas é que o sentido da história é um *bom* sentido, que dá razão, de antemão, às aspirações legítimas dos mais pobres: os que não compreendem as "demonstrações" de Marx são ao mesmo tempo, esclarecia este último, "tolos ignorantes" e "lacaios da burguesia"[24]...

Disso os revolucionários russos não deixarão de se lembrar. Se o tema do *progresso* não ocupa, em Lênin, tanto espaço como em Condorcet, e se o progresso visado, nem é preciso dizer, tampouco é o mesmo, isso não tolhe que Lênin também funde na existência de uma *ciência* da história a certeza de um *progresso* da história, e que é essa certeza que faz do seu progressismo, não uma fé ou um desejo, mas *uma verdade*. Evidentemente, pensamos na célebre frase segundo a qual "a teoria de Marx é onipotente porque é verdadeira". Poderíamos multiplicar as referências. Por exemplo, em *O que são os amigos do povo*: "Hoje – depois da publicação de *O Capital* – a concepção materialista da história não é mais uma hipótese, mas uma verdade cientificamente demonstrada."[25] É por isso que o progresso *científico* que a obra de Marx instaura possibilita, em contrapartida, pensar o progresso *histórico*, e isso não como abstração ou generalidade, mas numa das suas formas efetivas: "O passo de gigante dado por Marx nesse domínio consistiu precisamente em rechaçar todos esses raciocínios sobre a sociedade e o progresso em geral, propor-

---

24. *Ibid.*
25. Lênin, "Ce que sont les 'amis du peuple'", in *Textes philosophiques*, trad. fr., Éditions Sociales, 1982, p. 52.

cionando, em compensação, uma análise *científica* de *uma* sociedade e de *um* progresso; a sociedade e o progresso capitalistas."²⁶ A dimensão profética nem deixa de existir, já que o capitalismo, como se sabe, está "prenhe" do socialismo e produz, por si próprio, seus coveiros ou suas parteiras... Portanto, é porque a teoria de Marx "foi a primeira a fazer do socialismo, de utopia que era, uma ciência"²⁷, que ela pode se apresentar não apenas como um progresso dentre outros (ainda que sendo ele um "passo de gigante") mas como o conhecimento exato do desenvolvimento progressivo – e progressista! – da humanidade, desenvolvimento ao mesmo tempo necessário (ele não pode deixar de se produzir) e subjetivamente desejável (já que constitui um progresso!). "O valor científico de tal estudo", escreve ainda Lênin, "está em que ele deduz as leis (históricas) particulares que regem o nascimento, a vida, o desenvolvimento e a morte de um organismo social dado e sua substituição por outro, que lhe é superior."²⁸ E em outro texto: "O *materialismo histórico* de Marx foi a maior conquista do pensamento científico. Ao caos e ao arbítrio que reinavam até então nas idéias sobre a história e a política sucedeu uma teoria científica admiravelmente coerente e harmoniosa, que mostra como, a partir de uma forma de organização da vida social, se desenvolve, em razão do crescimento das forças produtivas, outra forma mais elevada, como, por exemplo, da servidão nasce o capitalismo."²⁹

---

26. *Ibid.*, p. 55.
27. Lênin, *Notre programme, op. cit.*, p. 62.
28. *Ce que sont les "amis du peuple", op. cit.*, p. 62.
29. Lênin, *Les trois sources et les trois parties constitutives du marxisme, op. cit.*, p. 199.

Entendam-me: não se trata de assimilar Lênin a Condorcet. As diferenças históricas são evidentes, e as diferenças teóricas decerto não são menores. Quero salientar simplesmente que, em ambos os casos, tanto para o bolchevique como para o liberal, a conjunção da teoria com a prática, do fato com o valor, do descritivo com o prescritivo, etc., conjunção que só é tornada possível – a não ser que seja fundada em Deus – pela idéia não apenas de uma ciência da história (como conhecimento positivo do passado humano: *História*) mas também de uma história científica (como prática, cientificamente normatizada, dos indivíduos vivos: *Geschichte*). Trata-se, em ambos os casos, de "levantar a contradição entre a descrição positiva e a esperança filosófica"[30], que é o que chamo de dogmatismo prático: conjungir o verdadeiro e o bem, o real e o valor, o conhecimento e o desejo. É também a definição, segundo Freud, da ilusão[31], e é por isso que todo dogmatismo prático é ilusório.

Essa ilusão – como toda ilusão, segundo Espinosa[32] – é, no fundo, do âmbito do finalismo. O progressismo "científico" ou dogmático também deságua, de fato, numa teleologia: do mesmo modo que a história das ciências só exerce a sua normatividade (legítima) na recorrência do presente sobre o passado (é uma história, explica Bachelard, "que se ilumina pela *finalidade do presente*, uma história que parte das certezas do presente e recorta, no passado, as formações progressivas da verdade"[33] – e é isso mesmo

---

30. Ver *supra*, nota 16.
31. Ver *L'avenir d'une illusion*, VI, trad. fr., Paris, PUF, reed. 1976, pp. 44-5.
32. *Ética*, I, Apêndice.
33. *Op. cit.*, p. 26.

que Condorcet também queria fazer), assim também a história supostamente científica só pode exercer a sua na recorrência do futuro sobre o presente (já que se trata da história que está sendo feita). É aí que progressismo e profetismo se encontram: só pretendendo conhecer o futuro (e Lênin, como Condorcet, se apóia aqui na idéia das *leis necessárias*) para poder julgar cientificamente o presente e justificar com isso o bem-fundado da sua ação. "O pensamento científico", escreverá Bachelard, "se assegura no relato dos seus progressos."[34] Poder-se-ia dizer do mesmo modo: o pensamento progressista (quando é dogmático) se assegura no anúncio dos seus triunfos – o truque do progressismo dogmático é fazer, sob o manto de progresso científico, o anúncio de um triunfo passar pelo relato de um progresso!

Não é apenas um problema teórico. Pretendendo que o progresso não só é desejável – tautologia que não se trata de contestar – mas *necessário* (ao mesmo tempo objetivo, inelutável e irreversível), esse progressismo dogmático supõe, por certo, uma concepção dogmática da história; mas principalmente deságua numa prática dogmática da política, cujos efeitos e cujos perigos são bem conhecidos.

Condorcet, que era politicamente liberal (se bem que tenham dito que ele era "liberal com intolerância"[35]), era

---

34. *Ibid.*
35. Ver G.-G. Granger, *op. cit.*, pp. 42-3: "Condorcet, intelectualmente liberal, é liberal com intolerância. O hábito do pensamento científico leva-o irresistivelmente a crer que há sobre todas as coisas uma opinião verdadeira, e seu temperamento apaixonado lhe faz rejeitar violentamente os 'preconceitos' alheios. A política é uma ciência, por conseguinte deve-se poder governar os homens para o melhor. Trata-se, em toda coisa, de construir um sistema de pensamento razoável e de promover sua aplicação com energia. Ele é geômetra, em política como em tudo..."

muito bom matemático para se deixar tapear totalmente por suas esperanças; por isso, ele só fala de *ciência social*, no mais das vezes, no futuro, não como um saber que ele teria mas como uma necessidade que anuncia. De resto, sua matemática social, de essência probabilista, foi preservada com isso dos deslizes mais graves do seu dogmatismo. E a "contradição entre o elitismo científico e o liberalismo dialético", se era de fato "o ponto fraco" do seu pensamento[36] (se a política é uma ciência, para que a democracia?), também lhe dá esse aspecto comedido que sem dúvida o protegeu do pior. Lênin não terá – não quero me demorar nesse ponto – nem essa lucidez nem essa prudência, muito menos Stálin, que fará do leninismo "a ciência da direção da luta revolucionária do proletariado"[37], e a justificativa, como se sabe, da ditadura.

Não me entendam mal sobre o que chamo aqui de dogmatismo, que é um dogmatismo prático. Não se trata de saber se são possíveis ciências humanas – elas o são, evidentemente, de direito e, sem dúvida, de fato –, mas se essas ciências podem pretender conjungir a verdade e o valor, isto é, ensinar não apenas o que é ou o que advém (o que não seria mais que um dogmatismo teórico) mas *o que se deve fazer* (dogmatismo prático). É o que contesto, por razões teóricas, e o que recuso, por razões práticas. Ora, era uma ilusão comum de boa parte dos nossos revolucionários, tanto na França do século XVIII quanto, sobretudo, na Rússia do século XX. E acaso não continua sendo muitas vezes a nossa? Daí, como se sabe, toda sorte de perigos. Se é a própria história que impõe o que se deve fa-

---

36. C. M. Baker, *op. cit.*, pp. 225 e 344. Ver também p. 503.
37. Stálin, *Principes du léninisme*, VII, trad. fr., Éditions de Pékin, 1970, p. 85.

zer ("inclusive a necessidade"!), se é a verdade que julga (o "tribunal da história"!), meus adversários estão no erro e devem portanto se filiar à verdade – ou desaparecer. Não se vota a verdade, e ela não tem nada a ver com o direito ou com a moral.

E nossas duas revoluções são, a esse respeito, bem diferentes. A Revolução Francesa deve muito mais a efeitos de palavra do que a efeitos de conhecimento (mesmo que se trate de supostos conhecimentos), mais à opinião que à ciência, enfim mais às "sociedades de pensamento" do que a esta ou aquela concepção filosófica[38]. Sabe-se, aliás, que Condorcet teve um papel limitado nela, e que o Terror, longe de segui-lo, foi sua perdição. É claro que o mesmo não se pode dizer de Lênin: seu cientificismo, ou seu dogmatismo prático, tem sua parte de responsabilidade tanto no desenrolar da revolução soviética como na instauração do totalitarismo stalinista. Não me detenho nisso: deixo a história aos historiadores. A questão filosófica é, antes, a seguinte: esse dogmatismo prático, com seus perigos, é uma fatalidade para todo progressismo? Não creio, e é o que gostaria de explicar rapidamente.

Notemos primeiro que é possível lutar por um progresso sem fazer uma teoria geral ("científica" ou metafísica, pouco importa) *do* progresso. Seria preciso, aqui, evocar Rousseau, que, embora longe de embasar num progresso universal e triunfante a justificativa da sua ação, quis ao contrário *desmitificar* o progresso, para dele fazer um conceito neutro e plural ("o homem faz progressos, seja para melhor, seja para pior...")[39], de vocação sobretudo analíti-

---

38. Ver François Furet, *Penser la Révolution*, Paris, Gallimard, 1978.
39. Rousseau, *Essai sur l'origine des langues*, Bordeaux, Ducros, 1970, p. 39. Rousseau permanece fiel nesse ponto ao sentido clássico da palavra "progresso": ver *supra*, nota 2.

ca[40]. Sabe-se que isso não o impediu de ser *progressista* (se se entender por isso que ele desejava que o homem progrida *para melhor*) e de inspirar, sobretudo, muitos progressistas muitas vezes mais radicais do que Condorcet e tão eficazes quanto Lênin... Na verdade, será quase sempre – a tal ponto cada um quer ter razão – com o risco de outro dogmatismo, de ordem moral, que poderá juntar-se ao dogmatismo progressista da época, sem anulá-lo: Robespierre e Saint-Just combaterão assim em nome "dos progressos da razão humana", contra o obscurantismo, e em nome da virtude, contra o crime... Mas nada impede de rejeitar ao mesmo tempo esses dois dogmatismos e de embasar seu combate unicamente na força dos seus interesses, dos seus desejos ou, conforme o nome que se queira lhe dar, das suas vontades. O contrário do dogmatismo é o cinismo (o de Diógenes) ou, como aliás bem enxergou Condorcet, o maquiavelismo, que é o reinado da vontade em política[41]. É também, em geral, o materialismo, e é sem dúvida mais um paralelo que se pode tentar entre essas duas revoluções, fora isso tão diferentes: o de que o materialismo, abertamente rejeitado pela primeira, tenha sido sub-repticiamente desencaminhado pela segunda...

---

40. Ver a esse respeito o artigo muito esclarecedor de Patrice Decormeille, "Rousseau et la querelle des anciens et des modernes", in *L'enseignement philosophique*, 38º ano, n.º 1, setembro-outubro de 1987 (pp. 70-84). Ver também as pertinentes observações de Jean Starobinski, na sua introdução ao *Discours sur l'origine et les fondements de l'inégalité parmi les hommes* (Pléiade, 1985, reed. Folio, 1989).

41. Ver K. M. Baker, *op. cit.*, pp. 452-4. Sobre o problema dos dois cinismos – o de Diógenes e o de Maquiavel – e sua oposição comum ao idealismo, ver meu artigo "Le bon, la brute et le militant", *Une éducation philosophique*, Paris, PUF, 1989, pp. 121 ss. ["O bom, o bruto e o militante", *Uma educação filosófica*, São Paulo, Martins Fontes, 2001, pp. 145 ss.], assim como "A vontade cínica", *supra*, pp. 35 ss.

PROGRESSISMO E REVOLUÇÃO

Ser materialista – entenda-se: de um materialismo radical – é, de fato, disjungir o que o idealismo (em Condorcet ou Lênin, como em Platão ou Khomeini) conjunge: o ser e o valor, o real e o sentido, o verdadeiro e o bem. Nenhuma norma é verdadeira, para o materialista, nenhuma verdade faz norma. A verdade não julga: o real não é Deus. Não haverá então mais nenhuma razão de agir? Seria esquecer que o desejo também é real, e a vontade. Ser materialista é, então, pensar que não é um valor verdadeiro que justifica o desejo, mas, ao contrário, o desejo que produz tanto o valor quanto a ilusão da sua verdade. É o que Espinosa, Marx e Freud mostraram, cada qual a seu modo (ainda que Marx tenha dado a entender também o contrário...), e basta aqui remeter a eles. Daí o maquiavelismo, como diz Condorcet, ou o cinismo, como eu preferiria dizer, que não são mais que a apologia da vontade em política – quando o dogmatismo nada mais é que a sua denegação ou (no sentido freudiano) a sua racionalização.

Daí também a possibilidade de outro progressismo, não mais dogmático ou "científico", mas voluntário e crítico. Em vez de conjungir necessidade e progresso, tal progressismo materialista se esforçaria antes em separá-los como pertencentes a duas ordens diferentes: o progresso não é objeto de conhecimento, mas de vontade; a necessidade, não de vontade, mas de conhecimento.

Dirão que isso nos conduz à *circularidade* que eu evocava no início. Admito. Mas essa circularidade, que é a circularidade do desejo, também é a própria circularidade da política: já que não se pode sair dela, é melhor aceitá-la!

Isso esvazia o progressismo de qualquer conteúdo? Não, já que o desejo é um. Mas isso impede o progressismo de se pretender absoluto e o único progressismo possível ou verdadeiro. Se cada um chama de "progresso" o que deseja, como é o caso, pode haver portanto vários progressismos diferentes, e até contraditórios ou antagônicos, e que se acusarão mutuamente de ser reacionários... É de fato o que acontece, e isso me parece, para o que eu queria dizer, uma confirmação suficiente.

Renunciando a anunciar um progresso inelutável e indefinido, como Condorcet ou Lênin, o materialista ou o cínico (digamos: o militante não-dogmático) lutará então por um progresso incerto, provisório e relativo. Ele não pretenderá que a ciência lhe dá razão (a biologia dá razão à morte: e isso prova o quê?), nem que seus adversários estão errados. Não é a verdade que ele busca, na política; é a vitória. Ele não ignora que a verdade possa ajudá-lo a conquistá-la; mas como poderia ela ser suficiente para alcançar a vitória ou substituí-la? Ele não confundirá a política com a história, o conhecimento do passado com a invenção do futuro. Ele procurará profetizar um pouco menos e querer um pouco mais, e conhecer um pouco mais, mas (ao contrário dos profetas, justamente) sem pretender reduzir o hiato que separa essas duas ordens. Ele sabe que nenhuma ciência dispensa o querer, que nenhuma vontade substitui o saber. Ele constata que o verdadeiro não é o bem e que o bem só raramente é a verdade. Ele acredita menos num amanhã radioso do que num presente tenebroso. Acham-no pessimista; ele se julga realista ou lúcido. Ele gosta de citar Marx ("a história só avança do seu lado ruim"), mas também Maquiavel, Montaigne e Pascal. Ele não crê no fim da história e em nenhuma utopia. Ele pensa que o combate contra o horror não cessará e que sempre os homens se oporão aos homens. É o que ele chama de política interminável, que é o contrário do messianismo. Isso não o impede de querer "o progresso", como ele também diz, e agir em conseqüência. Mas isso impede-o de fazer do progresso verdade, que ele poderia impor a qualquer um. Ele fala de progressismo laico, para indicar que o progresso tampouco é Deus, nem mesmo um outro Deus, e que o progressismo, por conseguinte, não poderia ser uma religião. O seu permanece submetido, de direito e de fato, à democracia: o progressismo não mais teórico mas prático, não mais "científico" mas político, não mais dogmático mas voluntário.

Esse progressismo, que terá menos gosto pelos massacres, é o único que lhe parece integrar as lições de 1789 e de 1917, e propor, para o nosso tempo, razões plausíveis para lutar.

6

Uma política do pior?
(*O socialismo entre conservadorismo e utopia*)*

> *A Patrick Viveret,
> que me deu a idéia deste texto.*

Não tomo a expressão "política do pior", é claro, em seu sentido tradicional: não sugiro que se "busque o pior", como dizem os dicionários, "para dele tirar partido"! Uma política do pior, nesse sentido, seria sem dúvida a pior das políticas, porque ao mesmo tempo mais dolorosa para os indivíduos e mais ineficaz para os povos. A história já deu o veredicto sobre esse ponto, ao mostrar suficientemente que só se chega à política lúcida e possivelmente vitoriosa a partir de um certo grau de bem-estar. Não são os mortos de fome que fazem as revoluções, nem os mais miseráveis que triunfam da miséria. De resto, esperar o melhor do pior é sempre esperar o melhor, e é por isso que a política do pior, em seu sentido tradicional, é uma forma de otimismo. Por que o pior não duraria?

Se falo de política do pior é num sentido bem diferente. Trata-se, no meu espírito, de uma política que, em vez de querer realizar o melhor, se atribuiria como tarefa enfrentar o pior: uma política, não do melhor regime possível (como ideal ou como utopia), mas do maior mal real (como obstá-

---

* Comunicação apresentada no colóquio "Socialisme: utopies et réalités", em Bruxelas, no dia 17 de dezembro de 1989 (as atas do colóquio foram publicadas no n.º 217-218 da revista *Socialisme*, Bruxelas, 1990).

culo a vencer ou como problema a superar). Se falo de política do pior é um pouco no sentido em que Clément Rosset, num registro bem diferente, fala de uma *lógica do pior*. Trata-se de recusar as patacoadas otimistas ou idealistas (que não param, imaginariamente, de tornar as coisas o melhor possível) para ver enfim a situação tal como ela é: sempre pior do que tínhamos esperado, pior do que gostaríamos que fosse, pior que a maioria das pessoas acredita ou imagina – já que a maioria confunde seus desejos com a realidade. Opor portanto o conhecimento do real à imaginação do ideal, e a urgência do pior à espera do melhor. Filosoficamente, isso significa que é importante *pensar o pior*, como diz Rosset, e foi o que fizeram, na política, alguns dos autores – realistas ou cínicos, conforme o caso – que nos são mais próximos ou mais caros: Epicuro, Lucrécio, Maquiavel, Montaigne, Hobbes, Pascal, Espinosa... Pensadores pessimistas? Não é verdadeiramente esse o problema deles, nem o nosso. Pensadores lúcidos, simplesmente, atentos ao pior e esforçando-se para compreender primeiro, não o que se deve fazer (uma política ideal), mas o que se faz (a política real). A política do pior, no sentido em que uso a expressão, não busca o pior, claro, mas pára de negá-lo ou de imaginá-lo antecipadamente derrotado: ela o vê, ela o pensa, ela o enfrenta. É o contrário da utopia e o antídoto do idealismo.

Sabe-se quanto as utopias são totalitárias ou terroristas, quase sempre, e quanto o idealismo – em nome do Bem! – pode ser sanguinário. É religião na política, e toda religião, dizia Lucrécio, é portadora de crimes. Não me detenho nesse ponto. Quanta utopia em Pol Pot, quanto idealismo em Stálin ou Khomeini![1] Uma política do pior, ao

---

1. Não posso tornar aqui sobre o que mostrei no *Le mythe d'Icare* (cap. 2) e precisei em *Une éducation philosophique* (ver especialmente "Le bon, la

contrário, será no mais das vezes doce e misericordiosa. Vejam Montaigne, cujo ceticismo, em matéria de política, só tem igual na mansuetude. Já o otimismo é impiedoso. É o que Aragon lembrou (depois de ter sido por muito tempo seu fiel seguidor) num dos seus últimos textos, um dos mais bonitos. Desculpem-me se o cito tão longamente, mas vale a pena:

> Não conheço nada mais cruel neste baixo mundo que os otimistas por decisão. São seres de uma maldade espalhafatosa, que juraríamos deram-se por missão impor o reino cego da tolice. Dizem-me com freqüência que o otimismo é um dever, porque, se quisermos mudar o mundo, é necessário antes acreditar que é possível. Parece-me que esse raciocínio entra numa das categorias de falsidade desde há muito denunciadas por Aristóteles. Não vou me dar ao trabalho de procurar com que falso silogismo me deparo aqui. Sei no entanto que, se vocês quiserem mudar o mundo, não o farão sem a ajuda poderosa dos que não se deram por regra de conduta a prática previamente decidida do cegar. Creio no poder da dor, da ferida e do desespero. Deixem, deixem aos pedagogos do vai tudo bem essa filosofia que tudo desmente na prática da vida. Há, creiam-me, nas derrotas, mais força para o futuro do que em muitas vitórias

---

brute et le militant", pp. 121 ss.). Mesmo assim, preciso fazer algumas recapitulações terminológicas. Em se tratando de filosofia política ou moral, chamo de *idealismo* toda doutrina que conjunge – ou pretende conjungir – o verdadeiro e o bem, o real e o valor; de *cinismo*, toda doutrina que os disjunge; de *realismo*, enfim, toda doutrina que afirma a existência exclusiva do real e, portanto, a inexistência (a não ser como desejo ou como ilusão) do valor. Nesse sentido (que se afasta do uso e que deve ser reservado ao campo político-ético), Platão, Lênin, Stálin e Khomeini são idealistas; Maquiavel, Montaigne e Pascal são cínicos; Epicuro, Lucrécio, Hobbes e Espinosa são realistas (o caso de Espinosa é o que justifica que falemos de realismo, em vez de materialismo).

que, no mais das vezes, resumem-se a estúpidos trombeteios. É da sua desgraça que o futuro dos homens pode florescer, e não desse contentamento consigo mesmo com que nos ensurdecem perpetuamente.[2]

São conhecidos os perigos, e os crimes, desse otimismo. Sempre se faz o mal em nome do bem, o pior em nome do melhor – e tanto maior será o bem que se espera quanto maior o mal que se autoriza. Ora, o bem não tem limite, e é isso que escancara a porta para o horror... Quem combate pelo bem, que necessidade tem de economizar cadáveres? O entusiasmo ("a idéia do bem acompanhada da emoção", dizia Kant[3]) não dá trégua, e o idealismo massacra alegremente os vivos pelo amor a Deus ou à Humanidade. O fim justifica os meios e, sendo ele absoluto, *todos* os meios. Lógica de inquisidor ou de terrorista: lógica do melhor. Quem combate contra um mal, ao contrário, não poderia, para combatê-lo, permitir-se um mal maior do que aquele que ele enfrenta. Ora, os males são sempre finitos, e isso pelo menos estabelece um limite que não ultrapassaremos. Lógica da prudência e da medida: lógica do pior. Em vez de fazer o mal em nome do bem, o pior em nome do melhor, como tantos fanáticos, façamos em vez disso um pouco de bem contra o mal, e o menos mal contra o pior! Tarefa modesta e interminável, que não nos trará nem a glória dos profetas nem a exaltação dos mártires, mas nossa satisfação de cidadãos ou de militantes, e isso nos basta. "A Revolução deve se deter na perfeição da felicidade", di-

---

2. Aragon, "La valse des adieux", *Le mentir-vrai*, Gallimard, 1980, pp. 541-2.
3. *Critique de la faculté de juger*, p. 108 da trad. fr. Philonenko, Vrin, 1968.

zia Saint-Just. Era dizer que ela não se deteria nunca, ou que era preciso deter Saint-Just... Uma política do pior, ao contrário, não visaria realizar a felicidade (é uma tarefa que só tem sentido se individual), mas sim combater, na medida do possível, a infelicidade. Adeus, utopia; bem-vinda, solidariedade. A infelicidade é uma idéia nova na Europa.

Citei alguns filósofos, de Epicuro a Espinosa. Não poderia prolongar indefinidamente a lista. A maior parte dos filósofos é idealista em política, mesmo os que reivindicam uma ontologia materialista. Idealistas, isto é, convencidos de que a verdade está do seu lado, de que o bem que eles anunciam é objeto não apenas de desejo mas de conhecimento, em suma que o ideal deles é a própria verdade ou, em outras palavras, que a verdade é ideal! Filósofos, não do pior, mas do melhor. Por isso, eles quase sempre estão comprometidos com a utopia, isto é, de Platão a Marx, com essa verdade ideal (ao mesmo tempo objetiva e normativa) que condenaria o real!

Vou direto ao que interessa: ao século XX, e mesmo à segunda metade do século XX. Política ou ideologicamente foi sobretudo um confronto entre dois otimismos: o marxismo e o liberalismo.

Está mais que claro que o marxismo é um otimismo. Tudo vai mal no capitalismo, claro; mas tudo irá bem amanhã, no comunismo. A história avança pelo seu lado ruim, mas no bom sentido. Chega-se ao ponto de que não se vê, nessa suposta "ciência" da história, essas verdades obstinadamente desagradáveis pelas quais as ciências se prendem ao real, mostrando que elas não dão a mínima para os nossos desejos. A física anuncia a extinção do Sol, a biologia a inelutabilidade da morte... No marxismo, não há nada disso, e é de perguntar qual dos nossos desejos sociopolíticos não é de antemão satisfeito pelo anúncio da sociedade comunista. Todos deveríamos ter desconfiado que era bom demais para ser verdade, se a esperança não houvesse prevalecido, no mais das vezes, sobre a lucidez. O otimismo foi mais forte, e o futuro radioso justificou, como se sabe, muitas lágrimas... Esse processo pode ser arquivado. Mas o que cumpre salientar é que o que houve de totalitarismo, no marxismo no poder, está relacionado com o que ele também comportava de otimismo. Todas as vezes que o otimismo é desmentido pela realidade, isto é, quase sempre, só resta (quando o otimismo se pretende cientificamente fundado) desmentir a realidade... E tinha-se também de obrigar os homens, pela força ou pela lavagem cerebral, a se submeter à elevada idéia que o marxismo tinha deles! Criticaram muito Louis Althusser por imputar ao stalinismo um duplo desvio, economicista e humanista. Que tenha existido um economicismo stalinista, vá lá (de fato, não dá para negar), mas como falar em humanismo a propósito dessa barbárie de Estado? Era confundir a teoria com a prática. Está mais do que claro que a prática stalinista não foi humanista, no sentido em que a entendemos, isto é, respeitadora do homem, da sua dignidade e dos seus direitos. Mas isso não impede que essa prática desumana se embasasse numa teoria que fazia do homem, como dizia Stálin, "o capital mais precioso" e que queria encaminhá-lo para o mais elevado destino. O erro de Louis Althusser, parece-me, não foi o de falar de humanismo a propósito do stalinismo, mas, por um lado, o de não separar com suficiente nitidez o humanismo teórico do humanismo prático (o que, além do mais, teria evitado que se confundisse quase sempre seu próprio *anti-humanismo teórico* com um anti-humanismo prático) e, por outro lado, o de ver um *desvio*, como ele dizia, num pensamento humanista que não se pode negar, parece-me, que seja na verdade consubstancial ao próprio marxismo (ainda que, muitas vezes, dialética obriga, de maneira contraditória). É claro que para Marx o homem não é princípio da história e que não poderia sê-lo, nem como indivíduo nem como essência humana: a história é história, não do homem, mas das relações de produção e da luta de classes. Anote-se. Mas não é menos claro que o comunismo só é concebível com a condição de supor que o homem possua certas qualidades (que ele ainda não tem, claro, mas que o socialismo e o comunismo lhe permitirão desenvolver) sem as quais toda sociedade sem classes e sem Estado seria impossível. O marxismo, como o rousseauísmo, supõe a bondade ao menos possível do homem e aposta na perfectibilidade. Se, por exemplo, o homem se mostrar irreparavelmente egoísta, como ensina toda a tradição materialista de Epicuro a Hobbes (ou até de Epicuro a Freud!), o comunismo se revelará definitivamente impossível. É portanto uma injustiça terem acusado os marxistas de não acreditarem no homem: pelo contrário, eles acreditam, sim, mais veementemente do que a maioria dos seus contraditores, e é inclusive por confiarem no homem que, chegando ao poder, tratarão de impedir o homem – isto é, os indivíduos – de trair a confiança que depositaram nele... E como impedir isso, senão pela força? Têm de obrigar os homens (presentes) a serem dignos do homem (futuro)... Humanismo integral, diziam eles: o homem é o futuro do homem. E é assim, de imposição em imposição, que um humanismo otimista se tornou, como se sabe, cada vez mais desumano e confirmou, como quase sempre, as previsões mais pessimistas...

Claro, agora que o sistema comunista como que implodiu, impressiona constatar o sucesso do sistema inverso: o capitalismo, sem outra lógica que o interesse, sem outra moral que o egoísmo, parece triunfar em toda parte. Os que não esperavam nada do homem foram saciados, por assim dizer, além de toda esperança... Desse triunfo eu não me rejubilo; mas, enfim, não posso deixar de constatar que a lógica do lucro mostrou ter melhor performance, como eles dizem, do que a lógica, como diziam os outros, do interesse comum e da planificação... Nesse pé estamos. Houve em ambos os casos milhões de mortos (uns matando mais dentro, outros mais fora das respectivas fronteiras[4]), que, parece, não abalaram nem o otimismo de uns nem o sucesso dos outros...

É bom, no entanto, evitar falar precipitadamente de pessimismo a propósito do liberalismo (entendo por liberalismo toda doutrina que preconize um capitalismo integral). Ou, se há de fato pessimismo, é um pessimismo *sobre o homem* (que contrasta fortemente com o otimismo marxista) e não sobre a sociedade. Não viso aqui os discursos dos políticos de direita, que só sabem anunciar, como os de esquerda, que tudo irá melhor amanhã, bastando que estejam no poder. Esse otimismo de encomenda, qual-

---

4. A crer em Gilles Perrault (*Le Monde*, datado de 11 de janeiro de 1990), o colonialismo francês, por exemplo, é responsável por milhões de mortos (80 000 mortos em Madagascar, entre 800 000 e 2 milhões na Indochina, entre 800 000 e 1 milhão na Argélia...), a tal ponto que, observa Gilles Perrault, "se compararmos o número de vítimas ao número – medíocre – da sua população, a França se situa no pelotão de frente, se não é líder isolada, dos países massacradores da segunda parte do século". E seria necessário evocar também os milhões de mortos que a desnutrição causa, todos os anos, no terceiro mundo – pela qual o capitalismo não é diretamente culpado, sem dúvida, mas pela qual tampouco é totalmente inocente.

quer que seja a sua platitude, fala muito sobre a política, mas não posso me deter nesse aspecto. O que eu gostaria de salientar é que a ideologia liberal, naturalmente pessimista (ou lúcida...) quanto ao homem, é na verdade um otimismo quanto à economia ou, em geral, quanto à sociedade. De fato, uma vez admitido que os homens são o que são (egoístas), basta deixar agir livremente os mecanismos do mercado, dizem eles, para que a economia (que se autoregula espontaneamente pelo jogo dos conflitos, das concorrências e dos interesses) funcione *o melhor possível*. Ao otimismo revolucionário ou progressista dos marxistas ("tudo irá melhor amanhã"), o liberalismo opõe portanto um otimismo conservador, o que poderíamos chamar de um otimismo do tempo presente ou do imediato: tudo irá melhor desde hoje e tudo continuará a ir melhor (supondo-se a sociedade liberal), se não se mudar nada. Ou (otimismo reacionário) tudo irá melhor se se voltar àquela otimização espontânea da economia pelos livres mecanismos do mercado... Está mais do que claro que isso supõe muita indiferença para com o pior (para com a miséria, com a opressão, com a injustiça...). Mas, afinal, ou se é otimista, ou se não é. O liberalismo é Pangloss em política.

Notemos, nessas duas doutrinas, uma tendência comum ao idealismo ou, como também se pode dizer, ao dogmatismo prático: tanto para o marxista como para o liberal, o verdadeiro e o bem estão do mesmo lado (idealismo); a superioridade da sociedade que eles preconizam pode portanto ser atestada por uma ciência, a economia, ou, em todo caso, decorre de uma verdade pelo menos possível (dogmatismo prático). Por isso eles se opõem não tanto sobre o que querem ou desejam quanto sobre o que sabem ou crêem saber: cada um está persuadido de que o outro está errado, já que ele próprio tem razão e que a vontade deve se submeter ao verdadeiro. Daí, muitas vezes, uma denegação da vontade ("não há outra política possível", "não há escolha"...), denegação que sempre tende a retirar todo poder efetivo do povo (que só sabe querer) em benefício dos especialistas ou dos tecnocratas (que só querem saber). A partir do momento em que a superioridade de um sistema é apresentada como uma superioridade objetiva, isto é, como uma verdade, só resta à vontade submeter-se a essa melhor sociedade possível, seja ela já real (liberalismo) ou por vir (comunismo). É por isso que o otimismo, se o entendemos como um pensamento submetido ao princípio do melhor, é quase sempre um dogmatismo que submete a vontade ao saber – saber que, aliás, no mais das vezes, nada mais é que uma denegação da vontade! Os homens políticos não têm então outra opção senão o Deus de Leibniz: eles fazem a melhor das políticas possíveis, e só pode haver uma... O importante não é mais saber o que se quer, mas querer o que se sabe. O poder, portanto, para os que sabem... Levado ao extremo, esse dogmatismo (ou esse intelectualismo) poria em questão a própria idéia de democracia: não se vota a verdade. Foi o que Platão viu, o que Stálin confirmou e com o que os tecnocratas às vezes devem sonhar... O princípio do melhor, aplicado até as últimas conseqüências, conduz à ditadura dos especialistas. Pangloss, hoje em dia, seria economista...

Uma política do pior irá, é evidente, no sentido inverso desse procedimento. Nenhuma sociedade é a melhor possível, objetivamente falando, porque a objetividade não julga: a verdade não conhece nem o melhor nem o pior. Ao dogmatismo otimista, uma política do pior oporá portanto um relativismo, não necessariamente pessimista, mas realista ou cínico. É onde encontramos Espinosa, nessa inversão que ele instaura: não é porque uma coisa é boa que nós a desejamos ou queremos, explica ele, é porque nós a desejamos ou queremos que a consideramos boa[5]. Logo, não se trata de saber o que a verdade prescreve (ela não prescreve nada: ela diz o que é, não o que deve ser), mas *o que queremos*. Voluntarismo? Essa palavra não me incomodaria, se não fosse habitualmente associada a uma vontade cega às injunções do real. O fato de o conhecimento não poder dispensar de querer não autoriza a vontade a querer qualquer coisa! Aliás, querer qualquer coisa será ainda querer? Diz-se com freqüência que a política é a arte do possível. Mas é que uma vontade que quisesse o impossível não seria mais, em absoluto, uma vontade, mas um simples desejo, ou mesmo um simples sonho. Querer é fazer, e não poderíamos evidentemente fazer o impossível. Tampouco ão podemos, portanto, querê-lo. Resta saber o que é possível e o que não é: é aqui que os especialistas encontram seu lugar, que é grande, mas que não poderia suprimir o dos políticos nem, principalmente, o dos cidadãos. Querer não dispensa de conhecer (contra o voluntarismo); conhecer não dispensa de querer (contra o tecnocratismo).

Reabilitar a política, como está se tornando urgente, é portanto, em primeiro lugar, reabilitar a *vontade* em política. Notemos que esta é essencial à democracia: não se vota a verdade; a vontade, sim. É esse o papel do sufrágio universal. Não se trata de saber o que as pessoas desejam (isso as pesquisas de opinião indicariam suficientemente, e melhor), mas o que o povo quer. A democracia é, assim, o que

---

5. *Ética*, III, 9, escólio.

há de mais próximo da política real, como Espinosa havia visto, e é isso que pode explicar sua força. Mas, nisso, a democracia não é mais que a confirmação particular (a confirmação *por excelência*) de uma verdade mais geral. Agir, em política, qualquer que seja o nível, é sempre querer. Mas querer o quê? O melhor? Uma vez abandonado o dogmatismo, o melhor é apenas o que é desejado mais fortemente pelo maior número de pessoas. Submeter isso à política seria confundir o desejável e o possível, e expor-se a muitos dissabores. Principalmente, seria querer o que não existe nem pode, a curto ou médio prazo, existir. Seria então somente querer? Confundir o desejável e o possível não é confundir o desejo e a vontade? E, portanto, a política e o sonho? A ação e o fantasma? A realidade e a ilusão? Toda vontade é desejo, claro, mas nem todo desejo é vontade: a vontade é o desejo que age; a vontade é o desejo *em ato*! É por isso que podemos desejar várias coisas contraditórias (fumar e não fumar, diminuir os impostos e aumentar os gastos do Estado...) que não poderíamos fazer – nem, portanto, querer – simultaneamente. Se governar é optar, é que governar é querer. Em política, a ação é tudo[6]. E como agir no impossível ou no irreal? Querer o impossível não é querer ("eu gostaria, mas não posso", costumamos dizer... O condicional, isto é, aqui, o irreal do presente, indica suficientemente que essa vontade não é uma: "eu gostaria" quer dizer "eu desejo querer"; mas, justamente, não basta desejar...). Só se quer o que se faz (é por isso que devemos julgar os políticos por seus atos, não por seus discursos), só se faz o que se quer (ainda que se preferisse

---

6. A oposição entre ação e comunicação, entre saber fazer e fazer saber é artificial aqui, pois saber fazer, em política, é agir: a comunicação não é mais que uma ação entre outras (mas não, por certo, a mais importante).

fazer outra coisa, porque se gostaria que outra coisa fosse possível!). É aí que voltamos a encontrar a política do pior, no sentido em que emprego essa expressão. Saber o que queremos é menos saber qual seria a melhor sociedade possível (o que será sempre uma utopia) do que saber o que há de pior na sociedade real: saber o que queremos é, antes de mais nada, saber o que mais queremos, o que queremos combater, o que queremos mudar.

É o que justifica meu subtítulo: "o socialismo entre conservadorismo e utopia".

De fato, quando se renuncia à utopia, ao grande dia, ao futuro radioso, etc., pode-se acreditar que não há mais nada a fazer senão conservar o que existe (conservadorismo), isto é, gerir a sociedade existente. Essa tentação, bem forte quando a esquerda não-comunista está no poder, lhe seria talvez tão mortal quanto a utopia. Porque, se é para gerir, para que a esquerda? Claro que a gestão é necessária e que, inclusive, sempre supõe uma boa dose, se não de conservadorismo, pelo menos de conservação. A sobrevivência de uma sociedade tem esse preço, e toda mudança supõe algo que não muda. De resto, essa revalorização da conservação faz parte das redescobertas recentes, e justificadas, de certa esquerda: conservação da natureza (ecologia), conservação da cultura (educação), conservação do homem (contra as manipulações genéticas), conservação da memória (contra os negacionismos de todo tipo), conservação das instituições (respeito à democracia dita "formal", da legalidade republicana, etc.)... Tudo isso é muito bom, e põe a utopia de volta em seu devido lugar. Trata-se primeiro de conservar, e no fundo as sociedades são feitas para isso. Viver é sobreviver; ser é durar. Como mudar sem continuar? A conservação é o contrário da barbárie, e reciprocamente. Do passado, não façamos tábua rasa*.

Conservação: isso também é necessário; é necessário, inclusive, primeiro e principalmente. Mas se quiséssemos nos contentar com a gestão esqueceríamos que, para isso, não é necessária a política (se se tratasse simplesmente de administrar, bastariam os tecnocratas) nem, *a fortiori*, uma política de esquerda. Do mesmo modo que só se pode transformar conservando, só se pode conservar transformando. Como viu Hannah Arendt, "o mundo, tanto em suas linhas gerais como em seus mais ínfimos detalhes, seria inapelavelmente entregue à ação destruidora do tempo sem a intervenção de seres humanos decididos a modificar o curso das coisas e a criar o novo"[7]. Com o que os reacionários fazem o jogo dos bárbaros e vice-versa. Se é necessário conservar *e* transformar, toda a política atua entre esses dois pólos; é o que dá sentido à oposição entre os conservadores e os progressistas, oposição que não se deve nem absolutizar (os conservadores inteligentes sabem muito bem que só se pode conservar transformando, e os progressistas inteligentes, que só se pode transformar conservando) nem negar (já que a diferença de ênfase permanece: uns querem principalmente conservar, os outros principalmente transformar). Compreende-se que os que mais sofrem com a sociedade atual tenderão a ser progressistas, assim como os que mais benefícios nela encontram tenderão a ser conservadores. Se os empresários tendem a votar à direita e os trabalhadores à esquerda, ninguém vai me fazer crer que é por puro acaso, erro ou costume... Mas voltemos ao nosso tema.

---

* Alusão à letra da *Internacional*: "Du passé faisons table rase". A letra em português é: "Cortai o mal bem pelo fundo." (N. do T.)

7. *La crise de la culture*, trad. fr., Paris, "Idées"/Gallimard, 1972, p. 246.

UMA POLÍTICA DO PIOR?

A política do pior deve portanto não apenas conservar ou administrar mas também *transformar*: não se trata de realizar (utopia) ou de manter (conservadorismo) a melhor sociedade possível, mas de *transformar a sociedade real mediante a supressão ou a redução do pior*. Em suma, trata-se de conservar transformando, e isso não conseguem fazer suficientemente nem os utopistas (que necessariamente fracassam) nem os conservadores (por demais resignados ao pior para enfrentá-lo verdadeiramente). Há espaço aqui, parece-me, para o que poderíamos chamar de um progressismo reformador, cujo programa não me cabe, por certo, elaborar (os partidos existem para isso, pelo menos em princípio), mas sem o qual fica claro que a esquerda acabará perdendo tanto as eleições como a alma. A gestão é uma grande coisa, pelo menos uma grande necessidade (as grandes necessidades, no mais das vezes, são pequenas coisas, mas que nem por isso são menos necessárias...). A questão que se coloca, ou que se deve colocar, a nossos dirigentes é, no entanto, a seguinte: a gestão, muito bem; mas *e o que você faz com o pior*?

Resta saber o que é o pior numa sociedade dada. De novo, isso não pode ser decidido objetivamente. O pior é aquilo que se rejeita mais vigorosamente, e isso pode variar, como de fato varia, de acordo com os indivíduos, as classes sociais ou os partidos políticos. Para alguns, parece, o imposto sobre a fortuna é o pior; para outros, a miséria... Para uns, é a imigração; para outros, é o racismo... A diferença em relação ao melhor não está aí: não há nem pior absoluto nem melhor absoluto. É por isso que não há, nem pode haver, política objetiva. Governar é querer, militar é querer, e nem o real nem a verdade poderiam querer em nosso lugar. A diferença entre o melhor e o pior não está aí. A diferença é que o melhor não existe, nem pode, a curto ou médio prazo, existir: o melhor não é objeto de conhecimento mas de imaginação, não é objeto de vontade mas de esperança. O pior, ao contrário, existe (e como existe!). Ele não é objeto de sonho mas de conhecimento, não de esperança mas de vontade. Não se trata mais de um possível, que só se pode imaginar, mas de um real, sobre o qual se pode agir. Compreendo perfeitamente que agir supõe um projeto, o que, de novo, não se faz sem uma parte de imaginação. Claro. Aqui também é uma questão de ênfase, ou de proporção. "É preciso sonhar", dizia Lênin. Sem dúvida, mas sem exagero. E sem esquecer que melhor é saber, melhor é querer, melhor é agir. Política do pior: política do saber, da vontade e da ação! É o contrário da utopia, dizia eu, e vemos agora por quê: a utopia é uma política da imaginação, do desejo e da esperança. Pelo menos no seu início. Depois do que ela fracassa ou, querendo se realizar, se submete por sua vez às exigências da política. E o sonho torna-se então pesadelo. É preciso sonhar, tudo bem; mas não tomar o sonho por um conhecimento nem, principalmente, por um programa. A política do pior supõe que não confundamos nossos sonhos com a realidade, em outras palavras, que acordemos...

Mas e concretamente? Como é essa política do pior? Vamos evitar novamente excessos de imaginação. Vejamos antes o que, na política do real, já é dessa ordem. Cada um poderá encontrar seus exemplos, que são legião. Vou citar apenas dois, tomados da política francesa e vindos – porque o pior não pertence a ninguém – de governos diferentes.

Primeiro exemplo, a lei Veil. Independentemente do que se pense do aborto, de um ponto de vista moral, essa lei é hoje objeto de um quase consenso na França (à parte a extrema direita). Antes assim: sobre esse assunto, ninguém pode decidir no lugar das mulheres ou dos casais envolvidos. Mas que relação tem isso com a política do pior? Primeiro, a de que uma lei como essa é o contrário de uma utopia. Todo aborto é um fracasso; todo aborto é uma desgraça. Na melhor das sociedades possíveis, o aborto não existiria: o amor e a contracepção bastariam. Muito bem, mas deveríamos então esperar? A questão não era saber como uma sociedade ideal lidaria com o aborto (já que, numa sociedade ideal, a questão nem se colocaria), mas o que se considerava pior: abortos clandestinos, com o risco que se sabe, ou abortos descriminalizados praticados no ambiente hospitalar? Em vez de esperar ou prometer o melhor possível (o desaparecimento do aborto!), suprimiu-se a pior realidade (o aborto clandestino!). Isso é o que se chama mudar, e é para isso que serve a política.

Outro exemplo, a Renda Mínima de Inclusão. De novo, é o contrário de uma utopia: numa sociedade ideal, não haveria nem miseráveis nem excluídos, logo ninguém a incluir. Seja. Mas vamos esperar? Podemos? Devemos? Em vez de sonhar ou anunciar uma sociedade em que a miséria teria desaparecido (o futuro radioso, a justiça, a prosperidade...), os deputados preferiram enfrentá-la como tal e considerar que ela fazia parte, em nossa sociedade, do que havia de pior. Política, não do melhor possível, mas do pior real. Não digo que isso resolva tudo, nem que não se podia fazer melhor. Digo que uma lei como a lei Veil mudou efetivamente alguma coisa, no sentido correto, e que ela é, nisso, um exemplo da utilidade da política. A política não serve para administrar (muito embora não haja política sem gestão), mas para mudar (ou, conforme o caso, para combater a mudança), e isso é uma coisa que um administrador nunca poderá fazer.

Não confundir portanto, digamos para terminar, uma política do pior com uma política do mal menor, se se entender por isso uma política que se contentaria com não agravar a situação (quando se trata evidentemente de melhorá-la) ou com não fazer o pior (quando se trata não apenas de não fazê-lo mas de enfrentá-lo). Uma política do mal menor seria o menos possível de política (uma política da menor política!) e o triunfo, novamente, da pura gestão. Uma política do pior, ao contrário, é necessariamente uma política da transformação (trata-se de não mais suportar o pior), o que supõe um "*plus*" de política: é sempre necessário mais vontade e combates para transformar do que para administrar. Mas esse "*plus*" é a própria política, ou pelo menos o que lhe dá sua urgência e sua dignidade.

Em nome do quê? É aqui que voltamos a encontrar a moral, que é evidentemente do domínio de cada um. Se não fosse a moral por que faríamos política? Mas este é outro problema, e tenho de concluir.

Se, como parece indicar o título deste colóquio, o socialismo pode optar entre utopias e realidades, parece-me que hoje ele só pode escolher a realidade – a não ser que se condene ao fracasso. A utopia fez bastante mal ao socialismo para que ele aprenda a prescindir dela. Mas uma política da realidade não é necessariamente, foi o que eu quis salientar, uma política conservadora: pode ser também uma política de *transformação* da realidade. Se fosse preciso resumir tudo isso numa frase, eu diria que se trata de renunciar à utopia sem renunciar ao combate, de desesperar do melhor sem se resignar ao pior. Ou, com Aragon: "que é preciso saber encarar a desgraça"[8]. Como, senão, vocês querem combatê-la?

Coragem, companheiros: a vontade vale mais que a esperança, a ação vale mais que a utopia!

---

8. *Op. cit.*, p. 543.

7

Poder e saber

(*A propósito dos médicos, da tirania e do ridículo*)*

Os prazeres inteligentes são raros demais para que eu me negue este: comecemos com um pensamento de Pascal, bem obscuro e bem luminoso, como ele gosta.

Nos *Pensamentos* – é o fragmento 87 da edição Lafuma e um dos raros que se refere aos médicos –, Pascal escreve o seguinte: "O chanceler é grave e coberto de atavios. Porque seu cargo é falso. Mas não o rei: ele tem a força, não tem por que se importar com a imaginação. Os juízes, médicos, etc., só têm a imaginação."[1]

O fragmento pára aí. Pascal não gosta muito de explicar. Basta-lhe compreender. Tentemos, por nossa vez.

O chanceler é grave e coberto de atavios: são os atributos imaginários do poder, seus simulacros, tanto mais necessários aqui por faltar o poder real (a força). O chanceler finge ter poder. O rei, ao contrário, porque tem o poder efetivo, pode prescindir dos signos ou das máscaras deste: so-

---

* Conferência pronunciada (para uma platéia de médicos) no âmbito do colóquio *Médecine et humanisme*, organizado por iniciativa da Association Économie et Santé, em Paris, nos dias 27-29 de março de 1991.

1. *Pensées*, 87-307. Cito Pascal a partir da edição Lafuma das *Oeuvres complètes*, Seuil, 1963 (no caso de *Pensées*, o segundo número é da edição Brunschvicg), cuja pontuação às vezes modifico.

mente os fracos fingem ser fortes; somente os fortes não têm por que parecer fortes.

Por conseguinte, se os médicos, na época de Pascal, "só têm a imaginação", podemos concluir que deviam se parecer mais com o chanceler do que com o rei, em outras palavras, que eles também deviam fingir. Fingir terem poder? Ou fingir saberem – do que tiravam o pouco poder de que eram capazes. Vocês sabem que era de fato assim: é como os médicos de Molière, doutos de grande aparato e de pouca ciência!

Pascal não se deixa iludir: "se os médicos não tivessem sotainas e mulas", escreve ele em outro fragmento, "e, se os doutores não tivessem barretes e togas bem amplas de quatro abas, nunca teriam enganado as pessoas, que não podem resistir a essa ostentação tão autêntica. [...] Se os médicos tivessem a verdadeira arte de curar, não teriam por que se importar com barretes. A majestade dessas ciências seria assaz venerável por si mesma, mas como só têm ciências imaginárias eles têm de usar esses vãos instrumentos que impressionam a imaginação com que se avêm e com isso, de fato, atraem o respeito."[2] Resumindo, os médicos são graves e cobertos de atavios...

Olho para vocês. Sei que há dentro vocês uma maioria de médicos... Vejo a gravidade, há que dizer que o tema se presta a ela. Mas onde estão os seus barretes? onde estão as suas togas? onde estão os seus atavios?

A verdade é que os *atavios* faz tempo cederam lugar aos *instrumentos*. Um estetoscópio não é um penduricalho (vejo na sala alguns presentes com ar cético... digamos então que um estetoscópio não é *apenas* um penduricalho).

---

2. *Pensamentos*, 44-82.

PODER E SABER

Um tomógrafo não serve (ou não serve primeira e principalmente...) para impressionar a imaginação. Aqui não é mais necessário fingir. Não é mais necessário usar os atributos ornamentais de um poder imaginário. Alguma coisa deve ter mudado desde Pascal e Molière. O poder de vocês sem dúvida não é mais falso, pois parece que, como o rei de Pascal, vocês não têm por que se importar com a imaginação. Porque vocês têm a força? Não, justamente, e é isso que nos leva ao essencial. Se vocês não necessitam mais dos atavios de um poder imaginário, não é que vocês têm o poder real, o da força, como diz Pascal, é que vocês têm o poder do saber: a medicina, e desde há bem pouco tempo, como vocês sabem, tornou-se científica. Mas o saber é um poder? E, se for, que relações ele mantém com os demais poderes? Eis, no fundo, o problema sobre o qual eu gostaria de refletir brevemente diante de vocês, com vocês.

Mas, primeiro: o que é o poder? A palavra é um verbo antes de ser um substantivo, e é daí que devemos partir. O poder se conjuga, ele supõe um sujeito, um tempo, em suma, ele é do âmbito da ação: poder é poder fazer. É esse também o primeiro sentido da palavra, como substantivo: o poder é uma ação possível. Assim, tenho o poder de caminhar (embora não esteja caminhando agora), de falar (que é de fato o que estou fazendo)... Notemos logo que muitos poderes humanos supõem na verdade saberes correspondentes a eles: poder falar e saber falar vão de par, pelo menos o saber é aqui uma das condições do poder, e vocês percebem que é o mesmo caso do poder que têm os médicos de curar. O poder é uma ação possível; mas muitas ações só são possíveis para quem dispõe de um saber específico. Poder é poder fazer; mas é preciso saber fazer.

É esse o primeiro sentido da palavra "poder": a ação possível. É o que chamarei de *poder de*: poder de andar, poder de falar, poder de curar...

Mas há outro poder: não mais o *poder de*, mas o *poder sobre*. Não mais poder fazer, mas poder mandar. Não mais a ação possível, mas a ordem possível, a imposição possível, o controle possível, a sanção possível... Esse segundo sentido depende na verdade do primeiro, de que só se distingue pelo campo de aplicação: a partir do momento em que a ação possível é ação possível (e reconhecida como tal por ambas as partes) *sobre alguém*, passa-se do *poder de* ao *poder sobre* – e a ação possível é então imediatamente ação real. Poder punir ou recompensar, poder autorizar ou proibir, essa simples possibilidade (como poder de) é imediatamente realidade (como poder sobre). É o segredo do poder: ele se exerce mesmo quando não age; ele governa mesmo quando não ordena. O poder às vezes se cala; mas, durante os silêncios, o poder continua. A simples possibilidade de agir (quando é agir sobre alguém) já é uma ação. Poder mandar já é mandar de fato.

Dois sentidos portanto: *poder de* e *poder sobre*. A ação possível, e a dominação real.

Pode-se, para distingui-los, chamar o primeiro de *potência* (*potentia* em latim) e reservar para o segundo, num sentido estrito, a palavra *poder* (*potestas*). Mas contanto que não se esqueça que a potência é primeira: a *potestas* é uma *potentia* particular; o poder é a potência de um homem ou de um grupo sobre outros homens ou outros grupos. "No início era a ação", dizia Goethe numa frase que Freud gostava de citar. Poderíamos dizer também, e é a mesma idéia: no início era a potência.

Chamaremos portanto de *poder*, nesse sentido restrito, a potência humana a que nos submetemos ou, mais raramente, que exercemos. A potência nós compartilhamos com a natureza. Poder, só há humano. É por isso que, cá entre nós, o poder é tão irritante, quando é o dos outros (não temos tanta raiva da potência do Sol ou do raio), e tão delicioso, quando é o nosso...

Hobbes, que era entendido em matéria de humanidade, bem viu que havia aí um dado de base para qualquer antropologia. Foi a primeira frase que me veio à cabeça, quando me pediram que fizesse essa palestra sobre o poder e bem antes de pensar no fragmento de Pascal pelo qual comecei. Ei-la: "Ponho em primeiro lugar, a título de inclinação geral de toda a humanidade, um desejo perpétuo e sem trégua de adquirir cada vez mais poder, desejo que só cessa com a morte."[3] Poder de? poder sobre? Um e outro. "O poder de um homem", escreve Hobbes, "consiste em seus meios presentes de obter algum bem aparente futuro."[4] A definição, que é forte, diz mais respeito ao *poder de*. É que ela emprega a palavra, como diz Hobbes, "em seu sentido universal"[5]. Mas Hobbes vê muito bem que a busca do *poder sobre* decorre quase imediatamente daí: "O meio para um competidor alcançar o que deseja é matar, sujeitar, eliminar ou rechaçar o outro."[6]

Alguns considerarão isso sombrio demais. De minha parte, ao contrário, acho a idéia tranqüilizadora e capaz de nos tornar mais serenos em nossos conflitos: tudo isso é normal, tudo isso é humano, tudo isso é *de boa guerra*, como se diz, e a paz só pode ser mais ou menos estabelecida se se reconhecer primeiro a onipresença da guerra (inverteria

---

3. *Léviathan*, cap. 11, p. 96 da trad. fr. Tricaud, Paris, Sirey, 1971.
4. *Léviathan*, cap. 10, p. 81.
5. *Ibid.*
6. *Op. cit.*, cap. 11, p. 96.

de bom grado a célebre fórmula de Clausewitz: a política continua a guerra por outros meios, tanto quanto a guerra é a continuação da política) ou, pelo menos, do conflito. A guerra existe primeiro; a paz, há que fazê-la. É isso a política mesma. É o poder mesmo. Que povo poderia prescindir dele? Que instituição? Pois, se o desejo de poder "só cessa com a morte", como diz Hobbes, isso sugere que a luta pelo poder (ou contra o poder, mas lutar contra o poder dos outros é um pouco sempre lutar pelo seu) é um sinal de vitalidade – e não duvido que nossos hospitais, pelo menos desse ponto de vista, sejam o lugar de uma vida intensa... E poderia ser de outro modo? Em medicina, é o que faz o atrativo e o peso da profissão de vocês, o *poder de* (curar) é sempre, também, um *poder sobre* (o paciente, este ou aquele subordinado...). Isso dá, sem dúvida, ao poder médico uma parte da sua força e da sua ambigüidade, e nos leva de volta às relações entre poder e saber.

Volto a Pascal. Às *Provinciais*, desta vez, à sublime conclusão da carta 12. Aí não se trata do poder e do saber, mas da violência e da verdade. Os temas no entanto são próximos. Um saber só é saber pela verdade que ele comporta; e que poder, se se opõe ao saber, não é vivido como violência? Mas leiamos o texto:

> É uma estranha e longa guerra aquela em que a violência tenta oprimir a verdade. Todos os esforços da violência não podem debilitar a verdade e só servem para elevá-la ainda mais. Todas as luzes da verdade nada podem para deter a violência e não fazem mais que exacerbá-la ainda mais. Quando a força combate a força, a mais poderosa destrói a menos poderosa; quando se opõem discursos a discursos, os que são verdadeiros e convincentes fulminam e dissipam

os que não têm mais que vanidade e mentira: mas a violência e a verdade nada podem uma contra a outra.

Desse belo texto, tão grave também e, no entanto, tão desprovido de atavios (o gênio, tanto quanto o rei, não necessita deles), retemos sobretudo que a violência não tem poder sobre a verdade. De fato, podem me forçar a dizer que a Terra é plana ou imóvel; mas isso não muda em nada a verdade das proposições inversas. *Eppur', si muove...* A verdade – toda verdade – é eterna e por isso invencível. Isso não significa porém que ela seja onipotente. Porque Pascal também diz, o que é percebido com menos freqüência, que a verdade não tem poder sobre a violência. Como parece ingênua junto desta, e falsa, a fórmula de Lênin que pretendia que "a doutrina de Marx é onipotente porque é verdadeira"! Era enganar-se sobre a verdade, e sobre a potência. Tentem opor uma demonstração a um tanque... A verdade e a força são independentes uma da outra, e eu diria o mesmo do saber e do poder: o saber não pode nada contra o poder, nem o poder contra o saber. O que pode uma demonstração contra um exército? O que pode um exército contra uma demonstração? Vocês me dirão que a demonstração pode resultar numa bomba, como em Hiroshima. Sem dúvida. Mas não é a demonstração que mata, nem a morte que demonstra. O saber às vezes é uma arma nas mãos do poder, mas sem se confundir com ele. Os físicos sabem muito bem disso, assim como os militares ou os políticos. Quem aperta o botão não precisa saber como a coisa funciona; e quem o sabe não precisa, para sabê-lo, dispor do botão... É o que Pascal chama de distinção das ordens: quem não a respeita é ridículo, explica ele, ou tirânico.

Ridículo, compreende-se: toda confusão se presta ao riso. Por exemplo: "O coração tem sua ordem, o espírito tem a sua, que é por princípio e demonstração... Ninguém prova que deve ser amado expondo ordenadamente as causas do amor; isso seria ridículo."[7] Seria de fato confundir a ordem do coração com a do espírito ou da razão. Tentem, senhores, demonstrar racionalmente a uma mulher que ela deve amá-los. Vocês verão que a risada dela dará razão a Pascal, aliás ela é até capaz de citá-lo: "O coração tem suas razões, que a razão não conhece..."[8] Mas o ridículo vai mais longe: "É ridículo se escandalizar com a baixeza de Jesus Cristo, como se essa baixeza fosse da mesma ordem da grandeza que ele vinha de fazer ver."[9] É de fato confundir a ordem da carne (em que dominam os Grandes deste mundo) com a ordem da caridade (em que a grandeza deles não é nada). Em suma, pretender demonstrar que alguém deve ser amado, confundir a grandeza natural ou social com a grandeza sobrenatural é ser ridículo, para Pascal, e todos no fundo concordariam com ele.

Mas por que tirânico? E antes de mais nada: o que é um tirano? Eis uma pergunta que se coloca onde quer que exista poder, isto é, em toda parte, tanto nas famílias como nas escolas, tanto nos Estados como nas empresas e, imagino, tanto nos hospitais como nas universidades... Alguns dirão: "é tirânico todo poder autoritário". Mas não creio que se possa aceitar isso: se assim fosse, os oficiais militares seriam todos tiranos, e inclusive, no limite, não haveria poder que não fosse tirânico. Que poder não tem autoridade?

---

7. *Pensamentos*, 298-283. Ver também, em outro registro, o frag. 110-282: "É tão inútil e tão ridículo a razão pedir ao coração provas dos seus primeiros princípios para consenti-los, quanto seria ridículo que o coração pedisse à razão um sentimento de todas as proposições que ela demonstra para aceitar recebê-las."

8. *Pensamentos*, 423-277.

9. *Pensamentos*, 308-793.

Não se pode discutir sempre, negociar sempre, chegar sempre a um acordo... Desconfio dessa ideologia na moda, que só quer consenso e acordo em toda parte. No mais das vezes, isso não passa de tapa-sexo para um poder que não ousa se mostrar ou se assumir. A autoridade é uma virtude, ou pode sê-lo, e já vi mais que o bastante, nas universidades, a que levam suas carências para subestimar sua importância. É evidente que outros pequem por autoritarismo. Mas não poderia ser o que define a tirania: um tirano pode ser conciliador, demagogo ou hábil, e um personagem autoritário ou imperioso pode se abster de toda tirania. E então?

Então encontramos em Pascal uma definição, de que eu gostaria de partir: "A tirania consiste no desejo de dominação, universal e fora da sua ordem."[10] O tirano não é aquele que quer mandar, mas aquele que quer mandar em toda parte, em todas as ordens, o que supõe que ele as confunde: a tirania é o ridículo no poder. Pascal, logo depois dessa definição, acrescenta: "Diversas câmaras de fortes, de belos, de bons espíritos, de pios, cada um dos quais reina em casa, e não alhures. Às vezes eles se encontram e o forte e o belo se batem tolamente para saber quem será o senhor do outro; porque sua senhoria é de gênero diverso. Eles não se entendem. E seu erro é querer reinar em toda parte. Nada pode, nem mesmo a força: ela não faz nada no reino dos sábios, ela só é senhora das ações exteriores. Assim, esses discursos são falsos..." A frase se interrompe aqui, mas Pascal a retoma um pouco adiante: "Assim, esses discursos são falsos e tirânicos: sou belo, logo devem me temer, sou forte, logo devem me amar, sou..."

---

10. *Pensamentos*, 58-332.

De novo, Pascal deixa a frase inacabada; eu a termino para ele: "sou sábio, logo devem me obedecer, sou poderoso, logo devem crer em mim...". De fato, pode haver coisa mais ridícula? E mais tirânica? Só o chefe de Estado que pretendesse dominar a física nuclear, por dispor do botão. Ou o físico nuclear que quisesse dispor do botão, por conhecer os princípios do seu funcionamento... O ridículo tem sempre uma dupla entrada. O rei que quer ser amado (todos eles querem) sai da sua ordem, tanto quanto a estrela de cinema que gostaria que lhe obedecessem porque todos a acham linda ou desejável. E também, cumpre chamar a atenção de vocês para isso, o cientista que gostaria de usar como argumento a sua competência para reinar ou seduzir. O ridículo é a coisa mais bem distribuída do mundo. Contra o que é importante distinguir as ordens: a ordem do poder, a ordem do saber, a ordem do amor... Há tirania ou ridículo a partir do momento em que alguém as confunde. A força não é uma prova. A beleza não é um argumento. A verdade não é uma sagração. Todo chefe que cobra amor ou crença é ridículo, e é por isso que todo chefe, se deixa o poder subir-lhe à cabeça, ou se deixam que lhe suba, tende irresistivelmente à tirania... Logo pensamos em Stálin, no que se chamou de culto à personalidade. Mas quem não vê que é a tentação de todo poder? Que chefe não quer ser amado? Que chefe não quer ser acreditado? E inclusive, aliás, que amante não quer mandar ou convencer? É ridículo sempre, com o que a tirania, se não se tomar cuidado, corrói pouco a pouco o conjunto das relações humanas. Vejam esses casais em que o amor se torna um argumento ou uma relação de forças! Vejam esses políticos que parecem especialistas ou estrelas de *music-hall*! Vejam esses cientistas que posam de estrelas ou de políticos! Confusão das ordens: ridículo. "Serás amado", dizia Pascal em seu *Diário*, "o dia em que poderás mostrar tua fraqueza, sem que o outro dela se sirva para afirmar sua força." Era sonhar com um amor não tirânico. E quem não sonharia com um poder que renunciasse a seduzir ou a impor a sua verdade? Com um poder que comandasse tranqüilamente, lucidamente, sem pedir nem respeito nem fé, sem nada pedir – entre uma eleição e outra –, além de uma tranqüila e lúcida e crítica obediência? Isso nunca é totalmente possível, e numa democracia talvez ainda menos que em outro regime. Como se fazer eleger sem se fazer acreditar? Como se fazer eleger sem se fazer amar? Em outras palavras, há algo mais ridículo que uma campanha eleitoral? Sim, mas nunca se descobriu nada melhor, e é uma tirania de que pelo menos podemos debochar e cujo tirano podemos mudar de quando em quando, o que não é pequena vantagem... Mesmo assim há que ser vigilantes. Uma tirania democrática não é impossível, o que digo, é sempre o mais provável: ela nada mais é que uma democracia que abandonamos aos seus ridículos próprios...

A tirania, dizia eu, é o ridículo no poder: é o mesmo que dizer que é a confusão das ordens erigida em princípio de governo. Daí uma segunda definição, que prolonga a primeira: "A tirania é querer obter por um caminho o que só se pode obter por outro."[11] É querer obter o amor ou a adesão pela força, ou, também, pretender merecer o poder à força de amor ou de verdade. Pascal acrescenta: "Prestamos diferentes tributos aos diferentes méritos, tributo de amor à graça, tributo de temor à força, tributo de crédito à

---

11. *Pensamentos*, 58-332. Ver também meu prefácio para *Pensées sur la politique* de Pascal, Paris, Rivages Poche, 1992.

ciência. Devemos prestar esses tributos, seria injusto recusá-los e injusto exigir outros."[12] Em suma, devemos confiar nos cientistas (no campo que é o deles!), obedecer aos poderes, estimar as pessoas de bem e amar as pessoas agradáveis ou simpáticas... Mas os que têm o poder não devem cobrar nem crédito, como diz Pascal, nem amor – e não há outra estima salvo aquela que sua honestidade lhes faz merecer. E os cientistas, como tais (porque, claro, nada os impede de ser, *além disso*, homens de poder ou de sedução), não devem cobrar nem amor nem poder – e não há outra estima salvo aquela que sua honestidade lhes faz merecer. Quanto às pessoas de bem, não devem esperar da sua honestidade nem poder, nem saber, nem amor... Rude lição, sempre necessária. O que pode haver de mais ridículo do que arvorar sua virtude ou sua competência à guisa de programa eleitoral? O que pode haver de mais tirânico do que confundir moral e política (ridículo de McCarthy ou de Khomeini: tirania da ordem moral), a não ser confundir ciência e política (ridículo de Lyssenko e de Stálin: tirania da "ciência proletária" e da "política científica"), amor e política (ridículo da política-espetáculo: tirania da imagem e da sedução)? Eu não acabaria mais, se quisesse enumerar todos. Vejamos nossos políticos: um luta pelos valores, outro pela verdade, o terceiro, até isso já vimos, pelo amor... Ridículo: tirania. Por que não reconhecem logo que lutam pelo poder, o que não passa pela cabeça de ninguém recriminar-lhes, se é a profissão deles e a própria política? Objetarão que o poder é um meio, não um fim. Pode ser, mas a política só tem a ver, justamente, com os meios. Ser pela felicidade ou pela justiça não é uma posição política (quem

---

12. *Ibid.*

é contra? e o que seria uma política sem adversários?). A política não é a arte dos fins, mas dos meios: ela começa onde eles divergem. E, na política, todos os caminhos levam ao poder, ou não levam a nada.

Mas voltemos ao poder médico. Ele vem do saber? Já não tenho tanta certeza disso! Ou antes, isso só me parece verdade no caso do *poder de* (o poder de curar supõe, é claro, uma competência específica), mas não do *poder sobre*. Ora, é a propósito deste último, principalmente, que se fala de um poder médico: vi alguns médicos negarem a realidade desse poder, mas as enfermeiras e os doentes nunca. Quem pode crer que esse poder se baseia apenas no saber? Que o saber é uma condição necessária dele, não há dúvida (mas isso é mais ou menos verdade para todo poder); permitam-me duvidar que seja uma condição suficiente dele. Vocês, aliás, estão bem situados para saber que, entre vocês, os que mais têm saber podem não ter poder nenhum, ou muito pouco (assim como um pesquisador em seu laboratório ou um residente talentosíssimo...); e que os mais poderosos (este ou aquele chefe de serviço ou diretor) podem ter muito menos saber do que muitos dos seus subordinados... O mesmo se dá nas universidades, e, longe de me parecer uma vergonha, isso até me tranquiliza: há, por conseguinte, menos risco de tiranias!

Imaginem só que o chefe de Estado, além do grande poder que já tem, fosse também prêmio Nobel de física, de química, de medicina, de economia..., que fosse ainda por cima de uma beleza e de uma virtude sem igual: como poderíamos evitar acreditar nele e amá-lo sempre? E como escapar então da tirania? Se os mais poderosos tivessem mais saber, e vice-versa, haveria um grande risco de acabarmos confundindo o poder com uma prova, ou uma demonstração com uma ordem, e seria o fim da democracia (que quer que o poder pertença, não aos que têm razão, mas aos mais numerosos) e da liberdade de espírito (que quer que a razão não pertença a ninguém, nem mesmo aos que têm o poder ou o número). Não se vota uma verdade. Vale dizer que o conhecimento não poderia tomar o lugar da democracia (ao contrário do que gostariam certos tecnocratas), assim como a democracia não poderia tomar o lugar do conhecimento (ao contrário do que gostariam certos demagogos ou sofistas). Disjunção das ordens: seria tão ridículo *votar um teorema*, em matemática, quanto seria em política, não arrazoar (porque a razão também tem sua palavra a dizer: os especialistas não foram feitos para os cães), mas querer *demonstrar uma decisão*. "Não há outra política possível", costumam dizer nossos dirigentes. Se fosse verdade, não haveria mais política.

Em toda coletividade, é preciso haver chefes e responsáveis. Os mais competentes? Não necessariamente, ou de uma competência bem particular: o melhor chefe não é quem sabe mais, e sim quem é mais apto a chefiar. Um grande maestro pode muito bem não saber tocar violino e até conhecer música menos bem do que um musicólogo, que seria incapaz de reger uma orquestra... Digo isso para o melhor maestro, o que é meio abstrato. O verdadeiro maestro não é necessariamente o que seria o melhor. Quem então? Vocês sabem: é aquele que está no pódio, que empunha a batuta ou que rege com a mão, aquele a quem os músicos obedecem, em suma, aquele que é de fato o maestro!

O poder não vem do saber: a verdade não tem poder (lembrem-se do texto das *Provinciais*), e o saber não poderia portanto dar um poder que ele não tem. O saber, e este ou aquele saber, pode ser uma condição necessária do poder (nem todo o mundo é capaz de ser maestro); mas não poderia ser sua condição suficiente (nem todos os que seriam capazes de ser maestros o são) nem, inclusive, decisiva. Há maestros ruins, todos os músicos lhes dirão, que nem por isso deixam de ser titulares da orquestra. E muitos outros, talvez, que seriam excelentes, mas a quem falta o poder... O saber se impõe a todos, claro, mas não impõe nada: nem a competência dá o poder, nem o poder dá a competência, infelizmente. Alguns quiseram tirar disso um argumento contra a democracia: o poder da maioria seria o poder dos ignorantes ou, como diz Pascal, "dos menos hábeis"[13]. Sem dúvida, mas seria ridículo ou tirânico contestar por isso sua legitimidade. Uma verdade não manda; uma ordem não é nem verdadeira nem falsa. Os professores sabem muito bem disso, pois eles também devem se fazer obedecer. A verdade não adianta nada para isso, como prova a bagunça na sala de aula, mas nem por isso deixa de ser verdadeira, como prova a demonstração. Vocês vão me perguntar: mas o que pode uma demonstração contra a bagunça na sala de aula? Vou lhes dizer: exatamente a mesma coisa que a bagunça na sala de aula contra uma demonstração – nada. "A violência e a verdade nada podem uma contra a outra..." É por isso que, diga-se de passagem, os professores devem ter o poder na sala de aula, o que supõe que ele lhes seja garantido ou que lhes sejam dados os meios de impô-lo: porque seu saber não poderia servir de poder, nem lhes dar poder. Dirão que um professor também pode seduzir, fazer-se amar... Sim, mas, se isso se torna o essencial, ei-lo ridículo e tirânico. Os que são profes-

---

13. *Pensamentos*, 85-878.

sores sabem do que estou falando. O saber deve reinar nas classes, mas não o amor, e isso supõe um poder que o saber não pode, de per si, proporcionar ou garantir. Mesma coisa numa República: nela é o povo que deve reinar, não o amor nem o saber, não os demagogos, logo nem os tecnocratas. Nenhum conhecimento, nenhuma popularidade poderia legitimamente servir de soberania. Pelo menos é esse o espírito da República: o sufrágio universal não mede nem um saber nem um amor (não é uma pesquisa de opinião), mas uma vontade. É o que distingue a política da sociologia, e a democracia de uma tirania dos detentores do conhecimento ou dos demagogos.

Mas, então, se o poder não vem do saber, de onde vem? Não respondam depressa demais: "do povo", porque isso só é verdade numa democracia, e nem todo poder se reduz a uma. Os maestros, salvo exceções, não são eleitos. Tampouco – ainda bem – os professores (em todo caso, não por seus alunos!), os diretores de hospital ou os chefes de clínica... Se bem que estes, no serviço público, podem ser nomeados por outros que, sendo submetidos ao poder político, provêm, mesmo que indiretamente, da soberania popular. Mas e o chefe de empresa? E o chefe de família? E o chefe de quadrilha? E mesmo numa democracia: de onde vem o poder do povo? Tomando-a na sua generalidade, a questão não depende do tipo de regime – já que todo regime a supõe. Mas então de novo: de onde vem o poder? A resposta é de uma simplicidade cruel: *do poder*! Temos uma circularidade aqui: a circularidade do poder, a circularidade da política. Tem-se o poder porque se tem o poder, e isso qualquer que seja o tipo de regime. Nem mesmo o povo tem o poder, numa democracia, se não o tomar e for capaz de defendê-lo: vide a nossa Revolução, vide a nossa República... O povo só tem o poder se... tiver

PODER E SABER

o poder. Se ele o tiver, e na medida em que o tiver. Mesma coisa para o rei: ele só é rei porque tem o poder de reinar, e somente enquanto mantiver esse poder. Foi o que viram Maquiavel, Hobbes, Espinosa ou, de novo, Pascal. O poder não tem outra justificativa além de si mesmo, e é por isso que todo poder nunca é mais que o resultado de uma relação de forças: só há poder de fato. Não posso acompanhar aqui Maquiavel ou Espinosa, que nos levariam longe demais. Pascal basta, em seu pico ou em seu abismo. A força e o direito têm de ir juntos, dizia ele, mas como? "Se fosse possível, ter-se-ia posto a força nas mãos da justiça; mas como a força não se deixa manejar como se quer, por ser uma qualidade palpável, ao passo que a justiça é uma qualidade espiritual de que se dispõe como se quer, pôs-se a justiça nas mãos da força, e assim chama-se de justo o que é forçoso respeitar."[14] Daí o que se chamou de "sublime cinismo cristão" de Pascal[15]. Ele não tinha ilusões sobre o poder, nem sobre a possibilidade de prescindir dele. Ele sabe que a força e a justiça devem andar juntas e que isso só é possível por meio da força: "E assim, não se podendo fazer que o que é justo fosse forte, fez-se que o que é forte fosse justo."[16] Lênin, comparado com Pascal, é um anjo de candura.

Mas, se o poder vem do poder (circularidade do político), qual o poder primeiro e último? Pascal responde: a força[17], e nunca vi o real desmenti-lo. Simplesmente, num Estado de direito, essa força se submete àquilo que ela fun-

---

14. *Ibid.*
15. Jacques Maritain, "La politique de Pascal", *Revue Universelle*, tomo XIV, n.º 9, 1923, republicado em A. Lanavère, *Pascal*, Paris, Firmin-Didot e Marcel Didier, 1969, p. 114.
16. *Pensamentos*, 103-298.
17. Ver p. ex. em *Pensamentos*, os frags. 711-301, 554-303, 665-311, 81-299, 85-878, 88-302, 89-315...

da ou garante, e chamamos de soberano não aquele que é fisicamente mais forte, mas aquele que pode dirigir a força (o Estado tem assim, como dirá Max Weber, o monopólio da violência legítima) ou a quem a força obedece. É aí que voltamos a encontrar o povo, que só é soberano na medida em que tem o poder, claro, mas que, numa democracia (e mesmo que pela mediação dos seus representantes), de fato o tem: que o povo seja soberano, e somente ele, creio que vocês estão todos dispostos a conceder. Só que é preciso tirar as conseqüências disso. Por exemplo, esta: nos hospitais como nas universidades, não é o saber que dá o poder, em última instância, é (direta ou indiretamente, inclusive se ele o dá, o que é evidentemente desejável) o povo, em sua unidade indivisível – o povo soberano, portanto, e não os estudantes, os colegas ou os subordinados! Ora, essa soberania do povo é tão fácil de aceitar em geral, no abstrato, quanto difícil de suportar concretamente ou no detalhe. Vejam os médicos, quando não concordam com seu ministro ou com os deputados. "Com que direito esses políticos, que não sabem nada de medicina, vão nos dizer o que devemos fazer?" Com que direito? Ora, com o direito da democracia, simplesmente! Com o direito do direito, portanto, e é ótimo que seja assim. Não acreditem que eu tenha algo em particular contra os médicos. Os professores são iguais, como pude constatar com freqüência no caso de muitos dos meus colegas: "Com que direito o Estado decidiria sobre o espaço da filosofia nos colégios?" Ou no caso dos empresários: "Com que direito o Estado vem nos impor esses encargos, esses controles, essas obrigações?..." E cada um protesta que sabe mais, sobre essas questões, do que os que pretendem comandá-los. Sem dúvida, mas não se trata de saber: trata-se de poder. O tirano nem sempre é aquele que pensamos que é. Os hospitais fazem parte da República; as universidades fazem parte da República: portanto é o Estado, nem sempre que comanda, mas que dá, ou limita, ou controla os poderes. Vão me dizer que o Estado não é o povo... Seja, mas enfim, numa democracia, ele é o que o representa menos mal, e não vejo pelo que poderíamos substituí-lo. Sob muitos aspectos, a autogestão é o contrário da democracia, ou pode se tornar: trata-se de saber se o povo é que é soberano, ou se os sindicatos, as comissões, as coordenações é que o são... Mesmo que o povo reserve ou delegue este ou aquele poder aos que possuem este ou aquele saber (o que, repitamos, é evidentemente desejável), o saber em questão nunca é nada mais que a ocasião ou a condição do poder, não seu princípio, seu fundamento ou sua origem. Democracia: é soberano o povo (a quem inclusive os governantes estão submetidos), e somente ele.

Não sejamos ingênuos, entretanto: isso só dura se os democratas são os mais fortes. Assim, é ainda Pascal que tem razão: "a força regula tudo"[18], tanto na democracia como fora dela. É por isso que "a pluralidade [digamos: a lei do número] é o melhor caminho", como ele também dizia: "porque ela é visível e tem força para se fazer obedecer", e isso, mais uma vez, embora seja "a opinião dos menos hábeis"[19]. Pascal democrata? Não é esse o seu problema. Pascal lúcido, simplesmente: não há monarquia sem o acordo pelo menos passivo do povo, não há ditadura sem servidão voluntária (como dizia La Boétie), e não há democracia, de fato, sem a força do número. É por isso que

---

18. *Pensamentos*, 767-306.
19. *Pensamentos*, 85-878.

todo poder é um poder de força, indissoluvelmente, e de opinião: "A força é a rainha do mundo e não a opinião, mas a opinião é aquela que usa da força."[20] Opinião, e não ciência: não é o saber que dá o poder, é o número! Mas, em troca, o número não proporciona nenhum saber (é "a opinião dos menos hábeis"). Disjunção das ordens: não se vota uma verdade – e um voto nunca prova nada além dele próprio. "O povo nos deu razão", dizem eles. Não: ele lhes deu o poder. Se nossos políticos lessem com mais freqüência Pascal, seriam menos tolos e menos presunçosos.

O legal não é verdadeiro, e é por isso que a democracia não poderia substituir a ciência. O legal não é o bem, e é por isso que a democracia não poderia substituir a moral. Mas tampouco a moral ou a ciência poderiam substituir a democracia, nem uma a outra. Portanto as três são necessárias, como é necessário distingui-las. Contra o ridículo, o quê? O riso. Contra a tirania? A lucidez. A democracia, a ciência e a moral não poderiam substituir o espírito, que é o poder de rir e de pensar.

Vocês vão me dizer que tudo isso não resolve seus problemas. Posso imaginar, mas esse tampouco era o meu propósito. No máximo eu queria esclarecê-los um pouco, lembrando com Pascal que saber e poder pertencem a ordens distintas e que há, portanto, nos hospitais, como em toda parte, pelo menos três boas razões para evitar a tirania: a primeira é que nem o poder proporciona o saber, nem o saber proporciona o poder (disjunção das ordens: o poder não é um argumento; o saber não é um comando); a segunda é que,

---

20. *Pensamentos*, 554-303.

numa democracia, somente o povo é soberano; a terceira é que isso não prova que ele tem razão...

Para o indivíduo, isso coloca toda sorte de problemas. Se há duas ordens (na verdade, há muito mais: há também a da sedução, em que reina a beleza, a do coração, em que reina a caridade...), se há duas ordens distintas, portanto, a ordem do verdadeiro (o saber) e a ordem da força (o poder), a dificuldade se deve, é claro, ao fato de que sempre estamos incluídos em duas dessas ordens ao mesmo tempo: ninguém poderia escapar nem do verdadeiro nem da força. Daí uma tensão inevitável, que às vezes chega ao dilaceramento, que podemos chamar de *trágico* ou, mas no fundo é a mesma coisa, de responsabilidade. Como desempenhar convenientemente o seu papel nessas duas ordens, estando entendido que elas são duas e que cada um de nós é um só? Como dar a César o que é de César (o poder) e à verdade o que é da verdade (o saber)?

Alain, bom leitor de Pascal e de Espinosa, respondia: pela obediência, de um lado; pela liberdade de espírito, de outro. "O espírito nunca deve obediência", explicava ele: "todo poder é militar"[21] e seria indigno amar ou honrar a força. Assim, devemos nos "privar da felicidade da união sagrada"[22], e até do entusiasmo. Essa higiene dá medo. Vi um ex-primeiro-ministro, normalmente muito tolerante, encolerizar-se subitamente e me confessar seu ódio por Alain: "Ele quebra a confiança! Ele quebra o entusiasmo!" Sim. Mas não a coragem. Mas não a lucidez. Mas não a obediência. Que mais é necessário a um primeiro-ministro? Que mais é necessário numa democracia? Que a obediência seja ne-

---

21. Consideração de 12 de julho de 1930 (Pléiade, *Propos*, I, pp. 945-7).
22. *Ibid.*, p. 947.

cessária, isso Alain nunca parou de lembrar: é preciso obedecer, e não apenas por temor, mas porque de outro modo não haveria nenhuma ordem possível, nem portanto nenhuma justiça e nenhuma liberdade. Há coisa pior que a guerra civil? Há coisa mais injusta que a anarquia? Não há justiça sem ordem, é o que dá razão a Goethe, e não há ordem sem poder, é o que dá razão a Maquiavel. Sem justiça? Ela só pode vir depois. Quem só obedece às leis "porque elas são justas, não obedece a elas como deve", já observava Montaigne[23]. Os republicanos sabem muito bem disso. O que restaria da República, se as pessoas só obedecessem às leis que aprovam? Seria ridículo, e como que uma tirania do juízo. O que restaria, inversamente, da liberdade de espírito, se tivéssemos de aprovar todas as leis a que obedecemos? Seria ridículo também, e como que uma tirania da ordem. Obediência e juízo são portanto disjuntos, e devem sê-lo. É como que o correspondente, para o indivíduo, da laicidade para o Estado. A lei não diz nem o verdadeiro nem o bem, mas somente a ordem, à qual a obediência é necessária, à qual a obediência basta. É esse o sentido de uma das célebres considerações de Alain, de que cito aqui somente o início:

> Se o guarda de trânsito quisesse ser justo, ele interrogaria uns e outros, deixando passar primeiro o médico e a parteira; na prática, seria o cúmulo da desordem e todos ficariam descontentes. Por isso o guarda não se preocupa em saber quem está com pressa nem por que motivos; ele simplesmente pára os carros; ele realiza uma ordem assim; não melhor do que outra; mas é uma ordem. Sua idéia, se é que ele tem uma, é que a desordem acarreta por si mesma uma massa de injustiças. Mas ele não tem idéia. A força da ordem

---

23. *Essais*, III, 13 (p. 1072 da ed. Villey-Saulnier, reed. PUF, 1978).

vem de que ela renuncia a conduzir as coisas humanas pela idéia. O homem de ordem resiste a isso, porque ele gostaria de adorar a ordem; mas a ordem não é Deus.[24]

É que Deus é espírito, é que Deus é verdade, é que Deus é amor. Mas a ordem não. Mas o poder não. Ele merece obediência, de outro modo não seria poder, mas é tudo o que merece. "A ordem é baixa. É tão-só necessidade. Necessidade requer precaução, mas não respeito."[25] Obedecer, portanto, mas não crer. Obedecer, mas não adorar. Obedecer até onde? Até aquele ponto em que a moral proíbe obedecer, e é de desejar que uma democracia só excepcionalmente nos ponha em tal caso. Não nos deixemos fascinar demais, porém, por essas situações extremas, passadas ou futuras. Às vezes é necessário lutar clandestinamente. Mas essas ocasiões são raras, e não se poderia tirar delas um argumento para se dispensar em geral de obedecer. Principalmente, é hoje que a tirania nos ameaça, no interior da própria democracia e nas situações talvez mais ordinárias. Quantos tomam a lei por uma verdade? Quantos tomam a maioria por uma prova? Quantos tomam o poder por um valor? Isso vale para os pequenos ("essas almas fracas que não sabem obedecer sem amar", como diz Alain[26]) e mais ainda para os poderosos: "Essa espécie é insaciável; não querem, com a obediência, o respeito e até o amor?"[27] É o que importa lhes recusar. A ordem não requer

---

24. Consideração de 3 de janeiro de 1931 (Pléiade, *Propos*, I, p. 985).
25. Consideração de 10 de agosto de 1929 (Pléiade, *Propos*, I, p. 865).
26. *Ibid.*, p. 947.
27. *Ibid.*, pp. 945-6. Ver também a mui pascaliana consideração de 1º de maio de 1914, que não figura nos volumes da Pléiade, mas que pode ser encontrada (pp. 166 ss.) na excelente coletânea editada por Francis Kaplan: Alain, *Propos sur les pouvoirs*, Gallimard, col. "Folio-essais", 1985. Em formato de bolso, é um dos mais bonitos livros de filosofia que podemos ler.

tanto, a liberdade não tolera tanto: a obediência basta, ou antes, não são o respeito e o amor que devem acompanhá-la, mas sim a lucidez, a crítica, a resistência. Daí o célebre tema do cidadão contra os poderes: "Obedecer resistindo é a chave do segredo. O que destrói a obediência é anarquia; o que destrói a resistência é tirania."[28] Daí também esta forte máxima, que pode ser encontrada não me lembro mais onde, se nas *Considerações* ou em outro escrito, mas que não creio ter inventado: "Obediência aos poderes; respeito somente ao espírito." É sempre disjungir as ordens e recusar o ridículo totalitário (o totalitarismo nada mais é que uma tirania do Estado), anárquico (a anarquia nada mais é que uma tirania dos indivíduos) ou servil (o servilismo nada mais é que uma tirania interiorizada pelos fracos). Querer aprovar antes de obedecer é se enganar sobre a obediência. Mas querer aprovar por disciplina é se enganar sobre o pensamento.

Isso nos leva de volta a Pascal, ou melhor, nós não nos separamos dele. Vocês sabem sem dúvida que ele distinguia as grandezas naturais, que são de fato (a virtude, a saúde, o saber...), e as grandezas de estabelecimento, que são de convenção ou que dependem, pelo menos, da vontade ou da fantasia dos homens (a nobreza, a posição social, o poder político...). Ora, nos *Três discursos sobre a condição dos grandes*, ele acrescentava: "Devemos alguma coisa a uma e outra dessas grandezas; mas, como elas são de natureza diferente, nós lhes devemos também diferentes respeitos. Às grandezas de estabelecimento, devemos respeitos de estabelecimento. [...] Deve-se falar aos reis de joelhos; deve-se ficar de pé na câmara dos príncipes. É uma

---

28. Consideração de 4 de setembro de 1912 (Pléiade, *Propos*, II, p. 265).

tolice e uma baixeza de espírito recusar-lhes esses deveres."[29] Complacência? Muito pelo contrário. Porque esses respeitos de pura forma são tudo o que essas grandezas merecem, e o espírito será tanto mais livre quanto o corpo conceder sem hesitar e sem acreditar o que a força ou o uso exigem. Mas deixemos falar Pascal. Esses três discursos, transcritos por Pierre Nicole, se dirigiam "a uma criança de grande condição", sem dúvida o filho mais velho do duque de Luynes, futuro duque de Chevreuse, então com catorze anos. Eis como um espírito livre fala com um filho de duque (é a continuação do segundo discurso):

> Não é necessário, por serdes duque, que eu vos estime; mas é necessário que vos cumprimente. Se sois duque e homem de bem, prestarei o que devo a ambas essas qualidades... Mas, se fôsseis duque sem ser homem de bem, mesmo assim eu vos faria justiça; porque, prestando-vos os deveres exteriores que a ordem dos homens atribuiu ao vosso nascimento, não deixaria de ter por vós o desdém interior que mereceria a baixeza de vosso espírito. Eis em que consiste a justiça desses deveres. E injustiça consiste em vincular os respeitos naturais às grandezas de estabelecimento, ou a exigir os respeitos de estabelecimento para as grandezas naturais. O sr. N... é melhor geômetra que eu; por essa qualidade, ele quer passar à minha frente: dir-lhe-ei que ele não entendeu nada. A geometria é uma grandeza natural; ela requer uma preferência de estima; mas os homens não atribuíram a ela nenhuma preferência externa. Passarei portanto à frente dele; e estimá-lo-ei mais que a mim na qualidade de geômetra. Assim também se, sendo duque e par, não vos

---

29. Segundo discurso, *Oeuvres complètes*, p. 367 (esses três discursos também podem ser encontrados na minha edição de *Pensées sur la politique*, de Pascal, Rivages Poche, 1992).

contentásseis com que eu descubra a cabeça diante de vós e quisésseis que além disso eu vos estimasse, eu vos pediria que me mostrásseis as qualidades que merecem minha estima. Se vós o fizésseis, ela vos estaria garantida e eu não vos poderia recusá-la com justiça; mas se não o fizésseis, seríeis injusto em cobrá-la de mim e certamente não teríeis êxito, mesmo que fôsseis o maior príncipe do mundo.[30]

Vocês hão de compreender que o que Pascal chama aqui de *justiça* é o contrário do ridículo ou da tirania: o respeito à distinção das ordens e das exigências específicas de cada um. É mais ou menos o que chamo de responsabilidade, que é como uma justiça na primeira pessoa: ser responsável não é ser nem tirânico nem servil, nem ridículo nem covarde. É por exemplo não erigir seu poder em argumento científico, nem imputar à "ciência" decisões que nenhuma ciência nunca tomou nem nunca tomará (já que as ciências, por definição, são desprovidas de toda e qualquer vontade). Vocês mesmos poderiam escolher os exemplos. É porque a ciência não comanda que os cientistas não poderiam – quando têm de decidir – se ocultar atrás dela. Ser responsável, no fundo, é assumir o poder que é o seu, sem dissimulá-lo atrás do seu saber nem atrás das suas ignorâncias. Está claro que, para isso, é necessário coragem e lucidez. O tom de Pascal, dirigindo-se àquele menino, dá mais ou menos uma idéia disso, parece-me, e não tenho dúvida de que vocês percebem como eu sua inalterável nobreza e sua perene atualidade.

Disse tudo? Não, é claro, pode ser até que tenha omitido o essencial. O quê? Como se vocês não soubessem! O

---

30. *Ibid.*

amor, simplesmente, ou, como diz Pascal, a caridade. Porque no fundo há três ordens principais: a ordem da carne (o poder), a ordem da razão (o saber), a ordem da caridade (o amor). Confundi-las é ser ridículo. Mas omitir a última não o seria menos. Vocês hão de compreender que respeitar a distinção das ordens – optar pelo trágico em vez de optar pelo ridículo ou pela tirania – não é renunciar nem à força (amar os inimigos não é renunciar a combatê-los: Pascal não é pacifista...), nem à razão (assumir a própria força não é renunciar a pensar: Pascal não é obscurantista), nem à capacidade de amar (pensar ou combater não é renunciar ao amor: Pascal não é um bruto). Este último ponto é, evidentemente, o essencial, mas nos levaria longe demais do nosso tema. Ser um bom príncipe, explicava Pascal, ser um bom médico ou um bom professor, acrescentaria eu, nunca impediu ninguém de se danar: "Se vos limitardes a ser apenas isso, não deixareis de vos perder; mas pelo menos vos perdereis como homem de bem. Há gente que se dana tão tolamente, pela avareza, pela brutalidade, pela depravação, pela violência, pela exaltação, pelas blasfêmias! O meio que vos abro é sem dúvida o mais decente; mas, na verdade, é sempre uma grande loucura se danar, daí por que não há que se limitar apenas a isso."[31] Nem saber nem poder bastam – e o amor, pelo menos nesta vida, tampouco! Logo, os três são necessários, e é aqui que encontramos o trágico: a razão não tem poder nem caridade, assim como o amor não tem razão nem poder, e o poder, como tal, não tem amor nem razão. Lacan elogia a certa altura Mazarin por uma fórmula que poderá parecer

---

31. *Op. cit.*, terceiro discurso.

pueril, mas que de fato diz o essencial: "A política é a política, mas o amor continua sendo o amor."[32] Não se poderia dizer melhor, e o saber também continua sendo o saber. Um bom médico, como vocês dizem, nem sempre é um médico bom; e um médico bom não é necessariamente um bom médico... Ser responsável é assumir ao mesmo tempo essas três ordens distintas – mas sem confundi-las – e todas as três necessárias. É por isso que, repitamos, não há responsabilidade sem tensão, nem, muitas vezes, como vocês sabem perfeitamente, sem dilaceramento. Eu diria de bom grado: não há responsabilidade feliz – ou não há outra felicidade, para o homem, que não seja o trágico. Porque essas três ordens se limitam umas às outras, cada qual fracassando onde a outra reina e nos condenando com isso (já que pertencemos às três!) a fracassar. Mas quem disse que era preciso a qualquer custo ter sucesso, ou inclusive que poderíamos ter? O fracasso, pelo menos o fracasso parcial, é a regra. Somente os irresponsáveis vêem aí um motivo para renunciar ou para sacrificar tudo a uma só dessas ordens (na qual, se considerada isoladamente, certamente podemos ter sucesso – mas para quê?). Quanto aos outros, continuam como podem esse combate que é viver, e navegam entre demissão e tirania, entre angústia e culpa. Eles sabem, de fato, que o amor não poderia substituir nem o poder nem o saber, como tampouco o poder seria capaz de substituir o amor. Logo, é preciso amar, lutar, conhecer, sem nunca poder reconciliar totalmente essas três exigências (já que a verdade não comanda! já que a verdade não ama!), nem renunciar, sem indignidade ou ridículo,

---

32. *Le séminaire*, VII, "L'éthique de la psychanalyse", Seuil, 1986, p. 374.

a uma dentre elas. Não há responsabilidade feliz, e não há felicidade humana sem responsabilidade. É nisso que talvez se conheça nossa miséria e, com isso, diria Pascal (já que é preciso ser grande para se saber miserável), nossa grandeza.

8
Moral ou ética?*

Comecemos por esclarecer o vocabulário.

Na linguagem corrente, fala-se indiferentemente de *moral* ou de *ética*. Os dois termos parecem intercambiáveis, o que a etimologia confirma: *éthos*, em grego, assim como *mos* ou *mores* em latim, são nossos modos, nossos costumes, nossos hábitos, nossas maneiras de viver e de agir... As duas palavras, para os antigos, eram a tradução uma da outra; logo não poderiam fundar nenhuma distinção conceitual. No máximo, podemos notar que, como muitas palavras vindas do grego, *ética* pertence mais à linguagem erudita ou refinada. Para referir-se a uma ética há que ser pelo menos médico, jornalista ou advogado: um desempregado ou um quitandeiro se contentarão, mais banalmente, com ter uma moral... Distinção sociológica, portanto, muito mais que filosófica: a ética seria apenas uma moral ilustre.

---

* *Lettre internationale*, n.º 28, primavera de 1991. Este artigo retoma o conteúdo de uma comunicação apresentada no colóquio "Éthique et Économie sociale" (organizado, em 8 de novembro de 1990, pelo CJDES e pelo jornal *Le Monde*), cujo texto pode ser lido, mais oral porém, sob certos aspectos, mais completo, em *Les dossiers de la lettre de l'Économie sociale*, n.º 492 (Paris, CJDES, 1991).

Resta o fato de que há duas palavras e que essa sinonímia, como quase sempre, tende a produzir certa diferença no pensamento. Em todo caso, é uma possibilidade que a língua proporciona e que vários já quiseram explorar, em sentidos opostos aliás. Um estudo histórico seria útil aqui, mas não é meu tema. Quanto à leitura dos dicionários, mesmo de dicionários filosóficos de boa qualidade (como o *Lalande* ou a recente *Enciclopédia* de André Jacob e Sylvain Auroux[1]), ela muitas vezes é sugestiva, porém muito mais embaraçosa do que verdadeiramente esclarecedora – pelo excesso de distinções propostas ou sugeridas. Procederei de outro modo. Minha finalidade não é saber o que significam essas duas palavras nos textos já existentes – trabalho propriamente de lexicógrafo –, mas se a sua dualidade pode corresponder a algo de real e nos ajudar a pensá-lo, pela distinção conceitual que autorizam. Ora parece-me ser esse o caso. Para um ato dado, dois pontos de vista normativos são possíveis, diferentes um do outro e, a meu ver, ambos necessários. É o que preciso explicar primeiramente.

Duas definições

Não partimos de zero. Entre essas duas palavras, muitos autores sugeriram esta ou aquela distinção. O excesso ameaça, como eu já disse, mais que o vazio. É que nenhum uso se impôs absolutamente, nem mesmo na comunidade filosófica, a tal ponto que o que é *moral* para um, é *ética* para outro – e *etologia*, talvez, para um terceiro. Mas sucede que, nos anos 70-80, dois autores que me interessam (embora

---
1. Ambos da PUF.

desigualmente e por razões diferentes) utilizaram – sem se citarem e talvez sem se terem lido – essas duas palavras de maneira convergente e, pareceu-me, esclarecedora. Desde então, acostumei-me a fazer como eles, e essa distinção se tornou a tal ponto indispensável para mim que, para que possam me compreender, preciso começar por evocá-la.

O primeiro desses dois autores é Gilles Deleuze. Em seu pequeno *Spinoza* de 1970 (não é indiferente, claro, que se tratasse de Espinosa), Deleuze escrevia: "Não há Bem nem Mal, mas há o *bom* e o *ruim* (para nós)."[2] E na reedição "modificada e ampliada" que publica da mesma obra, em 1981, acrescenta nesse ponto uma citação de Nietzsche: "Além do Bem e do Mal, pelo menos não quer dizer além do bom e do ruim."[3] Essas duas frases marcaram nossa juventude, e para o grupo de amigos que éramos naqueles anos elas serviam por assim dizer de senha. Não é indiferente, comentava eu, que elas digam respeito a Espinosa; também não é indiferente, é claro, que uma delas seja de Nietzsche: no âmbito contextual que estou evocando, são os dois autores *éticos* por excelência. De fato, Gilles Deleuze, após algumas linhas de explicação, sempre a propósito de Espinosa, acrescenta este comentário: "Eis que a Ética, isto é, uma tipologia dos modos de existência imanentes, substitui a Moral, que sempre relaciona a existência a valores transcendentes... A oposição dos valores (Bem-Mal) é substituída pela diferença qualitativa dos modos de existência (bom-ruim)."[4]

---

2. G. Deleuze, *Spinoza*, PUF, 1970 (col. "SUP"), p. 28.
3. G. Deleuze, *Spinoza, philosophie pratique*, Paris, Éditions de Minuit, 1981, p. 34. A citação é extraída da primeira dissertação da *Genealogia da moral* (§ 17).
4. G. Deleuze, *op. cit.*, p. 35 (1981) ou 29-30 (1970).

Além do que há de propriamente espinosista ou deleuziano nessas linhas, podemos reter, entre moral e ética, esta primeira diferença: a moral concerne ao Bem e ao Mal, considerados como valores absolutos ou transcendentes; a ética, ao bom e ao ruim, considerados como valores relativos (a um indivíduo, a um grupo, a uma sociedade...) e imanentes. Deleuze, é verdade, tende às vezes a exagerar a diferença entre os dois. É que ele considera a *Ética* de Espinosa uma "etologia", como ele diz, a qual, como estudo objetivo dos afetos ou dos comportamentos, não teria "nada a ver com uma moral"[5]. É um tanto apressado, claro, e infirmado pelo próprio texto de Espinosa – mas não quero me deter nesse ponto. Para o autor da *Ética*, trata-se não apenas de descrever ou de explicar afetos, mas "de mostrar, além disso, o que há de bom ou de ruim" neles[6] e determinar "os remédios"[7]: a *Ética* não é uma etologia, ou não apenas uma etologia, porque o conhecimento objetivo que ela contém põe-se a serviço de um pensamento que permanece normativo. O prefácio da quarta parte é, desse ponto de vista, particularmente revelador. Depois de indicar que "o bom e o ruim não indicam nada de positivo nas coisas, pelo menos se consideradas em si" (em outras palavras, para retomar a distinção de Deleuze, que não são um Bem ou um Mal absolutos, objetivos ou "em si"[8]), Espinosa em seguida acrescenta: "Embora seja assim, devemos entretanto considerar esses vocábulos. De fato, se desejarmos

---

5. G. Deleuze, *op. cit.* (1981), p. 168: "A Ética de Espinosa não tem nada a ver com uma moral, ela a concebe como uma etologia, isto é, como uma composição das velocidades e das lentidões, dos poderes de afetar e ser afetado nesse plano da imanência."

6. *Ética*, IV, Prefácio.

7. *Ética*, V, Prefácio.

8. Ver Deleuze, *op. cit.* (1981), p. 48: "não há *mal* (em si), há *ruim* (para mim)".

formar uma idéia do homem que seja como um modelo da natureza humana posto diante dos nossos olhos, ser-nos-á útil conservar esses vocábulos no sentido que eu disse. Entenderei então por bom, no que se segue, o que sabemos com certeza que é um meio para nos aproximarmos cada vez mais do modelo da natureza humana que nós nos propomos. Por ruim, ao contrário, o que sabemos com certeza que nos impede de reproduzir esse modelo..." Em suma, a *Ética* se pretende ao mesmo tempo objetiva (ela inclui, a esse título, uma etologia) e normativa (no que ela é uma ética propriamente). Os livros IV e V, em sua íntegra, atestam-no suficientemente; trata-se não apenas de compreender nossa vida mas de salvá-la. A ética é uma soteriologia[9] – coisa que nenhuma etologia poderia ser. Quanto a afirmar que "a *Ética* de Espinosa não tem nada a ver com uma moral", é um tanto paradoxal para um livro que ensina a combater "o ódio, a cólera e o desprezo" com o "amor ou a generosidade"[10], que mostra como estabelecer a concórdia mediante a "justiça, a eqüidade e a honestidade"[11], que ensina a viver "com humanidade e doçura"[12], enfim que discerne no sábio "uma virtude chamada moralidade" (*pietas*), a qual nada mais é que "o desejo de fazer o bem que extrai sua origem do fato de vivermos sob a conduta da razão"[13]...

---

9. Isto é, uma doutrina da salvação, não, é claro, num mundo ou numa outra vida, mas *neste* mundo e *nesta* vida: salvação na imanência e por ela (ver a esse respeito as pertinentes observações de Robert Misrahi, no Prefácio da sua bela tradução da *Ethique*, Paris, PUF, 1990, p. 35).
10. *Ética*, IV, prop. 46; ver também, *ibid.*, a demonstração e o escólio, assim como, no Apêndice, o capítulo 1 (salvo explicitação contrária, citamos Espinosa na tradução Appuhn, em quatro volumes, editada pela Garnier-Flammarion).
11. *Ibid.*, Apêndice, caps. 14 e 15.
12. *Ibid.*, escólio 1 da prop. 37.
13. *Ética*, V, 4, escólio, e IV, 37, escólio 1.

Mas deixemos isso de lado. Na verdade, a *Ética* de Espinosa tem, sim, *alguma coisa a ver* com a moral, porque ela tem o mesmo objeto (nossa vida: nossas paixões, nossas ações, nossos costumes...) e porque ela a estuda de uma maneira que também é normativa. Mais ainda, essas duas normatividades, diferentes em seus princípios, se unem, no que concerne às relações interpessoais, em suas aplicações. Trata-se em ambos os casos, e Espinosa o diz expressamente, de praticar "a justiça e a caridade"[14]: o que chamamos (em termos que não são os de Espinosa) de *moral* e *ética* são na verdade duas vias de acesso que conduzem a esse mesmo objetivo, vias diferentes, decerto, mas convergentes, já que conduzem, pela obediência (no caso da moral) ou pela razão (no caso da ética) a uma salvação comum[15] ou, em todo caso, a uma vida mais feliz e mais humana[16]. Resta que as vias são de fato diferentes, e é isso que justifica, quanto ao fundo, a distinção deleuziana: se a moral e a ética têm em comum ser discursos normativos que visam regular nossa conduta ou nossas ações (ambas conduzem ao que Espinosa chama de regras de vida, preceitos e mandamentos)[17], elas se distinguem pelo registro dessa normatividade ou, o que dá na mesma, pelo estatuto respectivo que elas reconhecem aos valores que fazem seus. O Bem e

---

14. Ver o *Tratado teológico-político*, cap. 14.
15. Ver *T. T.-p.*, caps. 14 e 15, e, claro, o grande livro de Alexandre Matheron, *Le Christ et le salut des ignorants chez Spinoza*, Paris, Aubier-Montaigne, 1971.
16. Porque a humanidade, em Espinosa, é menos um fato ou um princípio explicativo do que um valor: ver por exemplo *Ética*, III, 29 e escólio, e definição 43 dos afetos; ver também *Ética*, IV, escólio 1 da prop. 37 e escólio da prop. 50.
17. *Vitae dogmata, praecepta, dictamina...* Ver p. ex. *Ética*, IV, escólio da prop. 18, e V, escólio da prop. 10.

o Mal da moral se dão por absolutos (muito mais do que por transcendentes: nada prova que seja impossível pensar essa absolutidade na imanência), e é a esse título – o absoluto se impondo identicamente a todos – que se pretendem universais. Já o bom e o ruim são sempre relativos a um indivíduo ou a um grupo (o que é bom para mim pode ser ruim para outro), e é por isso que toda ética é particular. Foi o que viu o segundo autor que eu anunciava: "A ética de Espinosa", escreve Marcel Conche, "supõe o sistema desse filósofo. É portanto uma ética particular, porque ou se é espinosiano ou não se é. O mesmo vale para a ética nietzschiana do super-homem, ou epicuriana, ou estóica, ou qualquer outra. A ética é a doutrina da sabedoria – mas *de uma* sabedoria por vez"[18], e há tantas, talvez, quantos sábios houver. Já a moral, a verdadeira moral, é "una e universal"[19] – não, de modo algum, porque ela suporia uma transcendência qualquer (como, para Marcel Conche, toda transcendência é do âmbito da crença, ela só daria, para a moral, um fundamento relativo: haveria uma moral para os cristãos, outra para os muçulmanos, outra para os hinduístas...), mas porque ela se funda, na imanência intersubjetiva, "nesse absoluto que é a relação do homem com o homem no diálogo"[20]. É preciso distinguir portanto essa moral universal (que é *a* moral) das "inúmeras morais coletivas"

---

18. Marcel Conche, *Le fondement de la morale*, Mégare, 1982, reed. 1990, prefácio da segunda edição, p. 2; ver também o capítulo X ("Discours moral et discours de sagesse"). A oposição entre *moral* e *ética* já era fortemente acentuada em *Pyrrhon ou l'apparence* (Mégare, 1973): o pensamento de Pírron, podíamos ler na p. 44, "é inteiramente subordinado à ética ('ética' e não 'moral': baseado, como veremos, na ausência de realidade objetiva do bem e do mal, ele implica a negação da moral)".

19. *Le fondement de la morale*, 2.ª ed., p. 3.

20. *Ibid.*, p. 2.

que Marcel Conche abandona sem nenhum pesar "à curiosidade de etnólogos, sociólogos, historiadores, etc."[21]. A justaposição de fato de morais diferentes e contraditórias impõe com efeito que se escolha entre elas, o que só se pode fazer (a não ser que você se abandone às contingências do seu nascimento ou da sua educação) do ponto de vista da "moral una e universal, a única fundada em direito e a única que permite emitir um juízo fundado no valor relativo dos outros"[22]. Uma moral que respeita os direitos do homem é superior a uma moral que não os respeita. Essa simples afirmação supõe, para escolher entre essas duas morais de fato, uma moral de direito ou, em outras palavras, uma moral absoluta: "a moral dos direitos e dos deveres universais do homem"[23]. Uma moral? Não. *A* moral.

Minha intenção aqui não é discutir o pensamento de Marcel Conche, de que já falei em outras oportunidades[24], mas constatar que a distinção que ele efetua entre moral e ética, partindo embora de princípios diferentes e chegando a resultados opostos, coincide, do ponto de vista de que tratamos, com a que Gilles Deleuze efetuava de seu lado. Para um e outro, a moral se pretende (a justo título segundo Marcel Conche, erradamente segundo Gilles Deleuze) absoluta e universal. Sem nos pronunciar ainda sobre a

---

21. *Ibid.*, p. 3.
22. *Ibid.*
23. *Ibid.*, pp. 3-4.
24. Especialmente no meu prefácio para a sua *Orientation philosophique* (reed. PUF, 1990) [trad. bras. Sobre o problema particular da moral], ver também meu artigo "Marcel Conche et le fondement de la morale", *Une éducation philosophique*, Paris, PUF, 1989, pp. 316 ss. [trad. bras. "Marcel Conche e o fundamento da moral", *Uma educação filosófica*, São Paulo, Martins Fontes, pp. 376 ss.], assim como, no mesmo livro, p. 140 [p. 167] e nota 33 (assinalemos que M. Conche respondeu a algumas das minhas objeções no prefácio da segunda edição de *Fondement de la morale*, pp. 4-5, nota 3).

legitimidade dessa pretensão, podemos desde já considerar, a título definicional, essa característica que, presente em dois autores tão diferentes, dá prova da sua fecundidade e, diria eu, da sua adaptabilidade. Essa caracterização parece aliás bastante fiel ao espírito da língua: todos admitirão que falar de *morais,* no plural, é não crer nelas. O Bem e o Mal, sendo absolutos, são os mesmos, de direito, para todos: a verdadeira moral – se há uma verdadeira moral – não tem como não ser única.

Ao contrário, o bom e o ruim são por natureza relativos ao sujeito que os experimenta. "A música", observava Espinosa, "é boa para o melancólico, ruim para o aflito; para o surdo, não é boa nem ruim..."[25] Portanto toda ética é sempre relativa a um indivíduo ou a um grupo: toda ética é *particular*. Objetarão que a *Ética* de Espinosa, pelo menos, pretende valer universalmente para a comunidade dos homens. Pode ser. Mas, à parte o fato de que isso permanece submetido à veracidade do espinosismo, essa comunidade, por mais vasta que seja, continua sendo particular (a humanidade, nela, é um grupo como outro qualquer: a *Ética* está escrita *do ponto de vista de Deus* mas *para os homens)* e só une os indivíduos, quando os une, na proporção do desejo singular de cada um (sem o que a universalidade da razão permaneceria sem força). De resto, é menos Espinosa que me interessa aqui do que a ética ou, como deveríamos dizer, *as* éticas. Sempre relativa, sempre particular, toda ética é confrontada a outras, e essa pluralidade conflitual faz parte da sua definição.

Continuemos. Como o Bem e o Mal são valores absolutos e universais, eles se impõem incondicionalmente a

---

25. *Ética*, IV, prefácio (trad. fr. Appuhn, Garnier-Flammarion, p. 219).

todos: a moral é constituída de mandamentos (o imperativo categórico de Kant) ou, do ponto de vista do sujeito, de deveres. "Não minta", "não mate", "seja prestativo"... Kant disse aqui o essencial, e não desejo voltar a isso. A moral responde à questão "que devo fazer?", e suas respostas, para todo sujeito moral, se impõem absolutamente.

A ética, ao contrário, por dizer respeito a valores relativos e particulares (o que é bom ou ruim para este ou aquele) é constituída, antes, de conselhos (imperativos hipotéticos, diria Kant) ou, do ponto de vista do sujeito, de desejos e conhecimentos. Por exemplo: "É impossível viver feliz sem ser sábio, honesto e justo" (como diz Epicuro); ou: "Um homem livre não pensa em coisa alguma, salvo na morte" (como diz Espinosa)... No fundo, uma proposição ética é uma proposição de fato (ela pode, a esse título, ser verdadeira ou falsa) tendendo para um certo resultado (em geral: a felicidade). Mas não se poderia considerar a felicidade como um dever, nem o erro como uma falta. O que Kant chama de *"doutrina da felicidade"* (e que chamamos de ética) não poderia portanto fazer as vezes de *"doutrina moral"*, como diz Kant, e desse ponto de vista ele tinha razão de considerar a "distinção" entre ambas como "o primeiro e mais importante caso da razão pura prática"[26]. É daí que partimos. Entre a ética da felicidade (isto é, *grosso modo*, a ética) e a moral do dever (isto é, a moral), que diferença, que articulação, que relações? Kant escrevia: "Essa *distinção* entre o princípio da felicidade e o princípio da moralidade não é, por isso, uma *oposição*, e a razão pura prática não quer que se *renuncie* a toda preten-

---

26. Kant, *Critique de la raison pratique*, Examen critique de l'analytique (trad. fr. Picavet, PUF, 1971, p. 98).

são à felicidade, mas apenas que, quando se trata de dever, não se a *leve em absoluto em consideração*."[27] Era dizer suficientemente que a moral não poderia se dissolver na ética, nem esta se reduzir àquela. Cumprir com o seu dever não basta para ser feliz; nem ser feliz para cumprir com o seu dever. A moral, como vimos, responde à pergunta: "Que devo fazer?" E a ética, à pergunta: "Como viver?" (ou, com maior freqüência: "Como viver para ser feliz?"). Essas duas questões, embora possam se cruzar (para ser feliz, que espaço devo deixar para a moral? para ser moral, que espaço devo deixar para a felicidade?), são independentes de direito e, para que uma moral seja possível, elas assim têm de permanecer. Mas uma moral deve ser possível? A ética responderá, se puder – mas a moral, diria Kant, já respondeu.

Daí uma última diferença. A moral e a ética, por não terem o mesmo conteúdo (deveres para uma, desejos para a outra), tampouco têm o mesmo objetivo. Diferentes em seus princípios elas também o são na sua finalidade. No que concerne a este último ponto, e para simplificar, podemos dizer que a moral tende para a virtude (como disposição adquirida a fazer o bem) e culmina na santidade (no sentido moral, e não religioso, do termo: no sentido em que Kant chama de "vontade santa" uma vontade que não seria "capaz de nenhuma máxima contrária à lei moral"[28]); enquanto a ética tende para a felicidade (em todo caso, na maioria das vezes: não é o caso, por exemplo, da ética nietzschia-

---

27. *Ibid.*, p. 99 (grifos de Kant).
28. *Critique de la raison pratique*, cap. 1 (trad. fr. cit., p. 32). Sobre a relação entre virtude e santidade em Kant (que as opõe mais fortemente do que nós fazemos), ver notadamente *Des móbiles de la raison pure pratique* (pp. 88-9 da trad. fr. Picavet) e *Doctrine de la vertu*, Introdução, XIV (trad. fr. Philonenko, Vrin, 1968, pp. 77-8).

na) e culmina na sabedoria. E, é claro, o santo pode ser feliz, assim como o sábio pode ser virtuoso. O que, aliás, proíbe que um sábio seja santo ou que um santo seja sábio? Sobre isso, nós nos deteremos mais tarde. Mas sabedoria e santidade, felicidade e virtude nem por isso deixam de ser diferentes: mesmo que a extensão dos conceitos fosse idêntica, como pensavam os estóicos, a compreensão deles permaneceria independente uma da outra. Doutrina do dever, doutrina da felicidade: é possível que elas se encontrem no seu topo, e voltaremos a isso. Mas os caminhos diferem, e essa *diferença* é nossa vida, em sua difícil realidade. É preciso dar um desconto aqui ao otimismo dos antigos: infelizmente a virtude não basta à felicidade, tanto quanto a felicidade não basta à virtude!

Estamos agora em condição de propor duas definições – era a nossa primeira tarefa –, sem dúvida imperfeitas, mas claras, parece-me, e sobretudo operacionais.

Chamaremos portanto de *moral*, no que vai se seguir, o discurso normativo e imperativo que resulta da oposição entre o Bem e o Mal, considerados como valores absolutos ou transcendentes: é o conjunto dos nossos deveres. A moral responde à questão "que devo fazer?". Ela se pretende una e universal. Ela tende para a virtude e culmina na santidade.

E chamaremos de *ética* todo discurso normativo (mas não imperativo, ou sem outros imperativos que não sejam hipotéticos) que resulta da oposição entre o *bom* e o *ruim*, considerados como valores relativos: é o conjunto refletido dos nossos desejos. Uma ética responde à questão "como viver?". Ela é sempre particular a um indivíduo ou a um grupo. É uma arte de viver: ela tende no mais das vezes para a felicidade e culmina na sabedoria.

Moral e humanismo

Essas duas definições dão a melhor parte para a ética, pelo menos é o que julgarão nossos contemporâneos. "Um conjunto de desejos, uma arte de viver, a felicidade..." Quem não sonharia com isso? Tanto mais que a ética, sendo sempre particular e se pretendendo tal, não é suspeita de exclusão ou de totalitarismo... Já a moral deixa pressagiar o pior: "um conjunto de deveres, de proibições, que se impõem incondicionalmente a todos..." Puah! Quem iria querer? E que há de mais chato, de mais perigoso, do que esses dadores de lições que legiferam para todos do alto do seu absoluto? Sem dúvida. Se fosse preciso optar entre a ética e a moral, de fato a opção seria fácil. Seria Espinosa contra Kant, e eu optaria evidentemente por Espinosa. Mas temos mesmo de optar? E inclusive: podemos optar? Não entre Espinosa e Kant, este é apenas um problema menor, mas entre a moral e a ética?

A moral manda; a ética recomenda. Mas uma simples recomendação basta em todas as ocasiões? No fundo, para saber se determinado juízo normativo concernente às nossas ações é de ordem ética ou moral, o critério mais simples é sem dúvida o seguinte. Se o seu juízo pode ser submetido ao princípio ao mesmo tempo convivial e relativista: *"Se você não gosta de uma coisa, não faça os outros desgostarem dela"*, é um juízo ético. Se não pode, é um juízo moral. Assim, quando Espinosa escreve: "Se algum homem vê que pode viver mais comodamente pendurado na forca do que sentado à sua mesa, ele agiria como insensato se não se enforcasse"[29], é uma afirmação puramente ética (o problema moral do suicídio não está de forma alguma re-

---

29. Espinosa, *Carta 23* a Blyenbergh.

solvido aí, nem sequer posto aliás). É necessário viver? É uma questão de gosto: se você não gosta da vida, não faça os outros desgostarem dela. É necessário casar-se, ter filhos? Questões de gosto: questões éticas. E o amor livre? E a homossexualidade? E a amizade? Questões éticas: se você não gosta disso... Bom princípio, que não cessamos, e legitimamente, de repetir aos nossos filhos. Por que erigir suas preferências em absoluto? Em nome de que impor seu gosto como dever? Muito bem. Mas o princípio, legítimo em sua ordem, logo alcança seus limites. Ao estuprador que pretendesse valer-se dele ("Se vocês não gostam do estupro, não façam os outros desgostarem dele!"), todos – salvo seus cúmplices potenciais – negariam essa pretensão. Do mesmo modo ao assassino, ao torturador ou ao racista. Não se pode dizer: "Se você não gosta do assassinato (ou da tortura, ou do racismo...), não faça os outros desgostarem", porque não se trata aqui de gostar ou não (senão, não gostar dos racistas seria da mesma ordem que não gostar dos negros ou dos árabes), mas de *querer*, e não em função deste ou daquele sentimento (que ninguém domina: não gostar dos negros, poderia objetar o racista, não é coisa que se determina: gosto e cor...), nem mesmo em função desta ou daquela verdade (o problema não é primeiro saber se o conceito de raça humana é ou não é, biologicamente, pertinente), mas em função do dever universal de respeito, que manda que todo homem tem direito, tanto quanto qualquer outro, a ser considerado como uma pessoa ou, em outras palavras, como um sujeito moral e portanto (ainda que se mostrasse indigno dessa dignidade) moralmente respeitável[30]. Foi isso, entre outras coisas, que

---

30. Ver por exemplo Kant, *Doctrine de la vertu*, § 38 (trad. fr. Philonenko, p. 140): "Todo homem tem o direito de pretender o respeito de seus semelhantes e, *reciprocamente*, tem a obrigação de respeitar cada um deles [...],

os campos de concentração nazistas violaram; foi essa *dignidade* que quiseram quebrantar. "Se vocês não gostam do nazismo", eles poderiam dizer debochando, "não façam os outros desgostarem" (e, de fato, não duvido que exista uma ética nazista, como há uma ética das máfias e, como todos sabem, uma ética sadiana); mas isso não nos faz rir, e não é apenas porque nos repugna que o combatemos: mesmo que a barbárie nos deixasse indiferentes, ainda assim seríamos moralmente obrigados a combatê-la. O agradável não é o bem, e o mal nem sempre é desagradável. Por isso não se trata primeiro de experimentar ("como você pode condenar o estupro se não o experimentou?", perguntará o estuprador), mas, primeiro, de cumprir com o seu dever.

Pelo menos é assim que vivemos a moral, e Kant, aqui, tem razão pelo menos fenomenologicamente. Claro, isso não prova nada quanto à validade da moral. Seria perfeitamente possível, por exemplo, que o livre-arbítrio não passasse de uma ilusão e que a moral, sendo portanto também ilusória, se mostrasse com isso ilegítima. Se toda vontade é determinada ou incapaz de ser diferente do que ela é, o que resta da moral? Para que exigir o que quer que seja de um sujeito que não seria livre para se submeter ou não a essa exigência? Como lembrou Marcel Conche, após Descartes ou Kant, a liberdade do querer é o fundamento pelo menos negativo da moral, isto é, "aquilo sem o que a exigência moral não teria significação"[31]. Digamos, antes, que ela só teria uma significação ilusória: ela não seria menos real por isso e, embora não precisasse mais ser fundada

---

isto é, tem a obrigação de reconhecer praticamente a dignidade da humanidade em qualquer outro homem."

31. M. Conche, *Le fondement de la morale*, p. 25.

(uma ilusão pode ter uma origem ou uma função, mas não tem nada a ver com um fundamento), mesmo assim seria necessário compreendê-la e – em função dessa compreensão e da ética com que a pessoa se identifica: conforme seja, por exemplo, nietzschiano ou espinosista – combatê-la (Nietzsche) ou, ao contrário, utilizá-la (Espinosa). Se a vontade não é livre, indagava eu, o que resta da moral? Não nos apressemos a responder: nada. Porque, se é verdade que toda moral seria então ilusória, como creio, seria enganar-se tremendamente tomar uma ilusão por um nada.

Com efeito, o que é uma ilusão? "Uma crença derivada dos desejos humanos", respondia Freud[32], que é a melhor definição que conheço e que se aplica perfeitamente à moral. Objetarão que esta última se opõe muitas vezes a nossos desejos mais manifestos. Sem dúvida. Mas como poderíamos resistir a eles se não desejássemos também a virtude ou o bem? Quem não deseja matar, às vezes? Mas quem não deseja que a vida seja respeitada? O desejo mais forte prevalece, e a virtude nada mais é que um desejo virtuoso. Como, senão, poderia ela advir? Só há um princípio motor: a coragem e a vontade, não menos que o apetite, provêm aqui do desejo[33]. Em que medida então a moral é ilusória? Na medida em que aspira a uma verdade (logo a uma uni-

---

32. Freud, *L'avenir d'une illusion*, VI, trad. fr., Paris, PUF, 1971, pp. 44-5. Sobre a ilusão, ver também meu artigo "A ilusão, a verdade e o carpete de Woody Allen", *supra*, pp. 13 ss.

33. Como já observava Aristóteles, *De anima*, II; 3 e III, 10 (especialmente pp. 81 e 204 da trad. fr. Tricot, reed. Vrin, 1982). Resta saber se o desejo está submetido ao desejável, como queria Aristóteles, ou se o contrário é que é verdade, como pensava Espinosa: se o valor comanda o desejo, ou se o desejo produz o valor. A primeira via, que corresponde ao que vivemos na moral, desemboca na religião; a segunda, que corresponde ao que vivemos na ética, desemboca no relativismo e, por ele, no ateísmo.

MORAL OU ÉTICA?

versalidade) que ela não poderia ter. Será essa uma razão para renunciar a ela? Claro que não: nesse caso, seria necessário renunciar também à arte ou à política, o que não se poderia fazer, ou mesmo renunciar à humanidade, o que não se poderia aceitar! A transparência do verdadeiro ao verdadeiro é de Deus, ou melhor, é a própria verdade. A ilusão é o que dela nos separa e, nessa distância, nos faz homens. "Somente uma concepção ideológica da sociedade", dizia Althusser, "pôde imaginar sociedades sem ideologias"[34]; acrescentarei: somente uma concepção ilusória do homem pôde imaginar homens sem ilusões. Aliás, Althusser observava, no mesmo ponto, que "essa utopia [de uma sociedade sem ideologia] está, por exemplo, no princípio da idéia de que a moral que é, em sua essência, ideologia poderia ser substituída pela ciência ou tornar-se de fio a pavio científica"[35]. Era dizer com suficiente clareza que a moral é uma ilusão necessária, que não podia nem devia desaparecer. Aliás, Althusser voltava a insistir: "Numa sociedade de classe, a ideologia é o relé pelo qual, e o elemento no qual, a relação dos homens com suas condições de existência se regula em benefício da classe dominante. Numa sociedade sem classe, a ideologia é o relé pelo qual, e o elemento no qual, a relação dos homens com suas condições de existência é vivida em benefício de todos os homens."[36] Tenho meus motivos, que vocês podem adivinhar, para citar esses textos hoje em dia. Mas observo também que, aplicada à moral (e deixado de lado o problema do comunismo), essa frase é de um espinosismo estrito, que me regozija. A moral, não obstante o que dela pensem os nietz-

---

34. *Pour Marx*, Paris, Maspero, 1965, p. 238.
35. *Ibid.*, p. 239.
36. *Ibid.*, pp. 242-3.

schianos ou os palermas, é evidentemente necessária a toda vida social, o que digo, a toda vida humana, e é por isso que o anti-humanismo teórico de Marx ou de Althusser ilumina, muito mais do que se imaginou, a necessidade de um humanismo prático. O fato de o homem não ser o princípio explicativo dos seus valores (que nenhuma essência humana, por conseguinte, baste para explicar a moral) não impede, ao contrário permite, que ele seja indissoluvelmente seu efeito e seu objeto: não é o homem que faz a moral (porque ele só poderia fazê-la se *já* fosse moral, e essa circularidade esvaziaria a explicação de todo valor), a moral, ao contrário, é que faz o homem ou, mais exatamente, aquilo mesmo que produz a moral (a sociedade, a história, a família...) é que também produz o homem, quero dizer, a humanidade do homem. Marx, Freud, Durkheim, Lévi-Strauss... vão todos no mesmo sentido: o homem, na medida em que é humano (na medida em que é outra coisa que não um símio com menos pêlos e mais cérebro), não é o princípio mas o efeito da sua história (inclusive, mas não apenas, da história natural que o produz como ser biológico: como *homo sapiens*), e foi para isso que Althusser, a justo título me parece, chamou a atenção[37]. Trata-se de saber o que faz que um homem seja um homem: sua essência (humanismo teórico) ou sua história? O anti-humanismo teórico responde que é a história, ao mesmo tempo natural (hominização) e cultural (humanização), em outras palavras, que o homem não é primeiramente princípio mas sim resultado ou, o que dá na mesma, que ele só é *humano* na medida em que se torna humano. Isso, que é verdade em Marx, também é verdade em Freud: o que a

---

37. Ver especialmente "Marxisme et humanisme" (*Pour Marx*, pp. 225 a 258) e "Soutenance d'Amiens" (*Positions*, pp. 159 a 172).

psicanálise estuda e explica são os efeitos da "extraordinária aventura que, do nascimento à liquidação do Édipo, transforma um pequeno animal, gerado por um homem e uma mulher, em pequeno animal humano", são as seqüelas, em cada um, da "longa marcha forçada que, de larvas mamíferas, faz dos filhos humanos *sujeitos*", e mediante o que a humanidade se dá à luz "como cultura na cultura humana"[38]. Será necessário lembrar, nessa história, tanto no caso de Freud como no de Marx, a importância da moral? Dizer que o homem não é seu princípio mas seu efeito não é reduzir sua importância, muito pelo contrário: é ressaltar seu papel essencial na humanização do homem e (já que essa humanização nunca é terminada nem garantida e recomeça, de resto, em cada geração) na preservação e na reprodução da sua humanidade. O anti-humanismo teórico não é um imoralismo: pensar o homem em sua verdade (em sua história), é pensar a moral em sua urgência. Não é o homem que faz a moral, é a moral que faz o homem: a humanidade não é uma essência, mas um valor. Um homem sem moral seria *desumano*, é a palavra que Espinosa utiliza[39] e é, de fato, a palavra que convém.

O amor e a lei

Mas voltemos ao nosso tema. O erro, como vocês já entenderam, seria querer escolher entre ética e moral. É esse erro que Espinosa e Kant, por nenhum dos dois ter caído

---

38. Louis Althusser, "Freud et Lacan", in *Positions*, pp. 21-2.
39. Ver p. ex. *Ética*, IV, escólio da prop. 50. Sobre o que se pode chamar de humanismo prático de Espinosa, ver também *ibid.*, escólio da prop. 35 e, no Apêndice, os caps. 9 e 26.

nele, nos ajudam, nos termos que lhes são próprios, a evitar. De fato, não se pode renunciar nem à razão nem à obediência, mostra Espinosa, nem à felicidade nem ao dever, mostra Kant, e é por isso que ética e moral, embora diferentes, e por serem diferentes, são ambas necessárias. Espinosa, no que concerne à moral, vai o mais longe que alguém pode ir, e certamente mais longe do que eu mesmo iria: a obediência, diz ele, basta à salvação[40]. É essa uma certeza ao menos moral, sem dúvida indemonstrável mas compatível com a experiência e a razão, a tal ponto que a adesão que lhe damos é "totalmente justificada" e que seria irracional recusá-la[41]. E Kant, no que concerne à ética, vai mais longe do que o esperado: não apenas a moral "não quer que renunciemos a toda pretensão à felicidade", como, muito mais, "pode ser, sob certos aspectos, um dever cuidar da própria felicidade"[42], para o que a moral não bastaria e que justifica, em seu lugar, que é empírico, o procedimento propriamente ético de cada um. A moral é, pois, eticamente justificada (Espinosa), assim como a ética é moralmente legítima (Kant). Não seria possível escolher entre ambas, pois que cada uma das duas designa o lugar e a função da outra.

O que nossa época redescobre, parece-me, é o seguinte: que a busca da felicidade não poderia bastar; em outras palavras, que a ética não poderia fazer as vezes de moral. Por isso fala-se de "retorno da moral", o que é bastante justo, em vez de retorno da ética. Porque a geração de 1968

---

40. Ver *T. T.-p.*, caps. 14 e 15 (especialmente, na edição Appuhn, pp. 255-6), e Alexandre Matheron, *op. cit.*
41. *T. T.-p.*, cap. 15 (ed. cit., pp. 255-6).
42. *Critique de la raison pratique,* Examen critique de l'analytique, p. 99 da trad. fr. Picavet.

ou de Woodstock – a nossa – era evidentemente ética, como todas as gerações o são. Mas pretendíamos viver "além do bem e do mal", que é o que exprimiam alguns dos célebres *slogans* de então: "É proibido proibir", "Viver sem tempos mortos, fruir sem obstáculos"... Isso não nos impedia de continuar sendo, ao mesmo tempo, passavelmente morais: a moral havia desaparecido menos dos nossos comportamentos do que dos nossos discursos, assim como ela volta hoje mais em nossos discursos, temo eu, do que em nossos comportamentos... Mas os discursos também têm sua importância, e a mudança que eles exprimem também deve ser pensada e assumida. No fundo, não queremos mais viver além do bem e do mal: não queremos mais ser nietzschianos. E é na virada dessa esquina que Kant e Espinosa nos aguardavam...

Não ética ou moral, portanto, mas ética *e* moral. Notemos de resto que ambas, na prática, tenderão muitas vezes a se encontrar, a tal ponto que às vezes será difícil, para o próprio indivíduo (e impossível para os outros), saber se uma ação dada pertence à ética ou à moral. Você surpreende um amigo efetuando um ato meritório: quem pode saber se ele o faz por razões éticas (por exemplo, por prazer, nem que seja o prazer de ser virtuoso) ou por motivos morais (por dever)? E ele próprio, será sempre capaz de dizê-lo? O coração humano é tão tortuoso, notava Kant, que não se pode sequer saber se uma só ação absolutamente moral foi um dia consumada[43]. Não só porque somos sem-vergonhas safados, como diz Philonenko, ou porque "em toda parte nos chocamos com nosso querido eu", como diz

---

43. Ver *Fondements de la métaphysique dês moeurs*, início da segunda seção.

Kant[44]. Uma boa ação também poderia escapar da moral, não por hipocrisia mas por virtude: não por amor-próprio, mas por amor puro e simples! De fato, é possível que os gregos tenham tido razão e que uma virtude propriamente *ética* seja possível, virtude essa que nem por isso deixaria de ser virtuosa e talvez até o fosse mais. É aqui, parece-me, que Aristóteles via mais longe do que Kant. Quem dá sem prazer, dizia o Estagirita, não é verdadeiramente generoso[45]: mesmo que desse por dever, não passaria de um avarento que se violenta. Inversamente, para quem a generosidade é uma alegria, em que ela ainda é um dever? Às almas "tão propensas à simpatia que, mesmo sem nenhum outro motivo senão a vaidade ou o interesse, experimentam uma satisfação interior em difundir a alegria em torno de si [e em] fruir com o contentamento alheio", Kant preferia o indivíduo que ele descreve e que talvez se pareça com ele, pouco capaz de simpatia, "frio por temperamento e indiferente ao sofrimento alheio", que também faz o bem, claro, mas "sem que seja sob a influência de uma inclinação" e, portanto, "unicamente por dever"[46]: mais vale um misantropo generoso por dever do que um filantropo que só o seria por prazer ou por amor! É onde não acompanharei Kant, claro, e isso nos conduz a Espinosa: mais vale o prazer, mais vale a alegria, mais vale o amor! É também o espírito de Cristo ("Ama, e faz o que quiseres"[47]), de

---

44. Philonenko, *L'oeuvre de Kant*, tomo 2, Paris, Vrin, 1981, p. 109; Kant, *Fondements...*, II (trad. fr., Paris, Vrin, 1980, p. 76).
45. Ver *Ética Nicomaquéia*, IV, 2 (e o meu livro *Traité du désespoir et de la beatitude*, cap. IV, tomo 2, p. 116 [trad. bras. *Viver*, cap. 1, pp. 141-2]).
46. *Fondements...*, I, AK Bd IV, pp. 398-9 (pp. 63-4 da trad. fr. Philonenko).
47. Segundo a bela fórmula de santo Agostinho, *Commentaire de la première Epître de saint Jean*, Tratado VII, cap. 8 (trad. fr. P. Agaësse, s.j., Paris, Ed. du Cerf, 1961, col. "Sources chrétiennes", pp. 328-9).

que Espinosa se pretendia expressamente herdeiro e o que autoriza certos teólogos a pensar que não há moral evangélica, já que os Evangelhos ensinam apenas o amor, que só ensina a si mesmo. De fato, como Kant percebeu, o amor não poderia ser *comandado*[48]. O preceito "amar ao próximo como a si mesmo" é, portanto, menos de ordem moral, na nossa linguagem, do que de ordem ética, e inclusive define, muito exatamente, o que podemos chamar de uma ética do amor, que cada um, conforme as suas preferências, poderá julgar evangélica, cristã ou espinosista... Quanto a Espinosa, ele se baseia sem hesitar em são João ("Possui verdadeiramente o espírito de Deus quem tem a caridade..."[49]), como aliás se apóia em são Paulo ou em são Mateus. Ele nota que "toda lei consiste apenas neste mandamento: amar ao próximo"[50]. E, a propósito de Cristo e dos seus discípulos mais esclarecidos, ele escreve o seguinte, que já citei muitas vezes e que me parece decisivo: *"Ele os libertou da servidão da lei e no entanto a conformou e a escreveu para sempre no fundo dos corações."*[51] Porque o amor não tem lei, ou já não a necessita, e no entanto substitui a todas. "O que é feito por amor está sempre além do bem e do mal", dizia Nietzsche[52]. Eu não chegaria a esse ponto, porque o amor é o próprio bem; mas

---

48. *Critique de la raison pratique, Des mobiles de la raison pure pratique* (p. 87 da trad. fr. Picavet).
49. *T. T.-p.*, cap. 14 (p. 242 da trad. Appuhn).
50. *T. T.-p.*, cap. 14 (p. 241; ver também p. 244).
51. *T. T.-p.*, cap. 4 (p. 93 da trad. fr. Appuhn). Esse passo, em que Espinosa se apóia expressamente em são Paulo, é muito bem comentado por Matheron, *op. cit.*, pp. 138-41. Sobre a relação entre Espinosa e são Paulo, ver também Sylvain Zac, *Spinoza et l'interprétation de l'écriture*, Paris, PUF, 1965, pp. 170-4.
52. *Além do bem e do mal*, af. 153.

além do dever e da proibição, sem dúvida! Que mãe alimenta o filho *por dever*? E existe expressão mais atroz do que *dever conjugal*? Para que necessita de lei aquele que ama? Para que necessita agir por dever, se pode agir por amor? Para que necessita de uma moral, se o amor é para ele uma ética suficiente? *"Ama e faz o que quiseres..."* O amor liberta da lei, e somente ele.

Trata-se não mais de optar entre moral e ética, mas de medir ou de hierarquizar o valor respectivo de ambas e, como existem várias, em se tratando desta ética (a ética do amor: a de Cristo ou de Espinosa), eu direi (com Espinosa e, talvez, com Kant): mais vale a ética, porque mais vale o amor. Tanto mais que a moral é essencialmente negativa: porque ela se opõe a nossas propensões, ela é feita de proibições e, como o demônio de Sócrates, só sabe dizer "não". Uma vida que se contentasse com isso seria, ela própria, inteiramente negativa, o que é o contrário do que queremos. *"Não contrair aids"*, dizia-me um amigo *"não é um fim suficiente na existência."* Ele tinha razão, é claro, e é por isso que a higiene ou a prudência não bastam. Mas não matar também não é um fim suficiente, nem não mentir, nem não torturar... Nenhum *"não"* é suficiente, e é por isso que a moral não basta. Ela só sabe dizer *não* – e se trata de dizer *sim*. Não há felicidade, não há sabedoria sem aprovação ou, pelo menos, sem aceitação. É aí que ética e moral divergem, não nos atos que elas comandam ou recomendam, mas nas disposições internas que supõem ou suscitam. A moral diz não, o amor diz sim: por isso o amor está do lado da sabedoria e da felicidade, ou antes, ele é a única sabedoria e, sem dúvida, a única felicidade[53].

---

53. Sobre o *sim* da sabedoria, ver meu prefácio ao volume 2 da correspondência de Svâmi Prajnânpad, *Les yeux ouverts*, Paris, L'Originel, 1989.

Muito bem. Mas somos capazes disso? E em que medida? E em que circunstâncias? Se a ética é superior quanto ao seu valor, como não ver que a moral (ou o que vivemos como tal) é mais urgente, isto é, mais freqüente, quanto às suas ocorrências, e mais grave, quanto a suas implicações? Porque, se é verdade que só necessitamos de moral na falta de amor, também é verdade, e por isso mesmo, que quase sempre necessitamos de moral: porque, na verdade, de amor somos tão pouco e tão raramente capazes! Não nos esqueçamos assim tão rápido do Antigo Testamento. Que o amor nos liberta da lei, estamos entendidos. Mas há que acrescentar logo em seguida: a lei portanto permanece, enquanto faltar o amor. Ora, quem não vê que ele falta na maioria das vezes?

O sábio e o santo

Não há que escolher, dizia eu, entre a moral e a ética, entre Kant e Espinosa. Compreendemos melhor agora por quê. Aliás, o próprio Kant reconhecia que, no santo, "o temor respeitoso [...] se transforma em inclinação [*Zuneigung*] e o respeito em amor"[54]. Mas quem pode contar com sua própria santidade? Seria deixar-se levar pelo entusiasmo moral (*Moralischeschwärmerei*) acreditar nela ou mesmo, em vida, aspirar a ela[55]. A toda pessoa que queria se bastar numa ética do amor – e libertar-se com isso, já nesta vida, da moral –, Kant replicará sempre, com aquela intransigência rugosa que é bem dele, mas com legitimidade:

---

54. *Critique de la raison pratique*, Des mobiles de la raison pure pratique (p. 88 da trad. Picavet).
55. Ver *ibid.*, pp. 88-91.

pára de tomar-te por Jesus Cristo! Lucidez salutar. Mas Espinosa também tinha razão, ao criticar esses moralistas que "mandam fugir do mal em vez de amar as virtudes" e que, com isso, apenas tendem a "tornar os outros tão miseráveis quanto eles próprios"[56]. Salutar lucidez! Nem a moral sozinha nem a ética sozinha bastam, porque o homem nunca está totalmente salvo (o sábio de Espinosa, não esqueçamos, é tão-só um "modelo da natureza humana posto diante dos nossos olhos"[57]), nem totalmente perdido (a ponto de não poder mais de modo algum "fazer o bem aos homens por amor a eles e por benevolência simpática"[58]). As duas são necessárias, portanto; e, como o amor "não pode ser comandado", nem por si mesmo, necessitamos tanto mais de moral quanto somos menos capazes de amar, e é por isso que precisamos tanto, não, é claro, com os próximos (com nossos filhos ou nossos amigos, ela é quase sempre inútil: o amor basta), mas com todos os que não o são (não os próximos, mas o próximo), aos quais, não podendo amá-los, devemos pelo menos respeito, socorro e benevolência – que, evidentemente, nos faltam, pelo que sem dúvida "toda existência é faltosa"[59], mas desigualmente, o que deixa à moral seu lugar e, apesar das nossas fraquezas, sua grandeza.

Quanto ao sábio e ao santo, se fossem integralmente possíveis e realizados, seriam sem dúvida a mesma pessoa:

---

56. *Ética*, IV, escólio da prop. 63.
57. *Ética*, IV, prefácio.
58. Como dizia Kant, que achava isso "muito bonito", mas acrescentava, evidentemente, que "ainda não é, para a nossa conduta, a verdadeira máxima moral" (*Critique de la raison pratique*, Des mobiles de la raison pure pratique (p. 88 da trad. Picavet]). Eu diria antes que é mais que isso: é uma máxima ética.
59. Marcel Conche, *Orientation philosophique*, 2.ª ed., PUF, 1990, p. 64.

é o ponto extremo em que moral e ética se encontram, em seu ápice, e é o papel de Cristo, tanto em Kant como em Espinosa, indicar de longe esse horizonte tão inacessível (na prática) quanto necessário (na teoria), em que o amor e a lei se encontram, em que a lei, mais exatamente, se dissolve no amor (que recomenda o que ela comanda), do mesmo modo que o amor, enquanto não o alcançamos, prescreve na sua ausência a lei que ordena fazer o que o amor, se presente, bastaria para acarretar – sem ordem nem imposição. *"Não vim abolir, mas cumprir..."* O fato no entanto é que cumprir perfeitamente a lei (inscrevê-la para sempre, como dizia Espinosa, "no fundo dos corações") seria aboli-la como lei (como mandamento), e é disso que o *ego*, que só sabe amar a si mesmo, nos separa. Que nessa medida a salvação está além do *ego*, como eu creio e como a tradição ensina, diz como é vasto o caminho e, no entanto, como é pequeno. Só estamos separados da virtude, tanto moral (a de Kant) quanto ética (a de Espinosa), por nós mesmos: o *eu* não é o que se trata de salvar, mas aquilo de que convém se libertar (não salvá-lo, mas *salvar-se dele*!). Rude tarefa, e a única. Ir ao extremo de si, onde não há mais que tudo.

Podemos então, parece-me, escapar tanto do entusiasmo ético (que pretenderia só agir por amor) quanto do fanatismo moral (que só gostaria de agir por dever). Não somos Jesus Cristo, claro; mas podemos – qualquer que seja aliás sua realidade histórica – nos aproximar do modelo que ele propõe, e no fundo é onde Kant e Espinosa coincidem, e o que os reúne. Moral e ética (ou as duas disposições interiores que designamos por essas palavras) seriam então necessárias, uma e outra, e para todo homem, se bem que na razão inversa: cada passo rumo a um pouco mais de amor alivia um pouco mais a moral; qualquer recuo a torna mais pesada ou mais necessária. Ravaisson, tão marcado por Kant, porém mais ainda por Aristóteles, viu muito bem que tinha-se aí como conciliá-los: "O hábito transforma pouco a pouco numa propensão involuntária a vontade da ação. Os *costumes*, a *moralidade*, se formam desse modo. A virtude é, primeiro, um esforço, uma fadiga; ela se torna, somente pela prática, um atrativo e um prazer, um desejo que se esquece ou que se ignora, e pouco a pouco ela se aproxima da santidade da inocência. É aí que está todo o segredo da educação..."[60] Trata-se de passar da moral à ética, do dever ao amor, e é essa passagem cuja jubilosa espontaneidade cada um de nós experimenta um tanto mais, um tanto menos (às vezes – raramente – acontece-nos ser virtuosos sem fazer força!), assim como experimentamos também, nossas fadigas que o digam, sua fragilidade (é mais fácil, nesse caminho, recuar do que avançar) e sua perpétua incompletude.

Concretamente, isso quer dizer que amar o próximo como a si mesmo, na medida em que somos capazes, é antes de mais nada amar a si mesmo como a um próximo (o narcisismo, aqui como em toda parte, é o inimigo) e agir, em relação ao outro *como se* o amássemos. Certamente, o melhor é fazê-lo por amá-lo de fato – por amor, não por dever. O fato é que, todas as vezes que não sou capaz disso (quer dizer, quase todas as vezes), a moral me prescreve que eu me comporte com o outro *como se* eu o amasse. Como a polidez é uma aparência de moral[61], a moral é essa aparência de amor, pela qual o amor, que não se pode co-

---

60. *De l'habitude*, reed. Paris, Vrin, 1984, p. 30. A idéia, de origem aristotélica, também se encontra em Montaigne: *Essais*, II, 11 (pp. 425-6 da ed. Villey-Saulnier).

61. Ver meu artigo em *Autrement*, Série Morales, n.º 2 ("La politesse"), pp. 20-7.

mandar, comanda no entanto nossas ações (moral), assim como se recomenda (ética). Por qual milagre? Não é um milagre. Nós mamamos o amor ao mesmo tempo que o leite, justo o bastante para saber que nós o amávamos mais que tudo, que ele era por conseguinte o valor supremo e a origem de todos os valores (já que nada vale senão pelo amor que se põe) e que ele não cessaria mais de nos faltar e, mesmo em sua ausência, de valer. A moral é isso mesmo: ela indica que o amor comanda, não apenas quando está presente, o que é uma evidência (essa evidência é a ética), mas inclusive onde não está; que o amor continua a valer, sim, inclusive na sua ausência, e comanda mesmo aquele que não o sente, ou antes, aquele que só sabe amar o amor, como nós todos, como quase sempre, e não amar o outro como o amor lhe recomenda, aqui e agora (o próximo), comandando-o a agir pelo menos como se amasse, na falta de amá-lo de verdade, e em todo caso a se proibir, em relação ao outro, o pior, que o amor bastaria para excluir, se presente estivesse. É evidente que essa aparência de amor – a moral – valha menos que o amor mesmo. Mas agir como se amássemos é, apesar de tudo, melhor do que não agir (a passividade indiferente) ou do que agir mal (a maldade odienta ou egoísta).

"Ama, e faz o que quiseres"? Sim, quando amas! Em todos os outros casos – que são de longe os mais freqüentes –, cabe-te agir *como se* amasses. A fórmula conjuntiva ("Ama, e faz o que quiseres") só indica a metade da tarefa, ou antes, só valeria absolutamente depois de percorrido todo o caminho (depois de a sabedoria e a santidade terem sido alcançadas!), o que não poderia ser o caso, aqui e agora. Ninguém é sábio o tempo todo: ninguém é santo. Daí resulta que, para todos nós, mais vale a fórmula disjuntiva, por dar espaço tanto à moral como à ética: *Ama, ou faz o que deves fazer!*

Mas, de tanto falar de moral, vem um incômodo. "Invocar a moral já não é abusar dela?", perguntou-me outro dia alguém que interveio num debate. Sim, sem dúvida, já que a moral só vale na primeira pessoa (ainda que ela fosse efetivamente universal, eu não poderia julgar os deveres alheios: "a moral nunca é para o vizinho", dizia Alain) e já que, portanto, é inútil falar a seu respeito (já que convém agir: "a única dificuldade, com o dever", dizia também Alain, "é fazê-lo!"). É por isso que, de fato, mais vale nunca dar lições de moral, a não ser às crianças, e deixar falar a consciência, em cada um, e a razão, em todos.

Em outras palavras, cada um faz o que quer. E essa liberdade, longe de abolir a moral, nos submete a ela.

9

O capitalismo é moral?
*(Sobre o problema dos limites
e a distinção das ordens)**

O desmoronamento do socialismo marxista é evidentemente um dos acontecimentos maiores deste fim de século: um mundo vem abaixo e conclui-se que o outro – o que se chamava mundo livre – triunfou. Talvez seja ir depressa demais com o andor. Nada impede que os dois sistemas concorrentes fracassem, e nunca se viu uma civilização, mesmo invicta, que fosse imortal.

De resto, para que vencer, se não se sabe para que viver? E para que lutar, se não se tem mais adversário? A derrota do comunismo muito mais aumenta do que alivia o mal-estar do mundo liberal: no combate ao que lhe parecia um mal absoluto (o coletivismo, o totalitarismo...), o Ocidente podia encontrar como que uma razão de ser e, na falta de outras, a prova da sua própria virtude. Não é mais verdade: o capitalismo agora não tem mais inimigo, em todo caso não tem mais rival, logo não tem mais justificação. Seu triunfo só se iguala à sua derrelição e surge a suspeita de que ele venceu *à toa*. Dia seguinte de festa... Como o Ocidente era bom, nos tempos de Brejnev! Agora está sozinho, com seus milhões de desempregados e esses

---

* *L'Expansion*, n.º 420, janeiro de 1992.

bilhões de esfaimados em volta, que nem sequer são uma ameaça. Economicamente, militarmente, o Ocidente nunca foi tão forte. Mas para que a força, quando não se tem mais a fé? O capitalismo está nu: triunfou sobre o comunismo, mas quem o salvará dele mesmo?

O problema dos valores

Tal comoção geopolítica torna a pôr em primeiro plano – depois do choque dos sistemas e das ideologias – a concorrência das economias e a justaposição ou a interpenetração das civilizações. Em se tratando de economia, a ascensão da Ásia é sem dúvida essencial. Em se tratando de civilização? Temo que seja o desmilingüir-se da nossa, seu lento afundamento no sórdido ou no ridículo. Vejam (com exceção de alguns artistas) nossos museus de arte contemporânea e perguntem a quem aquilo pode atrair, no mundo, a quem pode fazer sonhar, a quem pode fazer viver. Mas a arte é apenas um sintoma. Do quê? Já foi dito mil vezes: do vazio, do niilismo, da mercantilização de tudo... Temos os artistas que merecemos. Como recriminá-los de ser insignificantes, se é nossa sociedade que não tem mais nada a dizer? O mercado só conhece mercadorias; como se faria delas uma civilização? Triunfo do capitalismo: acabou-se, repetem por toda parte, a velha condenação judaico-cristã do dinheiro e da riqueza... Muito bem, mas o que restou? O Ocidente ainda tem alguma coisa a propor ao mundo? Ele acredita o suficiente em seus valores para defendê-los? Ou, incapaz de ele próprio respeitá-los, não sabe mais que consumir e negociar, enquanto espera a morte?

O CAPITALISMO É MORAL?

    O Ocidente cristão viveu: a religião deixou de fazer um mundo e Deus – quando ainda é alguma coisa – já não passa de uma crença privada. Se a religião é o que reúne, o Ocidente não tem mais religião, e talvez esteja fadado, como diria Michel Serres, à *negligência* (ausência de união, de laços) generalizada... Deus está socialmente morto. As igrejas se esvaziam, domingo de manhã o que se enche são os supermercados. Quem pode crer que estes substituem aquelas? Uma sociedade pode sem dúvida viver sem Deus, mas não sem laços espirituais: não sem cultura, não sem valores, não sem ideais. Daí talvez o retorno da moral, como se diz. Deus não responde mais (ou a sociedade não sabe mais ouvi-lo), tampouco nenhuma das divindades substitutas que o século XIX nos havia legado: a ciência fracassa em dizer o bem, assim como a história em dar sentido. *Exit* o cientificismo, *exit* o messianismo... Existe apenas o real, e o real não julga. É preciso portanto outra coisa. O quê? Valores, princípios, mandamentos: uma moral. A verdade não responde mais, nem ninguém em nosso lugar. Cabe a nós responder, pelo menos se quisermos permanecer fiéis aos que nos fizeram. A fidelidade é o que resta da fé, quando a perdemos: necessitamos tanto mais de moral quanto menos temos religião.

    Mas que moral? Que valores? Cada um que decida – e mesmo assim só poderá fazê-lo em nome de valores que já são os seus. Circularidade da cultura: circularidade do espírito. Como julgar a partir de nada? Todo juízo de valor pressupõe os valores mesmos que ele defende, e é por isso que o espírito sempre precede a si mesmo. O que saberíamos da moral e como poderíamos forjar a nossa, se não a houvéssemos antes recebido dos nossos pais (nem que fosse para transformá-la)? Não há valores sem memória, não há valores sem fidelidade. Trata-se de não ser indigno do que a humanidade fez de si, nem do que nossos pais ou nossos mestres fizeram de nós. O superego, dizia Freud, representa o passado da sociedade, o que é verdade em geral para toda cultura, para toda civilização: não há moral do futuro; moral, só presente e fiel.

Não há portanto novos valores a inventar, ou quase não. Os valores, no essencial, são sempre os mesmos; a lei é sempre a mesma. Faz mais de dois mil anos que eles foram formulados e que quase tudo o que o Ocidente teve de grandes espíritos se esforça em respeitá-los, em mantê-los, em transmiti-los. Isso deve parar conosco? Só posso falar por mim: os valores de Montaigne ou de Espinosa continuam sendo os meus, e esses valores já eram, no essencial, os de Sócrates ou de Jesus Cristo. Não é de novos valores que precisamos, mas de reinventar uma fidelidade aos antigos valores. Do passado, não façamos tábua rasa: não se trata de abolir mas de cumprir.

Logo, uma moral – e quanto a isso quase todo o mundo está de acordo hoje em dia. O imoralismo dos anos 1960-1970 faz sorrir: à parte na vida sexual, que ele felizmente libertou, em que mudou os valores que são nossos ou da juventude? Não nos deixemos enganar com os modos, maus ou bons. Há coisa mais tradicional (digamos a palavra: há coisa mais judaico-cristã?), no fundo, do que a moral de um Georges Brassens, de um Coluche ou de um Jean-Jacques Goldman? E por que se espantar com isso? Não se inventa uma nova moral como se inventa uma nova dança, não se muda de valores como se muda de *look*. Quem pode decidir que mais vale a mentira que a sinceridade, que o egoísmo é preferível à generosidade, que a bondade não é boa? As modas passam, os discursos evoluem, mas em que isso muda o essencial? Aliás, a moral também retorna nas empresas, pelo que dizem, de terno, gravata e maleta executiva, e pouco importa o terno.

Resta saber – é onde eu queria chegar – qual o lugar da moral numa sociedade e, em especial, numa economia ou numa empresa. A partir do momento em que "a moral retorna", como dizem, e ainda que isso diga respeito mais aos discursos do que aos comportamentos, é tentador servi-la para todos os gostos. É a novidade da hora: toda empresa quer ter sua ética e se gaba por conseguir tê-la. *Ethics pay*, dizem do outro lado do Atlântico: a ética melhora a produção, a ética enriquece as relações humanas, a ética faz vender mais, a ética é eficiente[1]. Tal convergência de interesses me parece suspeita: a moral não está acostumada com isso e seria a primeira vez, em todo caso nessa escala, que a virtude faria ganhar dinheiro... Será a última aquisição do *american way of life*? Examinemos melhor o problema.

Não duvido que a moral e a economia possam às vezes se dar bem: por que não se poderia enriquecer honestamente? Não confundamos, no entanto, *moralidade* com *legalidade*. Está claro que se pode enriquecer respeitando a lei. Mas vocês conhecem muitos santos bilionários? E como conciliar plenamente a lógica do lucro com a lógica, perdoem-me, da justiça ou da caridade? "Nas nossas empresas, há mais amor do que você imagina", disse-me um dia um empresário. Folgo em saber, mas que amor? Amor a si ou amor ao próximo? Amor de concupiscência, como diria são Tomás (amar o próximo para seu próprio bem) ou

---

1. Para uma apresentação e uma crítica dessas ideologias da *markética* (como dizem!), ver Alain Etchegoyen, *La valse des ethiques*, Paris, François Bourin, 1991.

amor de benevolência (amar o próximo para o bem dele)? Sedução ou respeito? Sedução ou caridade? Esta última palavra dá medo, o que já diz muito. Na verdade, não se pede tanto assim às empresas. Para que, então, fazer de conta? Não se pode servir a dois amos, e é sempre trair um deles (pelo menos um deles!) pretender reuni-los. À empresa o que é da empresa, mas não façamos disso uma moral. Não reduzamos o amor à gestão eficiente dos narcisismos – nem a ética à gestão!

Em suma, quando se percebe que não se pode prescindir de moral, é grande a tentação de pô-la em toda parte. É um fato de época, e não é carente de significado. A coisa é espetacular principalmente para alguém da minha geração. Vinte anos atrás, professávamos com gosto o imoralismo: a política bastava para tudo (é o que podemos chamar de ideologia do "tudo é política"), e uma boa política nos parecia a única moral aceitável. Os jovens de hoje parecem cometer o erro inverso, e no fundo é por isso que se fala de geração moral: tudo é moral, para eles, e uma boa moral lhes parece a única política necessária. Contra a miséria? Os *Restaurants du coeur**. Para resolver os problemas da imigração? O anti-racismo. Para a paz no mundo? As ações humanitárias. Não duvido que haja muita generosidade aí. Mas alguém já viu a generosidade constituir uma política? O caso é que, em vinte anos, passou-se do tudo é política para o tudo é moral, e em ambos os casos isso significa deixar escapar o que essas duas ordens têm de específico e de irredutível uma à outra. Duas gerações, dois erros...

---

* Organização fundada em 1985 pelo humorista Coluche, para dar alimento gratuito aos pobres e excluídos. (N. do T.)

A distinção das ordens

Mas voltemos à economia. Talvez seja mais freqüente, dizia eu, que ela possa se adequar à moral. Mas o problema só é verdadeiramente interessante – e, inclusive, só é verdadeiramente moral – quando não é assim. Parece verossímil que uma boa ética possa ser um fator de qualidade, logo um argumento de *marketing*: mas nesse caso se trata de *marketing*, não de ética! A moral é desinteressada, aliás é por isso que é reconhecida. O comerciante que só é honesto para não perder a freguesia, explicava Kant, ainda que aja em tudo *de acordo com* a moral, nem por isso age *moralmente*[2]. Posso acreditar que é do interesse da empresa ter uma ética; mas o fato de ser seu interesse impede de considerar essa ética como uma moral. Uma arte de viver? Sejamos sérios: no máximo uma arte de trabalhar, de dirigir, de administrar... A palavra *management* está hoje disponível, inclusive em francês, para dizer essas coisas; por que empregar a palavra ética, que, nesse registro, só pode trazer ilusões e confusões?

No fundo, trata-se de não confundir tudo e, para tanto, antes de mais nada, de distinguir ordens diferentes. É a grande lição de Pascal: "O coração tem sua ordem, o espírito tem a sua, que é por princípio e demonstração... Ninguém prova que deve ser amado expondo ordenadamente as causas do amor; isso seria ridículo."[3] O ridículo é confundir ordens diferentes (o coração e a razão, o espírito e a força...), e é também o que Pascal chama de tirania: "A tirania consiste no desejo de dominação, universal e fora da

---

2. *Fondements de la métaphysique des moeurs*, I (p. 62 da trad. fr. Delbos-Philonenko, Vrin, 1980).
3. *Pensées*, 298-283 (ed. Lafuma, Seuil, 1963).

sua ordem."[4] É o caso do rei que quer reinar sobre os espíritos ou do empresário que aspira ao amor dos seus empregados. Vê-se que a tirania é o ridículo no poder, assim como o ridículo é uma tirania virtual ou decaída. Mas cada época tem seus ridículos, cada época tem seus tiranos. Quais são, hoje, as ordens que é importante disjungir?

A primeira delas, a mais evidente, é a *ordem tecnocientífica*. Chamei-a assim de tanto trabalhar com médicos e refletir com eles sobre os problemas ditos de bioética. Sempre me pareceu óbvio que a biologia não tem moral: a noção de bioética, se a quisermos tomar ao pé da letra, seria o tipo do ridículo. Mas essa ordem vai muito além disso. Se incluirmos nela, como convém, as técnicas de produção, de venda e de gestão, assim como as ciências humanas (dentre as quais a economia), logo constatamos que essa ordem agrupa na verdade a totalidade do mundo social, em seu confronto – tanto teórico quanto prático – com o seu ambiente e com seus próprios meios de existência. É a ordem dos saberes e do *know-how*. Poderíamos chamá-la também de ordem horizontal, na medida em que é desprovida de qualquer normatividade ou transcendência. "Em lógica", dizia Carnap, "não há moral." E não há tampouco em biologia ou em economia. Dirão que um lógico não deve manipular suas demonstrações: sem dúvida, mas essa proposição não é passível de uma demonstração lógica. É claro que um economista ou um biólogo não podem prescindir da ética, mas por razões que não têm nada a ver nem com a biologia nem com a economia. Considerada em si mesma, essa ordem tecnocientífica é, portanto, des-

---

4. *Pensamentos*, 58-332. Sobre as noções de ridículo e de tirania em Pascal, ver também meu prefácio para seus pensamentos sobre a política: *Pensées sur la politique*, Rivages Poche, 1992.

provida de moral: é a ordem dos fatos, e todos os fatos são do mesmo nível. No fundo, é a ordem que o *livrão* que Wittgenstein imaginou descreve adequadamente: ele conteria o conjunto de todas as proposições verdadeiras, mas não encontraríamos nele nenhum juízo de valor absoluto: "Nele só haveria fatos, fatos – fatos, mas não ética."[5]

Essa ordem é estruturada, internamente, pela oposição entre o possível e o impossível: tecnicamente, há o que se pode fazer e o que não se pode fazer; cientificamente, o que se pode pensar (o possivelmente verdadeiro) e o que não se pode pensar (o certamente falso). São limites? Não, já que esses marcos não cessam de se deslocar historicamente: aquela teoria que se acreditava verdadeira é infirmada pela experiência e o que é impossível hoje será possível amanhã. São fronteiras somente de fato: elas não limitam um espaço, elas medem um desenvolvimento. É por isso que essa ordem tecnocientífica, por mais estruturada que seja em seu interior, é incapaz de se limitar a si mesma: a oposição entre o que pode ser feito ou pensado e o que não pode é uma oposição, por natureza, provisória e móvel, que não poderia limitar o movimento que ela permite (diacronicamente) e estrutura (sincronicamente). Não há nenhuma razão científica para diminuir a velocidade do progresso das ciências, nenhuma razão técnica para limitar as técnicas. De modo que, se deixarmos essa ordem entregue unicamente à sua espontaneidade, é possível adivinhar o que acontecerá: saberemos cada vez mais, o que é ótimo, mas principalmente, e isso é mais inquietante, *tudo o que é tecnicamente possível será feito*. Todos os técnicos

---

5. Wittgenstein, *Conférence sur l'éthique*, trad. fr., "Idées"/Gallimard, reimpr. 1982, pp. 145-6.

lhes dirão que esse é o único princípio do universo técnico, sua única moral, ou o que lhe veda ter uma moral. Sabe-se dos problemas que isso coloca para os biólogos, e para nós todos. A humanidade talvez esteja em jogo aí. Que limites pôr às manipulações genéticas? A genética não responde. Que respeito se deve à vida? A biologia não responde. Aos mortos? A química não responde. De modo que, como a fronteira entre o possível e o impossível não pára de se deslocar e o possível se torna apavorante (pois questiona a própria existência da humanidade), somos obrigados a procurar, fora dessa ordem, os limites que ela torna necessários sem poder fornecê-los. O mesmo se dá na vida econômica. Não há razão econômica alguma para limitar o jogo dos mecanismos econômicos: o que mais é o mercado e a lei do mercado, senão isso? Mas quem pode crer que eles bastam para moldar um mundo – pelo menos um mundo que seja humano? O trabalho das crianças, no século XIX, também era submetido à lei do mercado: deveria a sociedade resignar-se a isso?

Se nos recusarmos a entregar essa ordem a seu desenvolvimento infinito e selvagem (desumano), teremos então de controlá-la, limitá-la, o que só pode ser feito fora dela – já que ela é incapaz de se limitar por si mesma.

O que vai vir, de fora, limitar a ordem tecnocientífica? Claro que outra ordem: a *ordem jurídico-política*. Somente a lei (para nós: a democracia) pode impor um limite eficaz às manipulações genéticas ou ao livre jogo da oferta e da procura. Essa ordem jurídico-política está estruturada, internamente, pela oposição entre o legal e o ilegal: juridicamente, há o que a lei autoriza e o que ela proíbe; politicamente, quem pode fazer a lei (o soberano) e os que devem obedecer a ele (os súditos, mesmo que, numa República, súditos e soberanos, como viu Rousseau, sejam os mesmos indivíduos). Mas essa ordem jurídico-política é tão incapaz quanto a precedente de se limitar a si mesma. Que idéia mais esquisita, vão me objetar. A ordem jurídico-política, para nós, é a ordem democrática: por que haveria que limitá-la? Tudo bem que seja necessário limitar as ciências ou as técnicas. Mas a democracia? Mas o direito? Não seria limitar a liberdade e, com isso, renunciar a ela?

Isso coincide com um tema de dissertação que dei, há alguns anos, aos meus alunos. Era na licenciatura em filosofia política; tínhamos posto no programa daquele ano "o povo". Vem o momento da primeira dissertação... Dou o seguinte tema: "O povo tem todos os direitos?" Corrigindo os textos, tive de constatar que todos os estudantes, ou quase, respondiam – com uma boa consciência democrática que achei meio assustadora – que sim, claro, o povo tinha todos os direitos: acaso a democracia não é o melhor dos regimes? Não é aquele em que o povo é soberano? E o soberano não é, justamente (e citam-me, era o curso do ano, Hobbes, Espinosa, Rousseau...), aquele que tem todos os direitos? Devolvo os trabalhos... Se o povo tem todos os direitos, observo a meus alunos, ele tem portanto o direito de oprimir suas minorias (por exemplo, votar leis antijudaicas), praticar a eugenia ou o assassinato legal, deflagrar guerras de agressão... O que seria isso senão uma barbárie democrática? De que vai-se poder acusar Hitler, que, nunca será bastante recordar, chegou ao poder *democraticamente*? Os alunos me respondem que não é o que queriam dizer, como eu já desconfiava, e que além do mais a Constituição, como eles diziam, proíbe oprimir as minorias ou praticar o assassinato legal. Observei então que a mesma Constituição que, de fato, proíbe isso prevê as modalidades democráticas de sua mudança, senão não seria uma Constituição verdadeiramente democrática. O que impede então que se suprimam os artigos que vedam tomar as medidas (por exemplo racistas, policiais ou militares) que o povo julgasse desejável? O que o povo fez, ele deve poder desfazer – senão não é mais o povo que é soberano, mas sim a lei, e se passa da democracia à *nomocracia* ou, mais concretamente, do poder dos cidadãos ao poder dos juízes... É por isso que não há leis fundamentais, explicava Rousseau, se se entender por isso leis que se imporiam ao povo sem que ele pudesse mudá-las[6]: não há limite democrático para a democracia. Mas como evitar então que o povo tenha todos os direitos? E, se ele os tem todos, em nome de que lhe proibir o pior?

Há outra coisa. Imaginemos um indivíduo que só se impusesse o que a lei impõe, que só se proibisse o que a lei proíbe... Nenhuma lei proíbe a mentira (salvo em certas circunstâncias muito particulares, por exemplo, comerciais), nenhuma lei proíbe o ódio, o desprezo, o egoísmo... Nosso indivíduo poderá portanto, com plena legalidade republicana, ser egoísta e mentiroso, cheio de ódio e de desprezo... Que mais será ele, senão um canalha legalista? A democracia é tão insuficiente para os indivíduos quanto o é para os povos. O problema, mais uma vez, é o dos limites: a partir do momento em que se renuncia ao "*tudo é permitido*" do ingênuo ou do canalha, temos de saber o que *não é* permitido, em outras palavras, que limites separaram o legítimo do ilegítimo, o consentido do proibido, e isso a democracia ou o direito não seriam capazes de decidir por si sós, a não ser que, como vimos, se autorizasse o pior, e é isso que se trata de impedir.

---

6. *Contract social*, II, 12.

O problema é análogo ao que encontramos na ordem tecnocientífica. A ordem jurídico-política também deve ser limitada, e tanto quanto a precedente ela não é capaz de se limitar a si mesma: não há limite científico ou técnico para as tecnociências, não há limite democrático para a democracia. É necessário portanto outra coisa para limitar de fora o puro jogo democrático (no melhor dos casos!) da ordem jurídico-política. O quê? Outra ordem: a *ordem da moral*. Se o povo não tem todos os direitos, se a legalidade ou a democracia não bastam, é que a política não é tudo, é que o direito não é tudo, é que o soberano (mesmo que seja o próprio povo) não é tudo! É isso que Antígona não pára de lembrar a Creonte, e é onde começam os deveres do indivíduo – depois dos deveres dos cidadãos, porém acima deles.

Essa ordem da moral é de fato estruturada, internamente, pela oposição entre o bem e o mal, o dever e o proibido. Ela se dirige tão-só à consciência de cada um (o que basta para distingui-la da *ordem moral*, cara aos integristas e aos censores, que pretendem reger a consciência de todos), sem promessa e sem recompensa, sem ameaça nem sanção. É a ordem do imperativo categórico segundo Kant, tão universalizável, em seu princípio, quanto solitária na sua efetuação. "*Sozinho, universalmente...*", dizia Alain. Estritamente respeitada, essa ordem permitiria sem dúvida evitar o pior: não há canalha moral (mesmo que haja muitos canalhas moralizadores!), e é por isso que essa ordem sem dúvida não necessita, ao mesmo título que as duas precedentes, ser limitada por outra coisa. Quer isso dizer que ela é última e suficiente? O próprio Kant não acreditava que fosse (senão, teria ele inventado os postulados da razão prática?), e eu é que não me disporia a acreditar. Não é que essa ordem deva ser limitada, é que ela o é em seu princípio mesmo. O dever supõe a imposição, que supõe a submissão, a tentação, o mal... Como fundar nisso uma existência ou uma liberdade? No fundo, a moral só é boa para os maus; é por isso que temos necessidade dela, claro, mas é por isso também que ela não poderia nos bastar nem nos satisfazer. Imaginemos um indivíduo que cumprisse sempre com o seu dever, mas que *só* cumprisse com o seu dever e que se contentasse com isso. Não seria um canalha, claro, e até nos superaria de longe. Poderíamos no entanto ver nele um modelo humano perfeitamente satisfatório? Não haveria por que temermos dele o pior, é claro; mas poderíamos esperar dele o melhor? Não seria um canalha, sem dúvida; mas não seria por acaso o que chamamos (em nossa cultura, com ou sem razão) de um fariseu?

É necessário portanto – menos para limitar a ordem da moral do que para completá-la, para abri-la a outra coisa além dela mesma – o que de minha parte chamo de *ordem ética*: a *ordem do amor*. Essa ordem é, a meu ver, última (que poderíamos pôr acima dela?), e a única que não necessita de limites ou de prolongamentos: não há por que temer o amor infinito, primeiro porque não poderíamos desejar para nós nada melhor que ele, depois e principalmente porque não é propriamente o amor infinito o que nos ameaça...

Angelismo e barbárie

Logo, quatro ordens: a ordem tecnocientífica, a ordem jurídico-política, a ordem da moral, a ordem do amor. Só? Não necessariamente. Eu prolongaria de bom grado essas quatro ordens para baixo, assinalando o lugar de uma ordem zero, que seria a da natureza ou do real e que conteria todas as outras. Outros vão querer prolongá-las para cima, supondo uma ordem sobrenatural. A Bíblia sugere que isso seja possível, que até seja, no caso da religião, necessário: ao oferecer seu filho em holocausto porque Deus ordenava, Abraão não estava a ponto de transgredir ao mesmo tempo as exigências do direito, da moral e do amor? *"Toma agora o teu filho, o teu único filho, Isaque, a quem amas, e vai-te à terra de Moriá, e oferece-o ali em holocausto sobre uma das montanhas, que eu te direi..."*[7] Mas isso supõe "uma relação absoluta com o absoluto"[8], que eu nunca experimentei (o que não tem muita importância: uma experiência, nesses domínios, não provaria, por definição, coisíssima alguma) e que me parece muito mais perigosa do que o desespero do qual – segundo Kierkegaard – essa relação deveria nos permitir escapar[9]. Mas esse debate nos levaria longe demais: voltemos às nossas quatro ordens e à sua necessária distinção.

Distinguir a ordem tecnocientífica, a ordem jurídico-política, a ordem da moral e a ordem do amor é, primeiramente, lembrar que todas as quatro são necessárias: nenhuma sociedade humana pode prescindir de uma delas, e ne-

---

7. Gênesis 22. Essa história atroz pode, sem dúvida, ser interpretada de diversas maneiras (para uma leitura moderna, no caso psicanalítica, ver Marie Balmary, *Le sacrifice interdit*, Grasset, 1986); mas não se eliminará facilmente o que ela tem de radical e de apavorante, aspecto sobre o qual a maioria passa rapidamente e cujos abismos e cujas implicações quase somente Kierkegaard foi capaz de medir (*Crainte et tremblement*, trad. fr. P.-H. Tisseau, Aubier).

8. Kierkegaard, *op. cit.*, pp. 86, 97, 153, 188 e 201.

9. *Ibid.*, pp. 15 ss. Ver também *La maladie mortelle*, ou *Traité du désespoir...*, cit.

nhum indivíduo. Mas também é insistir nas suas diferenças e nos riscos que haveria em confundi-las: risco do ridículo, risco da tirania! Como a moral poderia fazer as vezes de ciência? Como a ciência, de moral? Como a política substituiria o amor? Como o amor faria uma política?

Os ridículos são incontáveis, mas não ameaçam a todos igualmente. Duas tentações principalmente devem ser evitadas.

A primeira consiste em pretender anular uma ordem, ou sua lógica própria, em nome de uma ordem superior. É o que chamarei de *angelismo*, que é uma tirania do superior. Por exemplo, pretender anular as imposições técnicas, científicas ou econômicas em nome das exigências da política: angelismo jurídico-político (o qual muitas vezes assume a forma do voluntarismo: "tudo é possível, basta querer"). Lembrem-se de Lyssenko, ou de alguns dos nossos políticos, principalmente quando estão na oposição... Ou então, outro exemplo, pretender anular as exigências da política em nome das exigências, por certo mais elevadas mas insuficientes nesse caso, da moral: angelismo moral (a boa alma, a "geração moral", etc.). Ou ainda: querer se libertar dos seus deveres ou dos desafios políticos em nome de um amor pretensamente universal (angelismo ético: "viva o amor, abaixo a moral!", movimento paz e amor, etc.). Ou, enfim, querer submeter alguma dessas quatro ordens, ou o conjunto delas, ao sobrenatural, no caso dos que nele crêem: integrismo, fanatismo religioso, teocracia... O contrário desse último ridículo é a laicidade, cujo uso poderíamos generalizar. Ser laico, no sentido lato, não é apenas separar a religião da política, é também separar (pelo menos na escala da sociedade) a política da ciência, da moral ou do amor, como cada uma dessas quatro ordens de todas as outras. É faltar para com a laicidade, numa democracia, pretender representar, como tantos fizeram, como tantos farão, o partido da virtude contra o vício ou o partido da ciência contra a ignorância. Há gente honesta e crápulas, sábios e ignorantes em todos os lados, e mesmo que assim não fosse, nem a moral, nem a ciência, nem o amor poderiam proporcionar qualquer tipo de legitimidade política. Um "Partido dos Valores" (ou um "Partido do Amor" ou um "Partido da verdade"...) é ridículo, quando está na oposição, ou tirânico, quando está no poder. Por definição, a maioria poderia ser constituída dos mais sábios, dos mais virtuosos ou dos mais amorosos (como a maioria poderia ser composta dos melhores? Seria confundir democracia com aristocracia!), e no entanto é a maioria que decide, que deve decidir, e é por isso que a laicidade impede que se tome a democracia por uma moral ou a virtude por um argumento. Mas isso já nos leva à segunda tentação.

O fato de essa segunda tentação ser o inverso da primeira, não impede de sucumbir simultaneamente às duas. O ridículo não é muito sensível ao princípio de não-contradição... De que se trata? De uma outra confusão das ordens, de uma outra tirania, que consiste em submeter ou em reduzir uma ordem dada a uma ordem inferior. É o que chamarei de *barbárie*, que é uma tirania do inferior. Por exemplo: submeter ou reduzir a política à técnica (barbárie tecnocrática: tirania dos especialistas) ou ao mercado (barbárie liberal: tirania dos capitais). Ou então: submeter ou reduzir a moral às necessidades da política (barbárie militante ou democrática: tirania das ideologias, dos partidos ou das pesquisas de opinião). Ou ainda: submeter ou reduzir o amor ao respeito pelos deveres (barbárie moralizadora: tirania da ordem moral).

Detenho-me um instante nessa noção de barbárie democrática. É submeter a moral à política, como faziam Lênin ou Trótski[10], mas desta vez sob a figura do povo soberano ou dos seus representantes eleitos ou supostos (no caso das pesquisas de opinião). Há barbárie democrática a partir do momento em que se considera que o povo pode legitimamente estatuir sobre o bem e o mal: assim, a eutanásia seria uma falta, pois é legalmente proibida; e o aborto não, pois é legalmente autorizado... É equivocar-se sobre as leis em geral e, diga-se de passagem, sobre a lei Veil em particular. Quais eram as motivações do legislador? Que se estava diante de um drama humano (o aborto clandestino) que era necessário impedir ou atenuar, e diante de um problema moral, que não podia ser da alçada do Estado, mas sim e somente dos indivíduos – por não haver um consenso entre eles. O legislador nos dizia em substância: "Eu, Estado, considero que o aborto (com estas ou aquelas reservas ou condições) não é um problema político, mas um problema moral: que não é um problema do Estado ou do povo, mas dos indivíduos..." E quem não sente em si a tentação de responder ao Estado: "Se não é seu problema, também não é o meu, logo não há nenhum problema"... É o que se chama de banalização, que não poderia questionar a legitimidade de uma lei, mas que deve nos levar a nos interrogar sobre os riscos de ridículo – ou de tirania popular, ou populista – em democracia. Sem me demorar sobre o fundo da questão, que não é meu tema, notarei apenas que um indivíduo pode muito bem vedar-se o aborto (ou *determinado* aborto: só há casos singulares) por ra-

---

10. Sobre a barbárie do militante, tal como a vemos em ação em Lênin ou Trótski, ver meu artigo "Le bon, la brute et le militant", *in Une éducation philosophique*, especialmente pp. 123 a 126.

zões morais, muito embora o aborto seja legalmente tolerado, e autorizar-se no entanto a eutanásia, ou até sentir-se obrigado, em determinada situação, a contribuir para ela, aqui também por razões morais, muito embora a eutanásia seja legalmente proibida. Em outras palavras, o legal não é o bem; o ilegal não é o mal. Lembrem-se das leis de Vichy e dos "terroristas", como se dizia então, que preferiram a ilegalidade à desonra. As opções nem sempre são tão extremas, mas sempre é necessário optar, sempre é necessário julgar, e nenhum soberano (nem que, repitamos, seja ele o próprio povo) poderia nos impedir de fazê-lo, nem fazê-lo em nosso lugar. Não se delega a consciência. No dia em que a esquecermos, o Povo-Creonte prevalecerá definitivamente sobre os indivíduos-Antígona. A democracia mesmo assim poderia subsistir, sem dúvida. Mas o que restaria da moral? E que valeria essa democracia?

Pôde-se compreender que a moral tampouco poderia fazer as vezes de democracia (angelismo moralizador). É sempre a idéia de laicidade, no sentido lato em que eu evocava acima. Somente o fanático pode pretender impor a uma sociedade, e contra a sua vontade, exigências morais que só podem valer para os indivíduos: o bem não é o legal, e não poderia dispensar ninguém de submeter-se a ele. Um grande médico declarar publicamente que pratica a eutanásia não é, em si, chocante, se ele assumir a responsabilidade não apenas moral mas penal (o fato de as quatro ordens serem disjuntas não impede que estejamos incluídos nas quatro), em outras palavras, se ele aceitar as eventuais sanções que a lei prevê – a não ser que o legislador, constatando que essa lei é inaplicável, decida, como eu desejo, modificá-la ou elaborar outra. Mas é chocante – e malsão para a idéia de República – que se renuncie, na indiferença quase geral, tanto a punir o médico quanto a mudar a lei. Se as leis não se aplicam mais, ou só se aplicam irregularmente ou "conforme o freguês" de quem a transgride, o que resta do direito? que resta da democracia?

Notemos enfim que não se poderia votar no verdadeiro ou no falso, em outras palavras, submeter a ordem tecnocientífica à ordem jurídico-política (angelismo democrático: voluntarismo e sofística). No dia em que os negacionismos obtiverem um referendo para decidir sobre a realidade da *shoah*, eles terão vencido, mesmo que o referendo os derrote: porque se passará de uma questão histórica, que como tal é do âmbito de uma certa competência, de uma certa tecnicidade (o confronto dos testemunhos, a pesquisa nos arquivos, o exame dos documentos...), a uma questão de opinião ou de preferência, que supõe apenas pontos de vista subjetivos. É tão perigoso pretender submeter a moral ou a ciência à vontade do povo (barbárie ou angelismo democráticos: legalismo ou sofística) quanto seria, e é, querer submeter a democracia a uma ou à outra (angelismo moralizador ou barbárie tecnocrática: tirania dos moralistas ou dos especialistas).

Toda a dificuldade, como a concebemos, está no fato de que estamos todos, sempre, incluídos nessas quatro ordens e de que elas obedecem a lógicas diferentes, muitas vezes antagônicas e às vezes incompatíveis. A política não poderia se reduzir à moral, sem se fadar ao fracasso: "O bem público", dizia Montaigne, "requer que mintamos, que traiamos, que massacremos..."[11] Dirão que Montaigne exagera; mas não vejo como a guerra do Golfo, por mais justificada que fosse, mostraria que ele estava errado... Aliás,

---

11. Montaigne, *Essais*, III, 1 (p. 791 da ed. Villey-Saulnier, reed. PUF).

guerra ou não guerra, que homem político poderia renunciar à mentira sem, com isso mesmo, renunciar ao poder e, portanto, à política? Tem de fazê-lo? Claro que não: seria cair no angelismo e submeter-se de pés e mãos atados à política *dos outros*. Tudo é permitido então? Claro que não, também, pois seria renunciar à moral e cair com isso na barbárie... "Nem todas as coisas são facultadas a um homem de bem para servir ao seu rei, nem à causa geral e às leis", dizia ainda Montaigne[12]. É ridículo (angélico) fazer unicamente da sua virtude um programa eleitoral; mas a partir de que momento deve-se, para não perder a alma (para não cair na barbárie), aceitar perder as eleições? Cabe a cada um decidir: não há nem regras gerais nem receitas absolutas. É por isso que a política é trágica: o fato de os partidos não terem moral, o que é claro, não pode dispensar os militantes (como indivíduos) de ter uma.

Mesma coisa para a economia. É ridículo crer que ela basta para tudo (barbárie liberal), mas também é ridículo crer que a política pode fazer com ela o que bem entender (angelismo planificador). Economicamente, há o que é possível e o que não é; mas politicamente há o que é tolerável e o que não é. Entre ambos resta sempre um jogo suficiente para que a política seja possível, e até mesmo políticas diferentes: o mais forte prevalece, o que é a própria política. Para fazer o quê? De novo, cabe a cada um decidir: a maioria resolverá, na democracia, mas nada prova que a maioria tenha razão... A moral preserva portanto seus direitos e suas exigências. As empresas não têm moral (a legalidade e a gestão lhes bastam); é uma boa razão para que os indivíduos que trabalham nelas tenham uma.

---

12. *Ibid.* (p. 802). Ver também meu artigo "Morale et politique dans les *Essais*", in *Montaigne, maire de Bordeaux*, obra coletiva, Mairie de Bordeaux, L'Horizon Chimérique, 1992.

"A cotação do cacau há muito tempo está bem abaixo do que a decência pode tolerar", dizia recentemente um renomado economista. Muito bem, mas, que eu saiba, a decência não é uma noção econômica. Se se quiser limitar, nesse domínio, os efeitos devastadores e desumanos do mercado, tem-se de limitá-los de fora, e por motivos tanto políticos quanto morais. A partir de quando? Em que medida? De novo, não há regras gerais, nem respostas prontas: o povo ou seus dirigentes decidem, em política, e os indivíduos, em moral. É ingenuidade crer que sua resposta será sempre, do ponto de vista econômico, a mais pertinente ou que a moral e a política coincidirão todas as vezes. Essa ingenuidade é o ridículo de Pascal, e o contrário do ridículo, aqui como alhures, é o trágico: o conflito sem apelação, sem garantia, sem desculpas.

O bezerro de ouro

O capitalismo é moral ou imoral? Deu para compreender que não é nem uma coisa nem outra: real simplesmente, racional evidentemente, e de uma racionalidade imanente. Aliás, é o que fez sua força contra o comunismo, sempre obrigado – era seu ridículo próprio – a impor à economia uma racionalidade diferente, que se pretendia moral e política, mas *fora da sua ordem*, como diria Pascal, e com isso, necessariamente, fadada à tirania. A utopia marxista, pois se tratava de uma, era uma singular mistura de barbárie (economicismo, totalitarismo) e de angelismo (humanismo, voluntarismo, sofística...). Sabemos o preço disso. Quem quer se fazer anjo, se faz besta. E a besta no poder se torna naturalmente feroz. Mas o real resiste, a economia resiste. A racionalidade imanente e amoral do capitalismo triunfou contra a racionalidade pretensamente moral e transcendente (pois que proveniente de outra ordem) do "socialismo científico". Nem por isso vamos cair no ridículo inverso e fazer do capitalismo, contra a evidência, uma moral! Seria transformar o real em valor e fazer do capitalismo um ídolo: se o mercado se tornasse uma religião, seria a pior de todas, a do bezerro de ouro, e a mais ridícula das tiranias, a da riqueza. Distinção das ordens: a economia não poderia fazer as vezes da moral ou da política, como tampouco a política ou a moral poderiam fazer as vezes da economia. E como uma ou outra poderiam fazer as vezes do amor? Ou o amor, de uma ou outra? Todas as nossas quatro ordens são necessárias, e só podem se desenvolver plenamente contanto que não sejam confundidas.

Mais uma palavra. Entre essas quatro ordens, que hierarquia? Para o indivíduo, uma hierarquia ascendente, do tecnocientífico à ética: a política tem uma dignidade maior que a economia, a moral maior que a política, o amor maior que a moral. Cada uma dessas ordens, devido a essa preeminência, é aliás representada em algo na ordem inferior, não para anulá-la ou dominá-la, o que seria um angelismo, mas para temperá-la, para guiá-la e abri-la ao que a supera: a deontologia representa assim a exigência social na ordem tecnocientífica (pensemos no juramento de Hipócrates), assim como a eqüidade representa a moral no direito (o juiz existe para servir a lei, diz-se nos tratados jurídicos, mas não deve ser subjugado por ela), assim como, enfim, a misericórdia representa o amor na moral. Isso vale também no outro sentido: cada uma dessas ordens, devido à sua competência própria, pode intervir numa ordem superior, não, é claro, para dominá-la, o que seria a barbárie, mas para iluminá-la, servi-la ou proporcionar-lhe a matéria em que ela se aplicará. Assim é que a ordem tecnocientífica pode intervir na ordem jurídico-política (por exemplo, na forma de perícia), assim como a ordem jurídico-política na moral (pelo espírito cívico) ou a moral no amor (pela proibição: não é verdade que o amor autoriza tudo, o que a proibição do incesto basta para lembrar). Por mais que cada uma dessas ordens seja distinta de todas as outras, elas têm de se comunicar: já que uma mesma sociedade e os mesmos indivíduos permeiam todas as quatro ou são permeados por elas. Compreende-se entretanto que isso não poderia abolir nenhuma dessas ordens, nem sua estrutura própria nem sua distinção essencial: a eqüidade só é possível nos limites do direito, assim como o espírito cívico se submete aos limites da moral, como o proibido, em última análise, se submete ao amor (o problema da eutanásia, aqui, é sem dúvida mais esclarecedor do que o do incesto). Que valeria um juiz que se autorizasse, em nome da sua consciência, violar a lei? E um cidadão, se pusesse a lei acima da sua consciência? E um indivíduo, se pusesse o proibido acima do amor? No entanto, o juiz é um cidadão, e todo cidadão é um indivíduo... "Que remédio? Nenhum remédio."[13] Não saímos do trágico, ou só saímos pelo ridículo. Simplesmente, "não podemos tudo", como diz Montaigne[14], e ninguém pode decidir a esse respeito, a não ser para si próprio.

De resto, isso é somente um esquema, que não tem outra finalidade além de ajudar cada um a se orientar, ou a se perder, nesse problema. O caso é que, para o indivíduo, essas quatro ordens são de valor desigual, e que o amor fica

---

13. Montaigne, *Essais*, III, 1 (p. 799 da ed. Villey-Saulnier).
14. *Ibid.*

em seu topo. Para o grupo, ao contrário, são quase sempre as ordens inferiores que primam e que condicionam todas as outras. Uma sociedade sem moral que lugar daria ao amor? E sem Estado, que restaria da moral (que seria uma moral no estado natural?)? E sem a economia, sem as ciências e as técnicas, para que a política? E como a moral ou a ética poderiam advir? Marx e Freud dizem aqui o essencial: não há amor sem lei, tanto moral quanto jurídica, não há lei sem produção e reprodução dos meios de existência. Materialismo portanto: o superior domina o inferior, quanto ao valor, mas depende dele, quanto ao ser. Daí essa distinção que propus, entre, de um lado, a hierarquia das *primazias*, isto é, dos valores subjetivamente mais elevados (primazia da política sobre a economia, primazia da moral sobre a política, primazia do amor sobre a moral), e, de outro lado, o que podemos chamar de encadeamento dos *primados*, isto é, das maiores determinações objetivas (no sentido em que Marx falava, a meu ver legitimamente, de um primado da economia sobre a política e da política sobre a moral[15]). O superior nasce do inferior, e dele depende tão certamente quanto o supera: as sociedades só avançam de baixo para cima. Mas os grupos quase sempre tendem a inverter esse movimento que os faz humanos, a cair, a descer novamente a ladeira: para o *grande animal*, como dizia Platão, isto é, para a turba, para a coletividade, para a multidão que somos, o amor, quase inevitavelmente, se degrada em moral, a moral em legalidade ou em relações de força (em política), enfim o direito ou a política em técnicas... Moralismo, legalismo, tecnicismo... O populismo ou

---

15. Sobre as noções de *primado* e *primazia*, e sobre a dialética que os une, ver *Le mythe d'Icare* [*Tratado do desespero e da beatitude*], pp. 110 a 115 e 304 a 305.

a demagogia, nos povos, assim como a tibieza nos indivíduos, apenas descem aqui a ladeira que seria preciso subir.

Os verdadeiros homens de Estado fazem o contrário, põem a técnica a serviço de uma política, assim como os homens de bem, que põem a política a serviço de uma moral, assim como os homens de coração, que põem a moral a serviço de um amor... Em suma, o indivíduo só adquire alguma dignidade se sempre subir essa ladeira que o grupo, se o deixarem, não pára de descer. Penso em Simone Weil, que opunha o peso à graça... Digamos que os grupos são quase sempre submetidos ao peso, de fato, isto é, à lógica descendente dos condicionamentos ou dos primados. Que grupo não prefere a riqueza à justiça, o poder à virtude, a boa consciência ao amor? É a ladeira. E é essa ladeira que os indivíduos às vezes sobem de volta, quando conseguem se desvencilhar um pouco do peso do grupo (deles próprios, enquanto membros do grande animal: enquanto *ego*) e se elevar, mas têm de estar sempre refazendo o caminho, da economia à política, da política à moral, da moral ao amor... Uma graça? Parece. Mas, como não creio em Deus, não é a palavra que utilizarei. Nada lá em cima nos puxa; logo alguma coisa tem de nos empurrar. O quê? O que Espinosa ou Freud chamam de desejo, cujas ocorrências principais – a vontade e o amor – cada um experimenta em si.

Sim, para nos elevar um pouco, e isso, é claro, só vale para os indivíduos, e por eles, conheço apenas estas duas forças, tão fracas, tão frágeis, tão irrisórias: o amor e a coragem.

Nunca está garantido que elas possam bastar – mas que alguns, no entanto, mostraram.

10

Humano, nunca humano demais

*(Humanismo prático e anti-humanismo teórico)**

O humanismo é antes de mais nada um combate pelo homem ou, mais precisamente, pela humanidade do homem: trata-se de defender, não uma espécie apenas (o humanismo não é um subconjunto da ecologia), mas o que esta faz de si, não o *homo sapiens*, mas a humanidade civilizada. Nesse sentido, somos todos humanistas, nesta sala, e é o que nos reúne. Humanismo prático: trata-se de agir, e a humanidade é o objetivo – aqui, agora – da nossa ação. Consideramos a humanidade do homem um fim (como diria Kant), nós a desejamos (como diria Espinosa), e é isso que nos faz humanos ou dignos de sê-lo: o humanismo prático é a afirmação e a defesa da humanidade como valor. "Por bem", dizia Espinosa, "entenderei doravante o que sabemos com certeza ser um meio de nos aproximar cada vez mais do modelo da natureza humana que nos propomos; por mal, ao contrário, o que sabemos com certeza nos impedir de reproduzir esse modelo."[1] E noutra passa-

---

* Intervenção no colóquio "Humanisme ou barbarie (l'Europe face aux intégrismes et aux nationalismes)", organizado de 9 a 11 de outubro de 1992, em Bruxelas, pela associação Europe, Terre d'Humanisme.
1. *Éthique*, IV, prefácio (cito Espinosa a partir da edição bilíngüe de Appuhn, cuja tradução às vezes corrijo, como aqui).

gem: "A humanidade, ou respeito humano (*Humanitas seu Modestia*), é o desejo de fazer o que agrada aos homens e não fazer o que lhes desagrada."[2] A humanidade não é um princípio explicativo; é um esforço (conato)[3]. Não é uma essência (porque, nesse caso, não teria nenhum sentido dizer de um homem, ou de um dos seus atos, que é desumano: seria como dizer de um círculo que ele é quadrado); é uma virtude ou, pelo menos, um desejo. Daí o que chamo de humanismo prático: nada mais é que o desejo afirmado de ser humano, no sentido normativo do termo, em outras palavras, submeter-se à humanidade, não como espécie biológica, mas, repitamos, como valor. Trata-se, não do que *sabemos* do homem, mas do que *queremos* para ele.

Esse humanismo prático não é evidentemente um bem exclusivo dos intelectuais. Vocês se lembram do que escrevia Rilke, nas suas *Cartas a um jovem poeta*, a propósito da mulher e da moça, "mais próximas do humano que o homem", dizia ele. Sim. O humanismo prático muitas vezes é um humanismo espontâneo, e as mães sabem muito mais sobre isso do que muitos filósofos. Ser humano é, antes de

---

2. *Ética*, III, def. 43 dos afetos. A tradução de *modestia* por "modéstia", embora habitual, parece incompatível com a definição que dá Espinosa, a qual, em compensação, me parece condizer muito bem com a que nossos dicionários dão de *respeito humano* ("medo do juízo dos homens, que conduz a evitar certos atos, certas atitudes", segundo o *Petit Robert*), assim como, aliás, com o campo semântico, em latim, da palavra *modestia*. Lembremos que essa *modestia*, na *Ética*, só "se reduz à moralidade" se "o desejo de agradar os homens for determinado pela razão": se ela nasce de um afeto, ela nada mais é que "a ambição, isto é, um desejo pelo qual os homens no mais das vezes suscitam discórdias e sedições sob uma falsa cor de moralidade" (*Ética*, IV, Apêndice, cap. 25). A mesma ambigüidade, ou a mesma ambivalência, se encontra em francês, parece-me, em *respect humain* [respeito humano].

3. Cf. *Ética*, III, prop. 29 e escólio.

mais nada, ser sujeito (capaz de, sujeito a) da linguagem e do amor. A língua materna, a doçura materna... A humanidade se inventa aí, e é aí, de geração em geração, que ela se reproduz. A hominização se fez progressivamente, sem dúvida, mas nos é dada de uma só vez: homem porque filho do homem. A humanização é outra coisa: igualmente progressiva, em sua constituição, e sem dúvida mais, ela também o é em sua transmissão: a educação é um assunto de longo prazo (fazer um homem é bem diferente de fazer um filho!), e nunca terminamos de nos humanizar. Humano, nunca humano demais...

Portanto o humanismo prático não pertence a ninguém, ou antes, pertence apenas aos que o *praticam* de fato (os que, como se diz, dão prova de humanidade), e não àqueles que dele falam (os intelectuais). Aliás, um intelectual não existe para falar mas para pensar. Pensar o quê? Por exemplo, sua própria humanidade, e a dos outros. É aqui que encontramos o problema – pois se trata de um – do humanismo teórico.

Vou avisando: de minha parte, permaneci fiel ao que Louis Althusser chamava de anti-humanismo teórico, e gostaria de explicar em que essa posição, longe de ser incompatível com o humanismo prático, realça ao contrário sua trágica e sempre atual necessidade.

De que se trata? De *teoria*: de pensamento, portanto, de explicação, de conhecimento ou, como diziam os antigos, pelo menos é a etimologia da palavra, de contemplação.

Contemplemos, pois, pelo menos um instante, essa humanidade. Mas qual? A humanidade como valor? Para que pudéssemos contemplá-la, um valor teria de ser algo real, independentemente do desejo que temos dele, algo objetivo; em outras palavras, Platão teria de ter razão: teria de haver um mundo inteligível, contendo nele uma Idéia de Homem (uma essência humana), à qual cada um poderia, e deveria, submeter-se. Mas esse mundo inteligível é justamente algo em que nunca pude crer, e sem dúvida, aqui mesmo nesta sala, não devo ser o único... Aliás, que poderia nascer dele, senão o ódio ou o desprezo pelos homens reais, sempre culpados de não corresponder à idéia sublime que deveriam ilustrar? Espinosa denunciou justamente esses humanistas misantropos que "prodigalizam toda sorte de elogios a uma natureza humana que não existe em parte alguma e estigmatizam com seus discursos a que existe realmente"[4]. Não, claro, que a idéia de homem não tenha objeto ou verdade. Uma antropologia é possível, o que digo, já é real, e ela fará e faz da palavra "homem" um conceito, o qual pode tomar lugar numa teoria (virtualmente científica) ou várias, que nos ensinarão um pouco melhor, ou um pouco menos mal, o que somos e o que podemos. As ciências humanas não são feitas para os cães. Por que então recusar-se a falar de humanismo teórico? Essencialmente por três razões. A primeira é que o homem, em tal teoria, não é o que explica mas o que é explicado: não é um princípio, é um fato. A segunda é que essa teoria se pretende (e é, em parte) objetiva, descritiva, explicativa, o que lhe veda ser ao mesmo tempo normativa ou prescritiva. A terceira é que o conhecimento ou contemplação (*theoría*) da humanidade está longe de contribuir para a sua glória, em outras palavras, está longe de sempre fornecer argumentos ao humanismo, no sentido tradicional do termo, o qual "é essencialmente uma tendência à glorificação da na-

---

4. *Tratado político*, I, 1.

tureza humana"⁵, caracterizada por uma "confiança inabalável na bondade intrínseca do homem"⁶, por "um misticismo da nobreza humana"⁷ ou pela crença numa "natureza humana universal e permanente", cujo modelo se encontra "nas grandes obras da literatura de todos os tempos e de todos os países"⁸.

Retomemos brevemente cada um desses três pontos.

Primeiro, portanto, o estatuto do homem numa teoria antropológica ou, digamos, em nossas ciências humanas. Tudo depende, é claro, das teorias, mas observo no entanto que todas aquelas que, até onde sei, sobreviveram à nossa modernidade se dão como objetivo conhecer ou explicar o homem a partir de outra coisa que não ele próprio, seja a partir de dados naturais (antropologia biológica, por exemplo de inspiração darwiniana ou neodarwiniana), metapsicológicos (Freud), sociais (pensemos em Marx ou nas diferentes escolas atuais de sociologia), históricos ou culturais (Marx de novo, Lévi-Strauss...). Não quero entrar em detalhes, seria inútil. Todos sabem muito bem que nenhum cientista, hoje em dia, nenhum antropólogo sério, procura explicar o que quer que seja – nem mesmo um fato especificamente humano, como a guerra ou os rituais religiosos – por uma "essência humana" que lhe serviria de princípio de intelecção ou de racionalidade. O homem,

---

5. Como dizia o abade Bremond, *Histoire littéraire du sentiment religieux en France*, 1916, pp. 10-1 (citado por Henri Gouhier, *L'anti-humanisme au XVIIᵉ siècle*, Paris, Vrin, 1987, pp. 39-40).

6. *Ibid.*

7. Como dizia Augustin Renaudet, *Autour d'une définition de l'humanisme*, Droz, 1945, citado por Henri Gouhier, *op. cit.*, p. 17.

8. Segundo a definição de Fernand Robert, *L'humanisme. Essai de définition*, Belles-Lettres, 1946, pp. 73-4 (citado por H. Gouhier, *op. cit.*, pp. 132-3).

hoje, não é mais princípio, e sim resultado. Uma teoria antropológica da religião não explicará a religião pelo homem (*homo religiosus*!), mas explicará, ou tentará explicar, por que e como o homem tornou-se religioso. A mesma coisa no caso de uma teoria antropológica da guerra, do amor (que mais é, senão a psicanálise?) ou, por que não, da filosofia. O que Louis Althusser mostrou a propósito de Marx poderíamos mostrar também a propósito de Durkheim (explicar um fato social por outro fato social é vedar explicá-lo pelo "homem"), de Freud, de Lévi-Strauss ou dos neurobiólogos contemporâneos. "O anti-humanismo teórico de Marx", escrevia Althusser, "é a recusa de fundar num conceito de homem com pretensões teóricas, isto é, como sujeito originário das suas necessidades (*homo oeconomicus*), dos seus pensamentos (*homo rationalis*), dos seus atos e das suas lutas (*homo moralis, juridicus* e *politicus*), a explicação das formações sociais e da sua história."[9] Mas isso vai além, e concerne a todo enfoque científico, ou que pretendesse sê-lo, do homem: seja economia, sociologia, psicologia ou história, "não se pode conhecer algo dos homens a não ser com a condição absoluta de reduzir a cinzas o mito filosófico (teórico) do homem"[10]. É de uma *revolução copérniciana* que se trata, mas esta seria fiel a Copérnico (o que Kant não era)[11]: trata-se de *descentrar* o ho-

---

9. "Soutenance d'Amiens", *Positions*, Éditions Sociales, Paris, 1976, p. 169.
10. Althusser, *Pour Marx*, Paris, Maspero, 1965 (reed. 1969), p. 236.
11. A *revolução copérniciana* que Kant pretende efetuar na *Crítica da razão pura* (ver especialmente o prefácio da segunda edição) não é, na verdade, pelo menos desse ponto de vista, senão uma contra-revolução anticoperniciana: trata-se expressamente de colocar o homem novamente *no centro*, de onde Copérnico o havia expulso. Já Freud poderá, legitimamente, reivindicar Copérnico e pretender levar a cabo uma revolução comparável à dele: ver *Introduction à la psychanalyse*, III, 18 (trad. fr., Petite Bibliothèque Payot, 1976, p. 266).

mem, para compreendê-lo. Como, senão? Se o homem fosse seu próprio princípio, a introspecção bastaria e as ciências humanas seriam inúteis. Portanto só se pode conhecer o homem (como objeto) deixando de acreditar nele (como sujeito). Nesse sentido, as ciências do homem não são mais humanistas do que as ciências da Terra são geocentristas ou do que a biologia é vitalista. É o que Lévi-Strauss observava a seu modo, quando escrevia, no fim de *O pensamento selvagem*, que "o objetivo final das ciências humanas não é constituir o homem, mas dissolvê-lo", tarefa que dá ensejo a outras, acrescentava ele, as quais "incumbem às ciências exatas e naturais: reintegrar a cultura na natureza e, finalmente, a vida no conjunto das suas condições físico-químicas"[12]. A que se atrelaram, como se sabe, e com sucesso cada vez maior, biólogos, químicos, físicos e outros...

Devemos tapar o rosto, envergonhados? Chorar a "morte do homem"? Protestar o cientificismo ou o positivismo? Não creio. Explicar um fenômeno qualquer pelo "Homem" ou pela "essência humana" era, na verdade, não explicar nada (um pouco como aquele médico do *Doente imaginário*, que explicava que o ópio fazia dormir por causa de uma "virtude dormitiva" que possuía e "cuja natureza é de entorpecer os sentidos") e vedar-se com isso qualquer conhecimento verdadeiro da nossa vida e, portanto, qualquer domínio efetivo – claro que sempre parcial! – do nosso destino. Ao contrário, conhecer o que nos faz (a sociedade, a história, nosso corpo, nosso cérebro...) é, se não nos liber-

---

12. *La pensée sauvage*, Paris, Plon, 1962 (reed. 1974), pp. 326-7. Notemos que esse anti-humanismo teórico não impede Lévi-Strauss de reivindicar o que ele mesmo chama de "um humanismo democrático" e "generalizado": *Anthropologie structurale deux*, Plon, 1973, "Les trois humanismes", pp. 319-22.

tar deles (como alguém poderia se libertar da sua história ou do seu cérebro?), pelo menos aumentar, ao mesmo tempo que nossa lucidez, nossas capacidades de intervenção e de controle. "Ser radical", escrevia Marx em 1844, "é atacar as coisas pela raiz, mas a raiz do homem é o próprio homem."[13] Eis uma tolice manifesta. O homem não é a raiz de si (Darwin) nem do seu pensamento (já que ele só pensa com um cérebro e numa sociedade que, longe de lhe obedecerem, o constituem). O que recebemos ao nascer e que nos faz homens vem de mais longe que nós, de mais longe que nossos pais, de mais longe até, de muito mais longe, que a humanidade. O que pesa a "essência humana" em face da astrofísica ou da paleontologia? A humanidade não é um império num império: a raiz do homem é a natureza, e esta não é humana. Em compensação, Marx tinha plena razão, ou pelo menos podemos concordar com ele, e sou um dos que concordam, quando escrevia no mesmo texto, algumas linhas abaixo, o seguinte: "A crítica da religião se arremata com a lição de que o homem é, para o homem, o ser supremo, logo pelo imperativo categórico de subverter todas as relações em que um homem é um ser degradado, subjugado, abandonado, desprezível..."[14] O humanismo teórico não dá mais conta do recado; mas o humanismo prático sim. A disjunção dos dois, que marca nossa época, é até tranqüilizadora: a impossibilidade de um humanismo científico impede que qualquer dogmatismo aspire a se impor *em nome da verdade* (como fez o humanismo stalinista) e remete a normatividade, como é desejável, à consciência de cada um, isto é, não ao "Homem", mas aos indivíduos reais,

---

13. *Pour une critique de la philosophie du droit de Hegel*, introdução, (trad. fr., Pléiade, p. 390).
14. *Ibid.*

com suas diferenças e seus conflitos. O que queremos para os homens (que eles tenham uma vida verdadeiramente humana, no sentido normativo do termo) não poderia se deduzir do que sabemos deles (que são natural, histórica e socialmente determinados). Isso nos leva, como vocês devem ter percebido, ao meu segundo ponto.

Uma teoria antropológica, dizia eu, tem necessariamente de ser – na medida em que aspira à objetividade – descritiva ou explicativa, e não normativa ou prescritiva. A ciência, observava Henri Poincaré, fala no indicativo, nunca no imperativo; e seu indicativo, acrescentarei, tem por objeto fatos, nunca valores: um estudo científico (por exemplo, etnológico ou sociológico) dos nossos valores considera-os, e deve considerá-los, como fatos sem valor. É o que distingue a etologia da ética e, em geral, o conhecimento do juízo. O verdadeiro não julga; é por isso que nenhum juízo de valor é verdadeiro. A posição é metafísica, e vocês hão de me perdoar por não me explicar melhor. Remeto-os a Espinosa, Hume ou Wittgenstein. A antropologia descreve ou explica os homens tais como eles são: ela não poderia, em caso algum, determinar o que eles devem ser. Ela não é mais contra o crime, por exemplo, do que a biologia é contra a morte (o que não impede, evidentemente, que médicos ou policiais usem uma e outra). Em suma não há ciência humanista nem, por conseguinte, humanismo científico. Um humanismo filosófico? Ele é sem dúvida possível, mas não vejo direito que *teoria* poderia fundá-lo. No fundo, é o que Kant teria visto: a simples contemplação (*theoría*) do mundo não lhe poderia conferir nenhum valor[15],

---

15. *Critique de la faculté de juger*, § 86 (trad. fr. Philonenko, Vrin, 1968, pp. 250-1).

tampouco a simples contemplação do homem. Os homens são o que são, egoístas e mentirosos; como tirar daí uma moral? Mas a moral nem por isso é menos necessária. "Por conseguinte", observava Kant, "o princípio da obrigação não deve ser buscado, aqui, na natureza do homem"[16]: a filosofia moral, mesmo quando "aplicada ao homem, não toma o menor empréstimo do conhecimento do que ele é (antropologia)"[17]. É – observa Philonenko em nota – que a moral não se interessa "pelo que *é*, mas pelo que *deve ser*"[18]. Melhor não se poderia explicar. Isso não impede, claro, que a moral de Kant seja um humanismo[19], mas impede, pare-

---

16. *Fondements de la métaphysique des moeurs*, prefácio (trad. fr. Delbos-Philonenko, Vrin, 1980, p. 47).
17. *Ibid.*, p. 48.
18. *Ibid.*, nota 14.
19. Ver a bela aclaração de Alain Renaut, "Kant et l'humanisme", no n.º 2 da revista *Philosophie Politique*, PUF, 1992, pp. 101 ss. Há que fazer, porém, a seguinte indagação, que já suscitavam *L'ère de l'individu* (Gallimard, 1989) ou os diversos livros publicados por Luc Ferry: em que medida é possível e legítimo remeter *ao horizonte* uma autonomia que (em Kant e, se bem entendi, em Ferry e Renaut) tem um papel de *fundamento?* Não há nisso uma espécie singular de circularidade, comparável em algo ao círculo cartesiano segundo Arnauld (ver as *Quatrièmes objections*, AT 166), na medida em que funda todo um procedimento – o que Ferry e Renaut chamam de seu "humanismo pós-metafísico" – *sobre seu resultado?* Que seja necessário tender para a autonomia, em outras palavras, para a liberdade racional, é claro que concordo, e Espinosa no fundo não dizia outra coisa. Mas o que é então de todos os que – nossos ancestrais, nós mesmos... –, não tendo atingido esse horizonte, só puderam ou só podem habitar "as condições contingentes da humanidade", como diz Kant, em outras palavras, a empiricidade perfeitamente determinada e determinante do *homo phaenomenon?* Se ainda não somos autônomos (já que a autonomia não passa de um "horizonte de autonomia", um horizonte "talvez inacessível" e em todo caso por ora não atingido), ainda não podemos ser kantianos! Em outras palavras, seria preciso inverter a crítica que se faz com tanta freqüência a Renaut e Ferry. O problema não está em que não seja mais possível, hoje, ser kantiano, mas que nem hoje nem ontem se pode já sê-lo: não é tarde demais, e sim cedo

ce-me, fazer desse humanismo, no sentido estrito, um humanismo *teórico*. Não é "em relação à faculdade de conhecer do homem (razão teórica) que todo o resto no mundo adquire seu valor"[20], escreve Kant: como objeto de um conhecimento possível (como *homo phaenomenon*), o homem não poderia fundar nem legitimar nenhuma normatividade absoluta. Quanto ao humanismo metafísico ou especulativo de Kant (o do *homo noumenom*), para que pudesse aderir a ele, eu precisaria crer no caráter inteligível, ou seja, na idealidade do espaço e do tempo, e essa, como vocês podem imaginar, é uma condição que não posso sa-

---

demais, e tudo faz pensar (aliás, talvez seja esse o sentido dos postulados da razão prática, mas esta é outra história) que será sempre, nesta terra, cedo demais. Kant precisava acreditar em Deus e no além (Dialética da razão pura prática) e só inventou o criticismo, como se sabe, para "encontrar um lugar para a fé". Mas suprimindo a montante esse caráter inteligível (já que Alain Renaut rejeita explicitamente "a ilusão de um sujeito absolutamente livre e desvencilhado da temporalidade": *L'ère de l'individu*, p. 298), e a jusante, parece-me, os postulados da razão prática (a imortalidade da alma e a existência de Deus), Renaut e Ferry vão dar necessariamente num kantismo simplesmente regulador, e não se vê muito bem portanto como a antecipação do fundamento (sua projeção ou remissão "ao horizonte") poderia desembocar – apesar de todo o talento dos nossos dois autores e amigos – em outra coisa que uma "ficção filosófica", mais ou menos no sentido em que falamos de ficção científica: ler a segunda *Crítica* a partir da terceira (*L'ère de l'individu*, p. 296), em outras palavras, transformar em horizonte de sentido o que, no kantismo, está no fundamento (a autonomia), não é fazer *como se* (como se Kant tivesse razão: como se nós fôssemos autônomos), sabendo porém que (ainda) não é *assim*? Para dizê-lo de outro modo, e melhor, se "a fundação *absoluta* do juízo de valor ruir", como de fato creio, se "o juízo moral, ou dogmático, se tornar regulador", como admito de bom grado (*L'ère de l'individu*, p. 299), se a autonomia só se obtiver mais ou menos (e "de acordo com um processo infinito" ou "assintótico") pela e na Cidade, em outras palavras, pela e na história e na regulação racional dos egoísmos, o que é evidente ("Kant et l'humanisme", revista citada, pp. 103-4), isso acaso não significa que não necessitamos de uma filosofia da liberdade, mas sim de uma filosofia da libertação – não de Kant, mas de Espinosa?

20. *Critique de la faculté de juger*, § 86, p. 250 da trad. fr. de Philonenko.

tisfazer: não sou kantiano nem quero ser. Mas Kant me esclarece, em compensação, quando mostra que "o simples fato de ser conhecido não poderia conferir à existência do mundo nenhum valor"[21]. Eu diria inclusive o mesmo da existência do homem: só se pode conhecer ou contemplar (*theorein*) o real, e se a humanidade evidentemente faz parte deste, ela nada mais é que um fato (ou um conjunto de fatos) como outro qualquer, e submetido a outros. Uma parte da natureza, dizia Espinosa, a qual não poderia como tal nem valer nem existir absolutamente. O naturalismo (ou panteísmo) espinosista veda pensar o homem exclusivamente em referência à sua essência: o poder do homem é apenas uma parte do poder infinito de Deus ou da Natureza[22], e é por isso que o humanismo não poderia ter legitimidade *teórica*. Se "quase todos repetem que o homem é um Deus para o homem"[23], isso nada mais é que uma maneira de falar e de viver, tão legítima na prática quanto inconsistente na teoria: não diz a verdade dos homens (na verdade, os homens não são deuses: são apenas modos finitos e muitas vezes cheios de ódio) mas seu valor ou sua utilidade – sob a conduta da razão – uns em relação aos outros. Como objeto prático (como objeto de desejo ou de vontade), a humanidade é evidentemente, para todo homem

---

21. *Ibid.*, pp. 250-1.
22. *Ética*, IV, props. 3 e 4, dem. e corolário. Aliás, observa Alexandre Matheron, não há na *Ética* definição da essência específica do homem: "Espinosa, com todo rigor e teoricamente, não sabe o que é o homem, e isso não lhe faz a menor falta: ele não precisa sabê-lo para edificar seu sistema" ("L'anthropologie spinoziste?", *Anthropologie et politique au XVIIe siècle*, Vrin, 1986, p. 21), nem, acrescento eu, para dar prova de humanidade, tal como ela é expressamente definida na *Ética* (não como essência do homem mas como afeto: *Ética*, III, def. 43 dos afetos) e tal como seu contrário (a inumanidade) é expressamente condenada (*Ética*, IV, escólio da prop. 50).
23. *Ética*, IV, escólio da prop. 35.

razoável, o bem mais precioso: "Não é dada na natureza nenhuma coisa singular que seja mais útil ao homem que um homem que viva sob a conduta da razão."[24] Já como objeto teórico (como objeto de uma contemplação ou de um conhecimento possíveis), a humanidade é tão-somente um fato, e todos os fatos, como dirá Wittgenstein, estão no mesmo nível: como teoria, a antropologia não é mais humanista que a zoologia é zoófila ou, se preferirem, que a polemologia é belicista.

Há mais, e pior. A contemplação do homem, dizia eu, não produz nenhum valor. Mas se essa contemplação se faz em referência a valores já constituídos (por exemplo, aos valores da moral ordinária), longe de produzir valores a mais, ela corrompe os valores já ou ainda disponíveis! É o terceiro ponto que eu anunciava. Como glorificar a natureza humana, como fazer do homem uma religião (e é exatamente esse o sentido mais simples e mais forte da palavra "humanismo"), como considerar o humanismo uma verdade (humanismo teórico) e não uma simples exigência (humanismo prático), como crer na "bondade intrínseca do homem", como fundar na essência humana uma moral ou uma civilização, depois do que ficamos sabendo do homem, em outras palavras, depois de Auschwitz e do *gulag*, claro, mas também depois de Sade e de Nietzsche (sabe-se que são dois autores que não aprecio, mas mesmo assim seus livros fazem parte das "grandes obras da literatura de todos os tempos e de todos os países"[25]...), depois do que as ciências humanas nos deram a conhecer sobre nós e sobre a humanidade, sobre o que há de sombrio ou de baixo

---

24. *Ética*, IV, corolário 1 da prop. 35. Ver também o corolário 2 e o escólio.

25. Ver, *supra*, p. 311 e nota 8.

(e Kant no fundo pressentiu isso) até mesmo nas boas ações, sobre o que há de infâmia até mesmo em nossos sonhos? Uma teoria antropológica é pelo menos possível, dizia eu, e está inclusive parcialmente realizada: a neurobiologia, a etnologia, a história, a sociologia, a psicanálise..., quaisquer que sejam seus graus respectivos de cientificidade, alguma coisa nos ensinam sobre o homem ou sobre a humanidade. Porém quanto mais elas se desenvolvem, menos encontramos nelas motivos de sermos humanistas, no sentido teórico ou global do termo (no sentido em que "o humanismo é essencialmente uma tendência à glorificação da natureza humana"[26]). O homem não morreu, e nós o conhecemos cada vez melhor. Contudo, quanto melhor o conhecemos, menos podemos crer na sua "bondade intrínseca" ou na excelência anistórica da sua "natureza"! Aliás, não há natureza humana: não, claro, que não haja nada de natural na humanidade (se assim fosse, por que temeríamos tanto as manipulações genéticas?), mas porque o que é natural no homem não é humano (o homem natural é apenas um animal como outro qualquer) e porque o que é humano nele (a cultura, a civilização, o espírito) não é natural. Eis o que a *teoria* nos ensina, hoje, e que a impede de ser humanista!

O fenômeno não é, em absoluto, sem precedentes. Os humanistas do século XVII eram sobretudo os jesuítas, e Pascal representa contra eles o "anti-humanismo combatente"[27]. Seria bom que os jesuítas tivessem razão: a vida seria

---

26. Ver, *supra*, a citação do abade Bremond, cuja referência é dada na nossa nota 5.
27. É o título do capítulo que M. Gouhier lhe consagra em *L'anti-humanisme au XVIIᵉ siècle*. Sobre Pascal e o que chamei de seu "anti-humanismo teológico", ver também meu prefácio para *Pensées sur la politique*, Paris, Rivages, 1992.

mais fácil, o pensamento mais confortável... Mas quem não sente que Pascal conhece o coração humano melhor que eles? "As *Provinciais* são sem dúvida a obra-prima do espírito anti-humanista", observa M. Gouhier[28], e os *Pensamentos* encontrarão igualmente nele com que animar seu fervor. É que Pascal crê demais em Deus para crer no homem, dirão, ou pouco demais no homem para poder prescindir de Deus ou medir sua dimensão... Sem dúvida. Mas é também porque ele conhece demais os homens para crer neles. Ele é tanto mais anti-humanista quanto melhor conhece a humanidade, e é a esse ponto que também chegamos, parece-me, por diferentes caminhos: as atrozes realizações da história e as realizações, mesmo que imperfeitas, das ciências humanas suprem a ausência de gênio, e eis-nos quase tão lúcidos, quase tão desiludidos sobre o homem e sobre nós mesmos quanto o solitário de Port-Royal. A mesma coisa poderia ser dita de Montaigne, aliás. Que ele conheceu o homem melhor que ninguém (melhor que Pascal? Pode ser: a cólera turvava menos seu olhar!), todos sabem. E no entanto (ou antes: por causa disso!) é a ele que devemos estas frases que remetiam antecipadamente o humanismo *ad majorem hominis gloriam* (como diz M. Gouhier[29]) às prateleiras das ilusões: "O meio que uso para rebater esse frenesi e que me parece o mais adequado é melindrar e pisotear o orgulho e a altivez humanos, fazer-lhes sentir a inanidade, a vanidade e a baixeza do homem... A mais calamitosa e frágil de todas as criaturas é o homem, e ao mesmo tempo a mais orgulhosa... Não estamos nem acima nem abaixo do resto: tudo o que existe debaixo do

---

28. *Op. cit.*, p. 103.
29. *Op. cit.*, p. 64.

céu, diz o sábio, está sujeito a uma lei e a uma fortuna iguais."[30] E em outra passagem: "De todas as opiniões que os antigos tiveram do homem em linhas gerais, as que abraço mais naturalmente e às que mais me apego são as que mais nos desprezam, nos aviltam e nos aniquilam... Parece-me que a mãe nutriz de todas as mais falsas opiniões, tanto públicas como particulares, é a opinião por demais boa que o homem tem de si próprio."[31] O humanismo (ou o que assim chamamos: a palavra não se encontra em Montaigne), enquanto pretende dizer a verdade do homem (enquanto humanismo teórico), só é princípio de ilusões portanto, das quais a filosofia deve nos libertar. Montaigne, sobre esse tema, é inesgotável: "Parece-me que não podemos nunca ser suficientemente desprezados segundo nosso mérito... Não creio que haja tanta desgraça em nós quanto há vaidade, nem tanta malícia quanto tolice: não somos tão cheios de mal quanto de inanidade; não somos tão miseráveis quanto somos vis... Nossa própria e peculiar condição é tão ridícula quanto risível..."[32] Todo o mundo sabe que há no entanto um humanismo montaigniano e quão forte ele é: "considero todos os homens meus compatriotas", dizia ele, "e abraço um polonês como um francês, pospondo essa ligação nacional à universal e comum"[33].

---

30. *Essais*, II, 12, *Apologie de Raymond Sebond* (pp. 448 ss. da ed. Villey-Saulnier, PUF, reed. 1978, cuja ortografia modernizo). Lembremos que toda a primeira parte da *Apologie de Raymond Sebond* (pp. 449 a 486 da ed. Villey-Saulnier) visa rebater o orgulho humano contestando seu lugar eminente no universo e sua pretensa superioridade sobre os animais (ver o plano da *Apologie*, como Marcel Conche o apresenta no verbete "Montaigne" do *Dictionnaire des philosophes*, Paris, PUF, 1984 [Trad. bras., org., *Dicionário dos filósofos*, São Paulo, Martins Fontes, 2001]).
31. *Essais*, II, 17 (p. 634 da ed. Villey-Saulnier).
32. *Essais*, I, 50 (pp. 303-4).
33. *Essais*, III, 9 (p. 973).

Mas é um humanismo sem ilusões nem cauções teóricas. Montaigne quer a humanidade do homem ("não há nada tão belo e legítimo quanto fazer bem e devidamente o homem"[34]), mas não em nome de não sei que essência ou superioridade objetivas: por fidelidade simplesmente à vida e à cultura dos homens, à sua história, que os fez como são, "maravilhosamente vãos, diversos e inconstantes"[35], capazes do pior certamente (Montaigne, melhor que nenhum dos seus contemporâneos, denuncia o colonialismo, a tortura, as guerras de religião...), mas também, às vezes, de um pouco de bem e de doçura. Humanismo sem ilusões e de salvaguarda. "Não há animal no mundo tão temível para o homem quanto o homem"[36], e os que esquecem ou negam isso às vezes são piores que os outros: "Eles querem se pôr fora deles próprios e escapar do homem. É loucura: em vez de se transformar em anjos, eles se transformam em bestas, em vez de se elevar, eles se rebaixam. Esses humores transcendentes me assustam, tanto quanto os lugares muito altos e inacessíveis..."[37] Montaigne não crê no homem, e menos ainda num eventual super-homem: "Ó, que coisa vil [diz Sêneca] e abjeta é o homem, se não se eleva acima da humanidade! Eis uma boa afirmação e um útil desejo, mas igualmente absurdo. Porque fazer o punhado maior que o punho, a braçada maior que buraco, e esperar dar um passo maior que a extensão das nossas pernas é impossível e monstruoso. Assim como o homem ele-

---

34. *Essais*, III, 13 (p. 1110).
35. Eis o texto exato: "Por certo, é um tema maravilhosamente vão, diverso e inconstante, o homem. É difícil nele fundar um juízo constante e uniforme", *Essais*, I, 1 (p. 9).
36. *Essais*, II, 19 (p. 671).
37. *Essais*, III, 13 (p. 1115).

var-se acima de si mesmo e da humanidade: porque ele só pode ver com seus olhos e pegar com suas mãos."[38] O homem não é um deus possível, nem plausível. Ele é o que somos ("os homens são todos de uma espécie", escreve Montaigne, e cada um deles "tem a forma inteira da humana condição"[39]), e isso basta para fundar um humanismo prático, isto é, não uma moral absoluta, claro, que não poderíamos pensar nem viver, mas uma moral de fato, exigente (e mais do que se crê: Montaigne não tem nada de um leviano), mas também misericordiosa e doce. Permitam-me recordar-lhes – quando mais não fosse, por prazer – o fim dos *Ensaios*: "É uma perfeição absoluta e como que divina saber fruir lealmente do seu ser. Buscamos outras condições por não compreendermos o uso das nossas e saímos fora de nós por não sabermos o que acontece dentro. Não nos adianta subir em pernas de pau, porque mesmo nelas continuamos tendo de usar nossas pernas para andar. Nem no mais alto trono do mundo [o humanismo é um trono, para o homem!], porque continuamos sentados no nosso traseiro. As mais belas vidas são, a meu gosto, as que se acomodam ao modelo comum e humano, com ordem, mas sem milagre e sem extravagância."[40]

---

38. *Essais*, II, 12 (p. 604).

39. *Essais*, I, 14 (p. 51); e III, 2 (p. 805). Todas essas frases e muitas outras que poderíamos citar atestam que Michel Foucault estava evidentemente equivocado ao negar qualquer humanismo em Montaigne, assim como ao pretender que "o homem mesmo está totalmente ausente" (!) do pensamento dos séculos XVI, XVII e XVIII: ver o que ele dizia em *Arts*, junho de 1966 (trechos, citados e discutidos por Luc Ferry e Alain Renaut, que podem ser encontrados em *La pensée 68*, Gallimard, 1985, pp. 140 ss.), que se poderá confrontar com o que dizia Montaigne, p. ex. em II, 17 (p. 634, ed. cit.): "no estudo que faço, do qual o sujeito é o homem..."

40. *Ibid.* (pp. 1115-6).

"O modelo comum e humano..." Isso nos leva novamente a Espinosa e a esse "modelo da natureza humana" de que eu havia partido. Fazer bem o homem supõe evidentemente uma idéia do homem. Mas essa idéia não é a verdade do que somos (de fato, o que quer que façamos não seremos menos verdadeiros, nem menos conformes à nossa essência, em outras palavras, menos humanos, no sentido objetivo do termo); é o resumo do que queremos e amamos. Não é um conceito (objeto teórico: objeto de um conhecimento); é um ideal (objeto prático: objeto de uma vontade). Não é uma verdade; é um valor. Não se trata de "crer no homem"; trata-se de querer que ele seja humano, no sentido normativo do termo, e que viva humanamente: trata-se de ser fiel ao que a humanidade fez de si, e de nós, em outras palavras, à civilização ou, se vocês preferirem, ao espírito. Imortal? Não creio. Husserl se enganou tanto quanto Foucault, ou Foucault tanto quanto Husserl[41]. O homem não morreu, nem como conceito (o problema teórico da unidade do homem pelo menos permanece em aberto) nem como ideal (sempre se pode, na prática, ser humanista), e o espírito não é imortal. Então é o quê? Vivo, simplesmente, logo frágil, logo precioso... Se assim não fosse, por que estaríamos reunidos? Trata-se do seguinte: de que o espírito cuide de si mesmo, em outras palavras

---

41. Husserl, "La crise de l'humanité européenne et la philosophie" (que termina com estas palavras: "porque somente o espírito é imortal"), *in La crise des sciences européennes et la phénoménologie transcendantale*, trad. fr., "Tel"-Gallimard, 1989; Michel Foucault, *Les mots et les choses* (em que o tema da "morte do homem" na verdade é apenas anunciado, e com maior prudência do que às vezes se crê), Gallimard, 1966; ver também G. Deleuze, *Foucault*, Éditions de Minuit, 1986 (anexo: "Sur la mort de l'homme et le surhomme"), assim como minha discussão com Vercors, no n.º 13 de *Lettre Internationale*, verão de 1987, pp. 77-8.

(porque o espírito outra coisa não é senão a humanidade do homem), de que os homens cuidem – neles como nos outros – da humanidade. E como, se não for agindo, como dizia Espinosa, e Montaigne teria concordado, "*com humanidade e doçura*" (*humaniter et benigne*)?[42] É esse, a meu ver, o humanismo de que necessitamos, e o único que vale.

Paremos de sonhar o homem, paremos de fazer do humanismo uma religião: assim, ele não seria apenas um narcisismo generalizado ou hipostasiado. O homem só é grande na consciência que ele tem da sua miséria. Ele só é humano com a condição de renunciar à divindade. O homem, por exemplo, não é nem senhor nem possuidor da natureza[43]: se o humanismo não é um subconjunto da ecologia, ele tampouco pode justificar uma indiferença qualquer ao ambiente ou às outras espécies vivas. A natureza não é Deus, o homem não é Deus: não há Deus, e é por isso que a humanidade é encarregada de si mesma, da natureza e do espírito. Grande fórmula de La Mettrie, no seu *Discurso sobre a felicidade*: "Deploro a sorte da humanidade, de estar, por assim dizer, em mãos tão ruins quanto as dela própria."[44] É preciso sabê-lo, e essa lucidez sobre nós mesmos (anti-humanismo teórico) talvez nos ajude a evitar o pior (humanismo prático). O homem não morreu, nem como fato (homens reais), nem como conceito (o de uma

---

42. *Ética*, IV, escólio 1 da prop. 37.
43. Ao contrário, é claro, do que anunciava Descartes numa célebre passagem do *Discours de la méthode* (AT, 62). Ver a esse respeito o texto da minha conferência "La nature et nous", École Supérieure de Commerce de Tours, 1990.
44. *Oeuvres philosophiques*, tomo II, p. 288 da ed. du Corpus, Fayard, 1987.

antropologia possível), nem como valor (o ideal humanista); mas é mortal, e isso – que, para os antigos o designava suficientemente – determina a nossa tarefa e dá ao humanismo prático seu conteúdo: trata-se de resistir à morte, à ilusão e à barbárie.

11
O universal, singularmente*

As três noções que nos ocupam e que nos reúnem – a Europa, a República, o Universal – estão por certo ligadas, tanto histórica quanto filosoficamente. São como uma trindade, que seria a nossa. Mas não temos os meios de fazer delas uma religião, o que, aliás, é algo a evitar. Detesto todos os deuses, e mais ainda os falsos.

Aliás, se cada uma dessas três entidades, ou seu conjunto, fosse Deus, se elas formassem um absoluto, um ser real, existente em si ou por si, não necessitariam de nós, nem nós precisaríamos defendê-las. Em outras palavras, nosso colóquio seria inútil: mais valeria a prece.

"A justiça não existe", dizia Alain, "é por isso que é preciso fazê-la." Eu diria o mesmo da República, da Europa (no sentido em que vou falar) e do universal. Não são seres, são valores. Elas só existem, e só existirão, tanto quanto quisermos, tanto que as fizermos viver e durar. Objetos, não de prece, mas de ação. "Nossa pátria sagrada, a Europa...", dizia Stefan Zweig. Mas o sagrado não é o que salva; é o que há que salvar.

---
* Intervenção no colóquio de Belfort, "La République, l'Europe et l'Universel", 21 e 22 de setembro de 1991.

A Europa, pátria do universal

Eu dizia que essas três noções estão ligadas. Isso não significa, é claro, que só há universal ou repúblicas na Europa; mas o seguinte, talvez: foi na Europa que as noções de república e de universal nasceram, desenvolveram-se, e a Europa só permanecerá fiel a si mesma (logo, só continuará sendo a Europa, já que sua existência, evidentemente, é menos geográfica do que histórica e cultural) permanecendo fiel a essas idéias que ela forjou e que a fizeram.

A Europa, pátria do universal? Sem dúvida, à parte o fato de que o universal não tem pátria, o que deveria bastar para invalidar qualquer nacionalismo europeu. Pátria do universal é o que a Terra inteira tem vocação de ser ou se tornar. "Quando perguntavam a Sócrates de onde ele era", lembra-se Montaigne, "ele não respondia de Atenas, mas do mundo."[1] É verdade no entanto, e o exemplo de Sócrates confirma-o[2], que o universal como idéia ou como ideal nasceu nas margens do Mediterrâneo e só se constituiu verdadeiramente pelo encontro ou pela fusão, no cristianismo, de seus dois focos principais (pelo menos para o Ocidente): o monoteísmo judaico e o racionalismo grego. Atenas e Jerusalém, capitais da Europa? São antes suas fontes, de que Roma, como se sabe, foi o confluente e, se não a sorte (essa história trouxe o melhor, sem dúvida, mas também o pior), pelo menos o risco e o

---

1. *Essais*, I, 26 (p. 157 da ed. Villey-Saulnier, PUF).
2. "Sócrates, cujas preocupações tinham por objeto as coisas morais, e não a natureza em seu conjunto, havia entretanto nesse domínio buscado o universal e foi o primeiro a fixar o pensamento nas definições" (Aristóteles, *Metafísica*, A, 6, 987 b 1-4). Sobre Sócrates e o universal, ver Francis Wolff, *Socrate*, PUF, 1985, cap. 4.

destino[3]. A Roma do império, claro, mas também a da *res publica* e do *jus romanum* (o direito romano), a da Igreja e da *Universitas* da Idade Média, também a Roma do Renascimento e do humanismo, e inclusive, por que não, a do tratado de 1957... Montaigne, que falou latim antes de falar francês, orgulhava-se muito de ter sido nomeado cidadão romano – "no ano da fundação de Roma de 2331 e de 1581 do nascimento de Jesus Cristo, aos 13 de março" –, por decreto do senado e do povo dessa cidade que ele amava e considerava "a mais nobre que houve e que jamais haverá"[4]. Compreende-se sua emoção e seu orgulho: cidadãos romanos não é um pouco o que todos nós somos, e europeus por isso? Mas, sem Atenas e Jerusalém, que teria sido Roma, senão uma guarnição e uma feira prósperas?

Em suma, Dominique Lecourt sem dúvida tem razão de dizer, em sua palestra, que a Europa constituiu-se e manteve-se como "região da cristandade"[5], e foi a esse título, primeiramente, que ela foi pátria do universal, em sua dupla dimensão de universal teórico (digamos: a razão grega como acesso ao ser ou ao mesmo) e de universal prático (digamos: a Lei judaica, como abertura para o outro e para a justiça). Essa distinção, historicamente, só tem, é claro, sentido aproximativo ou indicativo: nem os gregos ignoram a justiça, nem os judeus a razão. A diferença de acento nem por

---

3. Este texto estava terminado quando pude ler o belo livro de Rémi Brague, *Europe, la voie romaine*, Critérion, 1992, reed. 1993. Nele encontram-se páginas ricas e sugestivas sobre a *romanidade* da Europa e sobre as suas fontes judaicas e gregas.

4. *Essais*, III, 9 (pp. 999-1000 da ed. Villey-Saulnier).

5. Dominique Lecourt, "Actualité des valeurs dont l'Europe a été le creuset" (trata-se de uma das palestras introdutórias do colóquio de Belfort, *cujas Atas estão para ser publicadas*).

isso deixa de ser real entre as duas culturas, e Paul Ricoeur fez bem em lembrar, contra Heidegger, sua importância e suas implicações para a nossa:

> O que me surpreendeu com freqüência em Heidegger foi que, ao que parece, ele eludiu sistematicamente a confrontação com o bloco do pensamento hebraico. Às vezes chegou a pensar a partir do Evangelho e da teologia cristã; mas, sempre evitando o maciço hebraico, que é o estrangeiro absoluto em relação ao discurso grego, ele evita o pensamento ético com suas dimensões de relação ao outro e à justiça, de que tanto falou Lévinas. Ele trata o pensamento ético muito sumariamente como pensamento do valor, tal como o pensamento neokantiano havia apresentado, e não reconhece sua diferença radical com o pensamento ontológico. Esse desconhecimento me parece paralelo à incapacidade de Heidegger de dar o "passo atrás" de uma maneira que poderia permitir pensar adequadamente todas as dimensões da tradição ocidental. A tarefa de pensar a tradição cristã por um "passo atrás" acaso não exige que se reconheça a dimensão radicalmente hebraica do cristianismo, que se arraigou primeiro no judaísmo e somente depois na tradição grega?[6]

Sim, se a Europa é terra de cristandade, é que ela é terra judaica e grega, ou antes (trata-se de cultura, e não de sangue), hebraica e helênica, mas hebraica primeiro e principalmente: ser cristão, ou de cultura cristã, é primeiro ser discípulo de um certo *Ieschoua ben Iosseph* (a quem chamamos Jesus, filho de José), o qual queria cumprir – e não abolir! – a fé de Abraão e a *Thora* de Moshé (a Lei de Moi-

---

6. Paul Ricoeur, "Note introductive" a *Heidegger et la question de Dieu* (org. de R. Kearney e J. S. O'Leary), Paris, Grasset, 1980, p. 17.

sés)⁷... Resumindo, se a Europa é cristã, ou se foi, se ela deve continuar a sê-lo em alguma coisa (como, senão, continuaria a ser a Europa?), é primeiro porque ela é ou foi judaico-cristã: ela só se destinou ao universal graças a um povo ("a salvação vem pelos judeus"⁸), cumpre dizer, deveras singular... Esse paradoxo não é uma contradição. Deus ter seu povo eleito é sem dúvida, em parte, um arcaísmo, ligado à própria antiguidade dessa religião; mas também é uma lição, para todos nós, e uma advertência. Se o universal não pertence a ninguém – de resto, o povo judeu nunca pretendeu *possuir* Deus! –, tampouco poderia ser dividido como um bolo: cada um é chamado a ele, mas somente na medida em que a ele se submeter. Daí o que se pôde chamar de "universalismo" do povo judeu, pelo qual "é para a humanidade inteira que o judaísmo veio"⁹. Se o universal não tem pátria, o que está mais do que claro (por muito tempo o povo judeu também não a teve e continua a exceder em muito os confins da que se deu), ele nunca existe senão singularmente, e a grandeza e o martírio – nem sempre, infelizmente, apenas no sentido etimológico! – do povo judeu está em evocar sem cessar sua exigência. O fato de o universal não ter pátria ou de só ter pátria de memória e de vontade não é também um dos sentidos da diáspora? Isso não diminui em nada os direitos de Israel, que são os de todo Estado, mas acrescenta algo a nossos deveres. O universal está em casa em qualquer lugar ou em lugar nenhum: o exílio é o seu destino, e o nosso. Mas é preciso

---

7. Ver a esse respeito a tradução e os comentários do *Evangile de Jean* por J. Y. Leloup, Albin Michel, 1989, col. "Spiritualités vivantes".

8. *Evangelho segundo são João*, IV, 22.

9. Lévinas, "Israël et l'universalisme", *Difficile liberté*, reed. Le livre de poche, 1984, p. 247.

lembrar-se disso e que pelo menos alguns prestem testemunho desse fato. O povo judeu, dizia Alain seguindo Hegel, é "o povo do espírito": "Os falsos deuses são imolados; as metáforas são imoladas; resta o vazio do deserto e a formidável ausência, em toda parte presente."[10] É que "todo valor é de espírito"[11] e que não há espírito, aqui também, que não seja de memória e de vontade. "A identidade judaica", observa por sua vez Lévinas, "não é uma doce presença de si ante si, mas a paciência, e a fadiga, e o embotamento de uma responsabilidade"[12], como uma atribuição irrecusável, como uma solidão – e, no entanto, uma comunidade – diante do universal[13]. Daí talvez esse destino ímpar, que traçou na história dos homens como que uma linha de luz e de fidelidade...

O sulco grego se prolongará mais – é uma outra luz, é uma outra fidelidade – no pensamento racional, tanto filosófico quanto científico. Faz parte da sua definição a razão ser universal, a verdade ser universal. Que seria uma verdade que não fosse, de direito, verdadeira para todos? E uma razão que só fosse razão para alguns? "Toda prova, mesmo que seja cética, supõe o espírito universal"[14]: porque ela só é prova se o for – de direito, se não de fato – para todos os homens, e mesmo para todo ser racional. É por isso que, observa Alain, "o universal é o lugar dos pensamentos"[15]: pensar é, decerto, pensar por si mesmo (pelo que todo pensamento é solidão), mas também é pensar

---

10. *Les dieux*, IV, 2 (Pléiade, "Les arts et les dieux", p. 1324).
11. *Ibid.*
12. *Difficile liberté*, p. 79 da reed. de 1984 (Le livre de poche).
13. Ver *ibid.*, p. 46.
14. Alain, *op. cit.*, IV, 1, p. 1323.
15. Consideração de 20 de junho de 1929 (Pléiade, *Propos*, I, p. 856).

"para todo espírito"¹⁶, qualquer que seja seu país, quaisquer que sejam sua raça ou sua religião, ainda que, é o mais espantoso a conceber, não faça parte da humanidade. É o que há de forte – e de universal, propriamente dito – em certos filmes de ficção científica. Se a verdade só fosse humana, ela não seria a verdade (nossas ciências não passariam de fantasias de humanos) e todos os nossos conhecimentos se dissolveriam na antropologia, que se dissolveria em si. Que todo conhecimento permanece em parte subjetivo, é certo; que ele é *apenas* subjetivo, eis o que não se poderia pensar, porque senão não haveria mais *conhecimento* algum. Não se pode negar a universalidade da razão ou do verdadeiro sem negar sua existência, nem negar sua existência sem abolir a própria possibilidade de um universal. É por isso que universalismo e racionalismo andam juntos, o que é uma forte razão, diga-se de passagem, para não renunciar nem a um nem a outro: porque ter-se-ia de renunciar a ambos, o que seria renunciar às Luzes, e talvez à humanidade.

Sem dúvida o que ilustra mais claramente essa universalidade do verdadeiro é o pensamento científico: que há uma ciência burguesa e uma ciência proletária, como queria Lyssenko, uma ciência para o Leste e outra para o Oeste, uma para o Sul e uma para o Norte, é contradito pela própria idéia de ciência, assim como pelo conteúdo de todas elas. A matemática é a mesma em todos os países; a física é a mesma. Quer isso dizer que as ciências provam o universal? De forma alguma, pois elas o supõem. Mas o

---

16. *Ibid.* Ver também a consideração de 15 de abril de 1930: "O universal é o próprio pensamento. Uma prova vale para todos, ou não vale nem mesmo para mim" (Pléiade, *Propos*, I, p. 927).

universal mesmo assim permanece: as ciências tampouco têm pátria, e nos libertam de todas.

Se as ciências não têm pátria, têm no entanto uma história, e forçoso é constatar que essa história, por muito tempo, foi principalmente européia. Isso é importante? Para as ciências, não (sua europeidade é apenas exterior ou contingente); para a Europa, sim (a cientificidade é uma das dimensões essenciais). Como não há ciência européia (as ciências são as mesmas, quaisquer que sejam os continentes: toda verdade é apátrida), isso significa que, doravante, a Europa só será fiel a si mesma permanecendo fiel a esse universal, em outras palavras, mantendo seu lugar no mundo e, em especial, na cidade dos sábios, como dizia Bachelard, a qual se tornou – felizmente – a mais *cosmopolita* de todas.

Esse universal da ciência deve ter relações com o universal precedente, a que podemos chamar, na falta de termo melhor, de universal da religião ou da moral (as duas só vão se separar mais tarde). Foi o que de mais essencial se jogou, parece-me, nos diferentes monoteísmos, em especial, tratando-se da Europa, no cristianismo. Um só e mesmo Deus para todos também era uma mesma Lei e uma Verdade para todos... De fato, historicamente, o pensamento científico encontrou no monoteísmo a moldura intelectual e espiritual de que necessitava para desenvolver-se (o que se viu também, e com que brilho, na cultura muçulmana), até estourar essa moldura ou, pelo menos, até se libertar dela. Toda verdade é universal, e nenhuma religião o é. Isso explica a orientação naturalmente irreligiosa das nossas Luzes. É onde Atenas e Jerusalém se separam, talvez. Mas isso não poderia abolir seu encontro, do qual nascemos, nem nos dispensar de ser fiéis, mesmo separadamente, a uma e a outra. O fato é que a Europa, terra de cristandade e terra de cientificidade, foi de fato e a esse duplo título pátria do universal, ou assim se pretendeu. Daí sua grandeza, como vocês sabem, e algumas das suas ignomínias...

Grandeza e perigos do universalismo

A grandeza é evidente: os direitos do homem nasceram nesse espaço espiritual e intelectual, duplamente estruturado pelo monoteísmo e pelas ciências. Se há um só Deus, é o mesmo para todos, e eis-nos (já que nascidos do mesmo Deus) todos irmãos ou destinados a sê-lo. Se só há uma verdade, ela é a mesma para todos, e eis-nos todos iguais – pelo menos de direito – diante do verdadeiro. Sim. Mas os perigos logo aparecem: em nome desse Deus único, em nome dessa verdade única, cada um vai querer impor sua religião, sua moral, sua verdade. Em nome do universal, vai-se querer subjugar o universo! Daí o etnocentrismo, o colonialismo, o fanatismo, o totalitarismo... "De acordo com a religião do espírito", observa Alain, "o crime dos crimes é o erro, [...] e nossas fogueiras modernas iluminam a todos com essa luz turva."[17] Quem as teria acendido, se não acreditasse ter razão? Vários intelectuais e pelo menos um bispo (monsenhor Lustiger) pretenderam que as Luzes eram responsáveis pelo nazismo e pelo stalinismo. A primeira tese me parece tão difícil de aceitar quanto a segunda (pelo menos como explicação parcial) de contestar. O próprio Marx reconheceu que ele continua as Luzes e é sem dúvi-

---

17. *Les dieux*, p. 1324.

da sua melhor parte. Mas quem não vê que Lênin ou Stálin também, e por isso mesmo as continuam e desvelam seus perigos? "O fanatismo, esse temível amor à verdade...", dizia Alain[18]. Não se vota a verdade: para que ela precisa de democracia? Ela é a mesma para todos: para que ela precisa de tolerância? Ela é universal: para que ela precisa respeitar as diferenças?

"É dar às suas conjecturas um valor bem elevado, assar um homem vivo por causa delas", julgava Montaigne[19]. Sem dúvida. Mas, se não houvesse conjecturas, que restaria da verdade? e do universal? E como conciliar então o amor à verdade com o respeito às diferenças? o universalismo com a liberdade? a razão com a subjetividade? o conhecimento com a tolerância?

Notemos primeiro, isso dá razão a Montaigne, que as verdades mais sangrentas foram, de fato, "conjecturas", quero dizer, crenças – por mais convictas que fossem –, tão duvidosas quanto inverificáveis. A religião fez mais mortos (muito mais!) do que a matemática, que não fez nenhum. Hobbes sugere em algum lugar que é porque a matemática não toca nossos interesses; mas o argumento é fraco: os cálculos do gerente da minha conta bancária, que são estritamente matemáticos, tocam meus interesses muito mais diretamente do que este ou aquele ponto de teologia ou de política, em razão de que se multiplicaram os cadáveres; simplesmente, seus cálculos são verificáveis, e isso dispensa o combate. Nós só nos matamos na falta de provas: a razão do mais forte só vale onde a razão não vale. Somente as falsas ciências são terroristas, ou podem sê-lo. Os

---

18. *Définitions* (definição da tolerância) (Pléiade, "Les arts et les dieux", p. 1095).
19. *Essais*, III, 11 (p. 1032 da ed. Villey-Saulnier).

homens se matam, não pelo que conhecem, mas pelo que crêem, vale dizer pelo que ignoram. O exemplo da teologia é bem claro aqui: as guerras de religião se fizeram certamente em nome de um suposto saber, ou de vários, mas só foram possíveis porque esses saberes não eram verdadeiramente saberes, em outras palavras, porque ignorávamos – e continuamos ignorando – o que na verdade diz respeito a Deus. Não é portanto a verdade que é culpada, nem o conhecimento, nem portanto o universal, mas o encontro no homem, sempre particular, do desejo e da ignorância. Nós só combatemos por "verdades" que ignoramos e porque as ignoramos. O fanatismo não é amor à verdade: é o amor à verdade que se *acredita* conhecer; é portanto o amor à crença e a si próprio. Há coisa menos universal? Só há fanatismo onde não há nem prova nem demonstração. Fanatismo, portanto, não por excesso, mas (mesmo que ele se diga racionalista – isso já se viu) por falta de razão! O verdadeiro saber, ao contrário, é calmo, assim como a razão, em seu princípio, é pacífica: se dois sábios brigam, não é o saber que os opõe; se dois lógicos brigam, é que renunciaram, pelo menos provisoriamente, à lógica. Que seria um matemático fanático? um físico fanático? A "ciência" marxista só fez tantos mortos por não ser uma ciência, do mesmo modo que a "ciência" teológica. Uma fogueira não é um argumento, um campo de concentração não é um argumento, e só se precisa deles quando faltam os argumentos decisivos. Isso dá razão a Montaigne, sem tirar razão do universal: de fato, só se queima um homem por *conjecturas*, e todas elas são particulares; em outras palavras, só se queima por verdades ignoradas. A ignorância, e não o verdadeiro, é que é a culpada. É o desejo, e não a razão, que acende a fogueira...

Notemos em seguida que o universalismo, além da sua grandeza própria ou intrínseca (a fraternidade, a igualdade...), também comporta o que é necessário para denunciar seus erros. Lévi-Strauss, que não é suspeito de etnocentrismo, observa-o em algum lugar: o Ocidente, embora naturalmente etnocêntrico (e talvez porque o era), também inventou a etnologia, descobrindo nela como que um remédio para o seu próprio veneno, aprendendo a respeitar as diferenças, e não o fez renunciando ao universal (na medida em que se pretende científica, a etnologia vale em todos os países), mas *em nome do universal* (do conhecimento) *e da identidade* (dos direitos). Do mesmo modo, se o colonialismo foi sem dúvida o pecado mortal do Ocidente, forçoso é constatar que este último também soube encontrar em seu seio – e às vezes fornecer aos seus adversários – razões (universais) para combater o colonialismo. Esse movimento não começa com nossas modernas ciências humanas, nem com a descolonização. Quando Montaigne escreve que "cada um chama de barbárie o que não é do seu uso"[20], ele nos ensina a pensar tanto a particularidade da nossa cultura como a universal igualdade de todas elas, pelo menos de direito. Por isso ele soube, e com que vigor, condenar a conquista das Américas e a barbárie dos nossos cristianíssimos exércitos... Era abrir caminho para o que poderíamos chamar de um humanismo não dogmático, o qual não renunciaria nem ao universal nem à aceitação do outro, nem ao pensamento da identidade (uma mesma verdade para todos, os mesmos direitos para todos...) nem ao respeito das diferenças. "Cada um [chamar] de barbárie o que não é do seu uso" é uma proposição universal. Todos os homens serem iguais é o que os autoriza a ser diferentes.

---

20. *Essais*, I, 31 (p. 205 da ed. Villey-Saulnier).

Os dois universais

Como pensar essa articulação do universalismo com o, digamos, relativismo? Como assumir o universal, que fez a grandeza da Europa, depois do Ocidente, sem cair nas ciladas do dogmatismo e do etnocentrismo, que fizeram a sua vergonha e a desgraça do mundo? Será voltando ao politeísmo, ao paganismo, como dizem alguns? Não creio, é claro. Será voltando à França católica de antanho, reevangelizando a Europa, como dizem outros? É claro que também não acredito nisso. O fato de que a Europa continua algo judaico-cristã, como creio e como desejo, não poderia deter o tempo nem fadá-la definitivamente a uma Igreja ou a dogmas que pertencem ao passado. É de uma nova Renascença que necessitamos, e não de uma nova Idade Média! Para manter ao mesmo tempo o universalismo e o respeito às diferenças, para chegar a pensar o universalismo relativista que é requerido por nossa época, creio que convém, ao contrário, assumir o espaço espiritual que é nosso, caracterizado pela morte de Deus, como dizia Nietzsche, e mesmo dos deuses substitutos, que foram a Ciência ou a História. Mas que conclusões tirar daí? Será que a morte de Deus significa o fim do universal, como querem nossos nietzschianos, o fim da verdade, portanto, e o retorno aos jogos de relações de força ou da vontade de poder? Devemos nos abandonar à espécie de sofística que, nos anos 1960-1970, se apoderou do pensamento que jogava o bebê fora junto com a água do banho, como se diz, isto é, a verdade (logo a razão, logo as Luzes, logo o universal) com o dogmatismo ou o etnocentrismo? De novo, é claro que não acredito nisso, e é o que eu gostaria agora de explicar.

VALOR E VERDADE

Como escapar da sofística sem cair no dogmatismo totalitário? Como permanecer fiel à verdade, à razão, às Luzes, desvencilhando-se ao mesmo tempo do etnocentrismo? Como permanecer fiel ao universal sem trair as diferenças? Disjungindo, parece-me, dois tipos de universal: de um lado, o que chamarei de *universal teórico*, o do conhecimento (a universalidade do verdadeiro) e, de outro, o que chamarei de *universal prático*, o da ação, o qual nunca é, na verdade, mais que um universalizável. Disjungi-los é o que a religião não fazia, é o que o cientificismo ou o historicismo (no sentido em que o marxismo foi um) não faziam, já que eles pretendiam dizer ao mesmo tempo a verdade e o valor, o ser e o bem, o que se deve pensar (já que é verdadeiro) e o que se deve querer (já que é bom). É o que Nietzsche também não fazia, o que nossos sofistas não fazem mais, já que eles rejeitam esses dois universais juntos e em bloco!

Ora, disjungir esses dois universais é nos proibir de impor – em nome da razão, em nome do verdadeiro – os valores que são nossos, mesmo que sejam a razão ou a verdade *como valores*. Pois que a verdade vale mais que o erro ou a mentira, não é a verdade que o diz. Não é a razão que ensina que a razão vale mais que a desrazão. O que então? O desejo, e todo desejo (ainda que desejo de universal: desejo de razão, desejo de verdade...), é particular. Não se vota sobre a verdade, dizia eu; mas sobre os desejos, sim. A verdade é a mesma para todos, dizia eu; mas os desejos não. Disjungir esses dois universais é, portanto, vedar-se impor um em nome do outro, e portanto vedar-se impor todos os dois, ou um ou outro, estando entendido que eles só podem se impor um *pelo* outro: é vedar-se impor a verdade, decerto universal, mas sem força e sem valor intrínsecos; e é vedar-se impor seus próprios valores, sempre particulares (ainda que, mais uma vez, fosse o universal como valor) e desprovidos de toda e qualquer verdade. Mas nem por isso é renunciar a conhecer, nem a julgar: é simplesmente vedar-se tomar seu conhecimento por um juízo ou seu juízo por um conhecimento. Disjunção das ordens: o verdadeiro não é o bem; o bem não é o verdadeiro. Mas como poderíamos renunciar a um ou a outro? Disjungir esses dois universais é, portanto, assumir o relativismo (na teoria) sem cair no niilismo (na prática), é vedar-se o etnocentrismo (já que todos os desejos, na teoria, se equivalem), sem renunciar com isso ao combate (já que os desejos, na prática, de fato se enfrentam).

Posso, para ilustrar isso, lhes contar uma anedota? Fui contatado, faz uns anos, pela associação dos alunos da Aliança Francesa, que organizava uma mesa-redonda sobre o tema, tão explosivo, do confronto das culturas. A questão era: *"Todas as culturas se equivalem?"* Por que pensaram em mim? Porque eu havia publicado no *Le Monde*, algumas semanas antes, um artigo sobre o pensamento oriental, cuja grandeza eu ressaltava[21]. O artigo foi considerado, e de fato era, isento de etnocentrismo. Por isso me convidavam para continuar esse bom combate, para mostrar, portanto, que todas as culturas se equivalem, e isso, como mais tarde compreendi, contra os malvados etnocêntricos (representados no caso por Alain Finkielkraut...), para os quais, como todos sabem, a única grande e boa cultura é a ocidental ou judaico-cristã... Aceito o convite. Para dizer o quê? Essencialmente duas coisas. A primeira decorria do

---

21. "Réinventer l'Orient", *Le Monde* de 21 de agosto de 1987 (republicado em *Une éducation philosophique*, pp. 51 ss. [*Uma educação filosófica*, "Reinventar o Oriente", pp. 61 ss.]).

que, com Lévi-Strauss, eu chamava de um relativismo sem apelação: de um ponto de vista teórico ou objetivo (digamos do ponto de vista das ciências humanas), todas as culturas se equivalem, é claro, já que não valem nada. Como hierarquizar duas culturas, a não ser em referência a uma das duas (o que significa pô-la logo de saída no topo e pressupor a hierarquia que se quer estabelecer) ou em referência a uma terceira, a qual deveria então ser julgada por sua vez, e isso em referência a uma quarta, que deveria por sua vez, etc.? Em suma, não há nem cultura absoluta nem valor absoluto: só se pode julgar uma cultura em referência a valores que só têm sentido no interior de uma cultura dada e que, por conseguinte (seja essa cultura a mesma ou não que aquela que se trata de julgar), não têm valor objetivo. É por isso que, de um ponto de vista teórico, todas as culturas de fato se equivalem: a teoria só lida com o verdadeiro, e não há nenhum sentido em pensar que uma cultura é *mais verdadeira* do que outra.

Mas podemos nos contentar com o enfoque teórico? Podemos viver como pensamos? Podemos fazer da nossa vida não mais uma obra de arte, como alguns sonharam, mas uma obra de ciência, como que um tratado vivo de etnologia ou de sociologia comparada? É outro sonho, mais louco ainda. As ciências não têm desejo, as ciências não têm vontade, as ciências não têm moral. Querer contentar-se com o ponto de vista científico ou teórico, nesses domínios, seria renunciar ao desejo, à vontade, à moral, numa palavra, renunciar à humanidade, se não como espécie biológica, pelo menos como história e como valor. A pretexto de que a etnologia não a condena, vamos renunciar ao combate à excisão? A pretexto de que a sociologia não o condena, vamos renunciar a combater o racismo? O relativismo teórico é o verdadeiro, decerto; mas querer erigi-lo em norma prática seria passar do relativismo ao niilismo e, a pretexto de combater o colonialismo, vedar-se toda razão de combatê-lo de fato. Se todas as culturas se equivalem, o que criticar na cultura dos colonizadores ou dos colonialistas?

Era preciso portanto, como eu explicava na mesa-redonda, um segundo ponto de vista, não mais teórico ou objetivo, mas prático e subjetivo; não mais o ponto de vista do conhecimento, mas do juízo e da ação. Ora, desse ponto de vista, e não obstante o que esperavam de mim, eu não podia dizer que todas as culturas se equivalem: não me parece justo nem de um ponto de vista estético, nem de um ponto de vista político, nem de um ponto de vista moral. Quem não considera que a música européia dos séculos XVIII e XIX supera todas as outras? Quem não prefere uma cultura de inspiração democrática, humanista, racionalista, a uma cultura de inspiração teocrática, nacionalista ou totalitária? Claro, essas preferências não têm alcance teórico: como esses juízos se enunciam no interior de uma cultura dada, cada um deles só vale no campo dessa cultura e, portanto, não poderia abolir ou condenar absolutamente os outros. Mais uma vez, o relativismo é teoricamente insuperável. Mas ainda assim é praticamente insuficiente. De modo que, ao contrário das expectativas dos organizadores, Finkielkraut e eu, claro que sem termos combinado (nós não nos conhecíamos) e, aliás, sem termos a mesma filosofia, não tínhamos como não defender mais ou menos a mesma posição. Qual? Digamos uma rejeição a sacrificar o universal no altar da diferença. Pretender que todas as culturas se equivalem, explicávamos, longe de significar defender os direitos do homem, é vedar-se fazê-lo;

porque, se todas as culturas se equivalessem, não se poderia dizer que uma cultura que respeita os direitos do homem vale mais ou menos que uma cultura que não os respeita. Será isso etnocentrismo? Não necessariamente. Julgar que a música germânica é superior a qualquer outra não é conferir à Alemanha e à Áustria determinado privilégio de essência ou de direito: é apenas constatar que Bach, Haydn ou Mozart eram de fato de cultura germânica, assim como Beethoven, Schubert ou Brahms, e que, se isso não diminui em nada Couperin ou Debussy, ainda assim dá à música austro-alemã uma superioridade – por exemplo, sobre a música francesa – tão difícil de justificar na teoria como de contestar na prática. É escandaloso reconhecer isso? É pregar a submissão, ainda que tão-só musical, da França à Alemanha? Já é ser etnocentrista? nacionalista? racista?

Finkielkraut e eu fomos muito vaiados: o público, por todo tipo de razões, era fortemente terceiro-mundista... Um etnólogo, que participava da nossa mesa-redonda, me atacou vivamente: "Está-se vendo que o senhor não conhece a música dos povos primitivos; eu conheço uma porção de Mozarts nambiquaras..." Teoricamente, o argumento não é refutável, pelos motivos que expliquei. Mas, na prática, ele nos deixa reticentes: se for verdade, os nambiquaras têm muita sorte, porque Mozart francês eu não conheço nenhum... E, aliás, é um acaso que tantos músicos, por exemplo japoneses, se dedicam, sabemos com que talento e com que êxito, à música ocidental? Será uma coincidência o movimento inverso não se produzir? Será que é apenas por causa do imperialismo econômico do Ocidente? Por que então o sucesso, entre nós, do budismo zen e das artes marciais japonesas? Por que a economia influiria mais na música do que no esporte ou na espiritualidade? E é crível que uma reversão dessa tendência econômica (reversão, diga-se de passagem, que se aproxima cada vez mais) bastaria, ou bastará, para reverter em tudo a tendência cultural ou artística? Isso não é verossímil, nem historicamente comprovado. A força política e econômica de Roma não impediu sua helenização e sua judeização: como se sabe, os vencidos é que civilizaram os vencedores. Nos mercados ou nos campos de batalha, o mais forte sempre prevalece; mas nos museus ou nos espíritos, não.

Não se vê direito por que milagre, aliás, todas as culturas, tanto umas quanto as outras, seriam tão ricas ou tão desenvolvidas. Um Deus justo e bom poderia ter garantido isso; mas se não há Deus? Se só há história? A igualdade das culturas não é mais provável que a das economias ou dos exércitos. Aliás, pode-se constatar isso, numa época dada, no próprio seio da Europa: quem não vê que a cultura helênica, nos séculos V e IV antes de Cristo, era superior (embora isso só tenha sentido subjetivamente) às culturas celtas ou germânicas? Quem não vê que a cultura italiana, durante a Renascença, domina de bem alto a do resto da Europa? E quem não vê, também, que a cultura francesa não ocupa mais, no mundo de hoje, o lugar que tinha nos séculos XVII ou XVIII? Há demasiada contingência na história para que a justiça ou a igualdade sejam sempre o mais provável: a justiça precisa ser feita, a igualdade precisa ser feita, e é prestar a ambas um péssimo serviço imaginá-las já realizadas.

Claro que seria um erro querer globalizar, julgar que tudo é bom, numa cultura, ou ruim, numa outra, ou mesmo que aquela prevaleça em tudo sobre esta. Há coisa mais absurda? Há coisa mais insuportável? A grandeza de Beethoven não diminui em nada os horrores do nazismo; a grandeza de Victor Hugo não desculpa, nem compensa, os incontáveis crimes de que a França, especialmente nas suas colônias, foi culpada. Mas o inverso também é verdadeiro: os horrores do nazismo ou do colonialismo não poderiam anular a grandeza de Beethoven ou de Hugo, nem sua superioridade relativa (em todo caso, assim sentida subjetivamente) sobre este ou aquele artista, seja ele ou não, aliás, de cultura européia... Mas, se não podemos globalizar absolutamente, também não podemos nos impedir de privilegiar este ou aquele ponto de vista, que consideraremos, senão definitivo (nenhum o é), pelo menos essencial ou decisivo. Defender a cultura da Europa não é defender toda a história da Europa, nem mesmo toda a sua cultura. É defender o que se considera sua melhor parte (Hugo em vez de Barrès, os direitos humanos em vez do colonialismo...), o que só se pode fazer, mais uma vez, no seio de uma cultura dada, por exemplo a nossa, tal como ela é ou tal como nós a julgamos, desigual decerto, heterogênea decerto, mas da qual não temos por que ter vergonha (ou não só vergonha!) e que, mais do que muitas outras, aprendeu a se criticar e a dar lugar – a seu lado, às vezes nela – às outras culturas ou aos outros pontos de vista sobre as culturas. A mesma cultura que tornou o etnocentrismo possível também tornou possível a crítica ao etnocentrismo, desde Montaigne a Lévi-Strauss. Aliás, não se entende, se todas as culturas se equivalessem, como seria possível evitar que tudo se equivalesse também no seio de cada uma delas e que o etnocentrismo valesse, portanto, tanto quanto o seu contrário ou a sua crítica... Diria a mesma coisa do universal: como, sem cair em contradição, condená-lo universalmente? Como defender os direitos do homem sem justificar a universalidade dessa defesa (trata-se dos direitos de *todos* os homens)?

Disjungir nossos dois universais, como creio ser necessário, não é, de fato, renunciar nem a um nem ao outro.

Não é renunciar ao universal teórico: o fato de que a verdade não é, em si, um valor, de que ela não é nem boa nem ruim, de que ela não comanda, de que ela não julga, em que diminui a sua verdade? em que diminui a sua universalidade (o fato de ela ser verdadeira, de direito, para todos)? O fato de que a Terra gira em torno do Sol, de que dois e dois são quatro, de que a Bastilha foi tomada no dia 14 de julho de 1789, e o de que estamos reunidos em Belfort neste 21 de setembro de 1991 não são, mesmo que ignorados por muitos, verdades universais? Se não fossem, como seriam verdadeiros? Como pensar, como conhecer, como raciocinar, senão sob esse horizonte de universalidade? Como se opor aos obscurantistas, aos negacionistas, aos mentirosos? O que aconteceu de particularmente atroz em Auschwitz ou Treblinka, que mais é senão uma verdade universal, hoje e para sempre? *"A cada um sua verdade"*? Se isso fosse verdade, não haveria verdade alguma, e isso mesmo ("a cada um sua verdade") também não seria!

Tampouco é renunciar ao universal prático: o fato de um valor ser verdadeiro, de ele não ser cientificamente demonstrável, de ele não ser objeto de um conhecimento mas de um desejo, não de uma ciência mas de uma vontade, em que isso diminui seu valor? Acaso precisamos que a justiça seja verdadeira para querê-la? que a República seja verdadeira para querê-la? É verdade tudo aquilo que é adequado ao real: se a justiça fosse verdadeira, o real seria justo, e não necessitaríamos combater pela justiça. "Se é porque a República existe ou parece existir que você é republicano, você não é republicano", escrevia Alain. "A verdadeira República é um partido tomado e uma regra posta, à qual se submeterá a experiência. E, se a República é fraca, injusta e corrupta de fato, é o momento de resistir pela Idéia; senão, não se é mais um homem pensante, mas um farrapo esvoaçante."[22] Uma Idéia? Digamos, em vez disso, já que ela não é nem verdadeira nem falsa, um ideal ou, melhor ainda, uma vontade. Universal? Nenhuma o é. Mas esta (a vontade de República) é universalizável, o que nem todas são.

O *universalizável*

Detenho-me um instante nessa noção de universabilidade. Toda verdade é universal, pois que é verdadeira, de direito, para todos. Mas um valor universal seria um valor que valeria para todos, o que nunca se pode demonstrar, de direito, nem constatar, de fato. Que dizem os direitos do homem sobre o aborto, a pena de morte, o ensino privado ou a eutanásia? O universal, aqui, nunca é dado (há que dizer que, muito embora em se tratando da verdade, ele só o é indiretamente, pela mediação do falso), e os homens não se entendem sobre o que julgam que é ou que deveria ser universal. Não há universal prático, se entendermos por isso um universal que se imporia à vontade. Mas há (como objeto da vontade, e imposto por ela) o mais ou menos universalizável. O campo estético pode servir de exemplo aqui. Toda obra de arte é particular: a *Nona sin-*

---

22. Consideração de 1º de abril de 1914 (Pléiade, *Propos*, I, p. 186). Sobre a idéia de República (e para evitar reduzi-la, como acontece com freqüência, à de democracia), ver também as fortes observações de Régis Debray, em "République ou démocratie", *Contretemps, Éloge des idéaux perdus*, Folio-Actuel, 1992, pp. 15-54.

fonia de Beethoven não é mais universal, de direito ou em si, do que esta ou aquela dança auvérnia ou japonesa. Mas ela parece ter, mais que estas, a capacidade de se tornar, de fato e no mundo, cada vez mais universal. O mesmo se dá, parece-me, com a ética e a moral: o amor é apenas um valor particular (ele só vale para quem ama), mas tem maiores probabilidades de se difundir que os valores do ódio ou da exclusão, que não poderiam se generalizar sem ameaçar a humanidade e, portanto, sua própria expansão. Pela mesma razão, uma cultura de inspiração humanista (no sentido do humanismo prático: os direitos do homem), laica, universalista e republicana, é mais passível de se difundir, como de fato vemos suceder, ou mesmo de se universalizar, e tanto melhor assim, do que uma cultura de inspiração nacionalista ou tribal (em certas línguas primitivas, a mesma palavra designa o homem e o membro da tribo: como estender a toda a humanidade uma cultura que limita a humanidade à tribo?), de inspiração teocrática, diferencialista e ditatorial. Isso, claro, não prova nada: nossos dois universais permanecem disjuntos, e os próprios direitos do homem só valem para quem os respeita, ou melhor, para quem os defende. Mas isso abre um horizonte para o nosso combate e explica por que ele se estendeu tão além dos limites da Europa, e às vezes contra ela. Os direitos do homem não pertencem evidentemente a ninguém; mas só vale a pena lutar e defender uma cultura capaz de pensá-los, capaz de defendê-los (ainda que, mais uma vez, eles só valham no interior desta ou daquela cultura: dessa circularidade como sairíamos, pois que ela nos constitui?).

Se vocês admitirem o que procurei muito rapidamente esboçar, compreenderão como se pode conciliar o racionalismo das Luzes (já que não renunciamos à universalidade do verdadeiro), o relativismo da nossa modernidade teórica (digamos: as conquistas das ciências humanas) e o universalismo que nos é necessário para pensar os direitos do homem e o horizonte do nosso combate. Acaso precisamos que a justiça seja verdadeira para desejá-la? perguntava eu; e por que precisaríamos, igualmente, que ela fosse verdadeira ou que se acreditasse nela, para desejá-la *para todos*? O que entendo por universalizável é isto: um universal que não é o da verdade mas do desejo, um universal que é objeto não de conhecimento mas de vontade, um universal que só é dado na ação, e por ela, um universal que só vale para todos os homens na medida em que de fato o defendemos, um universal que não está atrás de nós, como uma caução ou uma garantia, mas na frente, como uma meta ou um horizonte. É o único universal que nos é acessível, nesses domínios, ou, antes, ele não o é (nunca acabaremos de realizá-lo), mas é oferecido ao mesmo tempo ao pensamento (como valor) e à ação (como meta), do que não poderíamos prescindir e que deve nos bastar.

Esse universal só vale, repitamos, como objeto de uma vontade, e toda vontade é sempre singular – já que só há vontade se houver um sujeito, individual ou coletivo, em outras palavras, um indivíduo ou um povo que queira. Isso fixa nossa tarefa e, talvez, nosso destino. Ser fiel à Europa, hoje, ser fiel ao universal, tanto teórico (o qual impele ao relativismo) quanto prático (o qual impele ao universalismo dos direitos do homem), é amar *singularmente* o universal. De fato, no universal teórico não encontraremos nenhuma razão de agir ou de preferir o que quer que seja, nem mesmo o universal ou a verdade. É necessária outra coisa. O quê? Nós mesmos, como sujeitos do desejo e da ação e submetidos com isso – basta que assim queiramos – ao universal prático (ao universal como valor).

O que resta quando os deuses desaparecem? Restam apenas os homens, seu amor (que só vale para os indivíduos) e sua vontade (que vale também para os grupos): ou seja, a moral, para os indivíduos, e a política, para os povos. É esse, a meu ver, o sentido, e o desafio, da idéia de República.

12
A verdade e nós*

O que é a verdade para o filósofo? Depende, é claro, para qual. Só posso responder por mim. Parecem-me essenciais três idéias, que são como três certidões de divórcio e que caracterizam, todas as três, nossa modernidade.

A primeira idéia é que aprendemos a distinguir nossos *conhecimentos* (sempre relativos, parciais, provisórios) da *verdade* (sempre eterna e absoluta). A verdade, dizia-se tradicionalmente, é a adequação do pensamento e do ser (a *adaequatio rei et intellectus*, tão cara a são Tomás e aos escolásticos), e isso se podia dizer tanto da adequação do pensamento ao ser (para nós) quanto da adequação do ser ao pensamento (de Deus)[1]. A verdade podia portanto ser dita identicamente do ser e do conhecimento: *veritas rei* e *veritas intellectus*, *veritas essendi* e *veritas cognoscendi* (digamos: a verdade do ser e a verdade do discurso) podiam e deviam se encontrar. A verdade não era outra coisa senão

---

* Intervenção no colóquio "Science et foi", organizado pelo jornal *La Croix*, em 1.º de fevereiro de 1992. Essa intervenção se deu numa mesa-redonda cujo tema era: "o que é a verdade para o cientista, o filósofo, o teólogo?"
1. Ver Heidegger, "De l'essence de la vérité", *Questions I*, trad. fr., Gallimard, 1968, reed. 1982, pp. 165-6.

essa conjunção ou essa identidade. "Mesma coisa se dá a pensar e a ser", já dizia Parmênides[2]. E Lalande, vinte e cinco séculos depois, ainda podia escrever que, se, sobretudo desde Hume e Kant, "a palavra *verdade* foi aplicada cada vez mais apenas ao conhecimento, [...] o ideal do conhecimento verdadeiro não deixa de ser uma identificação do pensamento e do seu objeto; e, por conseguinte, o direito de pôr como princípio a identidade da *veritas essendi* e da *veritas cognoscendi* nunca foi abandonado pelos filósofos"[3]. Mas nisso já não podemos crer: o próprio progresso do conhecimento e da lucidez epistemológica nos desiludiu desse ideal. A identidade entre o ser e o conhecimento nos é vedada – não apenas de fato, como de direito e definitivamente – pelas próprias condições que tornam esse conhecimento possível. O pensamento só pode se identificar com seu objeto na medida em que primeiro o constitui como objeto (como objeto de conhecimento), o qual não é o ser[4]. O real é velado, como diz Bernard d'Espagnat, ou distante (embora estejamos dentro dele), e se essa é de fato uma lição da física quântica (Bohr, Heisenberg), bem como da epistemologia contemporânea (Karl Popper), já era, de um ponto de vista totalmente diferente, a de Mon-

---

2. Frag. D. K. 3 (trad. fr. Y. Battistini). Sobre a interpretação dessa fórmula, ver meu livro *Traité du désespoir et de la beatitude*, tomo 2 *(Vivre)*, pp. 242-4 [*Viver*, pp. 295-7].
3. *Vocabulaire technique et critique de la philosophie*, Paris, 1926, reed. PUF, 1968, verbete "Vérité" [trad. bras. *Vocabulário técnico e crítico da filosofia*, São Paulo, Martins Fontes, 3.ª ed., 1999].
4. "O objeto não é o ser", escreve Bernard d'Espagnat (*À la recherche du réel*, Gauthier-Villars, reed. 1981, p. 178), retomando assim uma fórmula que Ferdinand Alquié gostava de repetir. Ver também *Regards sur la matière*, Fayard, 1993, p. 262: "Seja uma pedra, um neurônio, um átomo ou um quark, o *objeto* certamente não é o *ser*, como Ferdinand Alquié disse com muita propriedade."

taigne e de Pascal: "Não temos nenhuma comunicação com o ser"[5], ou pelo menos nunca conhecemos o verdadeiro a não ser indiretamente, pela mediação do falso, que às vezes sabemos detectar[6]. Nenhum contato absoluto com o absoluto: o ser nos contém, sem dúvida, mas nem por isso saberíamos contê-lo adequadamente.

Quer isso dizer que já não há verdade, como às vezes ouvimos afirmar? Claro que não: se nada fosse verdade, não seria verdade que não é verdade, e é por isso que a proposição "não há verdade" se destrói a si mesma. Aliás, se não houvesse verdade, tampouco haveria diferença entre nossos conhecimentos e nossas opiniões, entre nossos conhecimentos e nossas ilusões, entre o que pode ser verdade e o que não pode, e todo conhecimento, toda ciência (e inclusive todo erro e toda ignorância!) seriam por conseguinte impossíveis (já que não haveria nada a conhecer ou a ignorar), o que é suficientemente refutado pelo fato – ou que só se poderia salvar ao preço de hipóteses muito mais custosas e improváveis que as da existência de uma verdade e da efetividade de um conhecimento pelo menos relativo, que, no final das contas, são bastante modestas. É o que poderíamos chamar de postulado da razão teórica, que é a condição necessária de um racionalismo pelo menos mínimo: há verdade, já que há conhecimento. Mas esse racionalismo não tem mais os meios de pretender o absoluto. O conhecimento *não é* a verdade: é um ponto de vista sobre ela, que não pode, nem de fato nem de direito, se

---

5. Montaigne, *Essais*, II, 12 (p. 601 da ed. Villey-Saulnier, reed. PUF, 1978).
6. Ver p. ex. Pascal, *Pensées*, frag. 383 (Brunschvicg) ou 905 (Lafuma) e, sobretudo, *De l'esprit géométrique*, especialmente p. 352 da ed. Lafuma das *Oeuvres complètes*, Seuil, 1963.

VALOR E VERDADE

identificar ou se confundir com o que esta seria para Deus ou em si, em outras palavras, com a verdade do ser ou, como dizia Pascal, com a "verdade essencial, [...] que é toda pura e toda verdadeira"[7]. É o primeiro divórcio: aquele entre o conhecimento e a verdade. A verdade nunca nos é dada imediatamente nem absolutamente: o próprio conhecimento que nos leva a ela, dela nos separa! Isso não impede, é claro, que a verdade também possa ser dita do conhecimento (*veritas intellectus, veritas cognoscendi*), em outras palavras, que um conhecimento seja verdadeiro (se ele não fosse nada verdadeiro, aliás, não seria um conhecimento); mas isso veda tomá-lo pela própria verdade. Isso não altera a concepção semântica da verdade, como diria Tarski (a verdade de uma proposição consiste sempre em sua concordância com a realidade: "A proposição 'a neve é branca' só é verdadeira se a neve é branca"[8]); mas isso não altera o estatuto ou o alcance ontológicos do conhecimento (o ser, para ele, está fora de alcance, ou só poderia ser atingido indireta e aproximadamente). A verdade do ser e a verdade do discurso estão para sempre dissociadas: pode haver verdade em nossos conhecimentos, mas nossos conhecimentos não são a verdade, nem poderiam identificar-se com ela. Abriu-se aí um abismo que funda nossa modernidade teórica. Agora há a verdade de um lado, tal como ela é em Deus ou em si, e nós do outro, tais como somos nela, claro, assim tem de ser (o próprio erro só é erro contanto que seja *verdadeiramente* falso, e é tão verdade que minto, quando isso ocorre, quanto é verdade que sou verídico, quando o sou),

---

7. *Pensées*, 905-385 (ed. Lafuma).
8. A. Tarski, "La conception sémantique de la vérité", *Logique, sémantique, métamathématique*, t. 2, Armand Colin, 1974, pp. 270 ss.

mas sem possibilidade de conhecê-la absolutamente. A verdade de um lado, portanto, e nossos conhecimentos (inclusive os verdadeiros, inclusive nela) do outro. Montaigne e Hume, antes de Kant, disseram a esse respeito o essencial, de que só podemos sair pela fé, ou antes (já que a fé é uma crença como outra qualquer), de que *não se pode sair*. Daí, parece-me, uma humildade teórica obrigatória, que é uma das características da nossa época, tanto mais notável por acompanhar progressos científicos de uma amplitude sem precedentes. Nunca se conheceu tanto; e nunca, sem dúvida, em todo caso na história moderna, se foi tão lúcido sobre os limites do conhecimento. Isso me impressiona cada vez que debato com cientistas, o que me acontece com freqüência, ou quando leio seus livros, o que me acontece às vezes; como eles sabem e como são humildes! Eles sabem demais para ter ilusões sobre o seu saber. Sabem que nenhum conhecimento é a verdade. Sabem que a ciência não é Deus.

A segunda idéia é o que chamarei de divórcio entre o valor e a verdade. Os filósofos, ou a maior parte deles, consideravam tradicionalmente que o verdadeiro e o bem andavam juntos: que o que era verdadeiro era bom, que o que era bom era verdadeiro, e que o máximo de valor também era o máximo de ser. Assim, em Platão, o Bem em si, luz do mundo inteligível ("além da essência", claro, mas absolutamente real), é princípio e norma ao mesmo tempo de todo conhecimento, de toda essência e de toda existência[9]. Luz, portanto, tanto teórica quanto prática, e fonte do que ilumina: princípio e norma, por isso, tanto do que se

---

9. *República*, VI, 508 e–509 b.

deve pensar como do que se deve fazer. Como os dois não andariam juntos? Como a verdade poderia não ser boa? Como o bem poderia não ser verdadeiro? Assim, em Aristóteles, o Primeiro Princípio é ao mesmo tempo o supremo inteligível e o supremo desejável: objeto tanto da contemplação como do amor, e esse objeto é Deus e – como pensamento do pensamento – a própria verdade[10]. O desejável e o inteligível se encontram, ou antes, "são idênticos", em seu topo, e se encontram, para nós, cada vez que desejamos um verdadeiro bem: "É porque desejamos uma coisa que ela nos parece boa, em vez de ela nos parecer boa porque a desejamos: o princípio é o pensamento; ora, o intelecto é movido pelo inteligível..."[11] Como desejaríamos o que não conhecemos? E por que desejaríamos conhecer, se a verdade não fosse boa? Assim, no cristianismo, Deus também é, e indissoluvelmente, o máximo de verdade e o máximo de valor: o *verdadeiro* Deus, o *bom* Deus, como imaginar que não fosse o mesmo? "Tudo o que *é*, é bom", dirá Santo Agostinho; "o bem e o ser são uma única e mesma coisa", dirá são Tomás; e o mal nada mais é que uma privação ou que um ser menor[12]. Deus é a verdade que faz norma: graças ao que nossos valores são verdadeiros, graças ao que nossas verdades valem. Isso durou quanto durou, uns dois mil anos, e fez uma civilização – a nossa.

Descristianizando-se o Ocidente, foi necessário porém procurar outra coisa. O que primeiro se encontrou, era o mais fácil, foram deuses substitutos: a ciência depois a his-

---

10. *Metafísica*, Λ, 7 e 9.
11. *Metafísica*, Λ, 7, 1072a, 26-30 (trad. fr. Tricot, Vrin, 1981).
12. Santo Agostinho, *Confissões*, III, 7, e VII, 12-13; são Tomás, *Suma teológica*, I, quests. 5 e 48-49, assim como II, I, quest. 18 (art. 1).

tória, ou antes, os que diziam segui-las pretenderam assim conjungir por sua vez o verdadeiro e o bem, o ser e o dever-ser, a verdade e o valor. Daí essa religião da Ciência, que foi o cientificismo, ou essa religião da História, que foi o historicismo marxista, podendo as duas aliás caminhar lado a lado, já que essa história se pretendia científica... Ser cientista não é crer na verdade (relativa) das ciências, é fazer da Ciência uma religião, em outras palavras, esperar dela a revelação de um absoluto, tanto teórico (a verdade em si) como prático (o bem objetivo): é pretender encontrar, nas e pelas ciências, essa conjunção do bem e do verdadeiro que o falecido Deus garantia e que, de fato, é a única coisa capaz de garantir (mas por que seria necessário haver uma garantia?) a validade das nossas avaliações. O mesmo se aplica ao historicismo: não é crer na realidade da história (como não creríamos?), é querer, na e por essa realidade, ou no e pelo conhecimento que dela adquirimos, reencontrar aquela mesma conjunção do verdadeiro e do bem, que só é possível em Deus e que faz da História, portanto, como que um Deus imanente. "O mundo real é tal como deve ser", dizia Hegel, "o verdadeiro bem, a razão divina universal é também a potência apta a se realizar. Esse bem, essa razão, sob a sua representação mais concreta, é Deus."[13] É por isso que a meditação sobre a história é uma "teodicéia": "Deus governa o mundo: o conteúdo da sua direção, a execução do seu projeto é a história universal"[14], e Deus mesmo, talvez. A História é grande, Hegel e Marx foram seus profetas. E cada um que adore: uns a Ciência, outros a História, outros a Ciência da História...

---

13. *Leçons sur la philosophie de l'histoire*, introdução (trad. fr. Gibelin, Vrin, 1979, p. 39).
14. *Ibid.* (pp. 26 e 39).

Esses ídolos duraram o que duram os ídolos, depois se quebraram, sabemos como. Quanto mais as ciências progridem, mais parece que elas são incapazes de resolver qualquer problema normativo – a começar pelos que elas nos colocam, ou antes, que nós colocamos a seu respeito! A bioética não é uma parte da biologia: é parte da ética, e é por isso que os biólogos necessitam dela, e todos nós. As ciências não comandam; as ciências não julgam. A proposição "é preciso estudar matemática" não é passível de uma demonstração matemática. A proposição "a física é boa" não é uma proposição física – tampouco, note-se de passagem, a proposição "a física é verdadeira". Não só as ciências só falam no indicativo, como dizia Henri Poincaré, mas esse indicativo permanece neutro ou puramente descritivo: o valor lhe escapa, inclusive o valor das verdades que ele enuncia. Como, com esse indicativo, poder-se-ia fundar um imperativo ou até um juízo normativo? As ciências não poderiam portanto substituir nem a religião, nem a moral, nem a filosofia. Elas são incapazes de nos prescrever o que devem fazer, e até o que devem pensar: elas dizem o que é, ou antes, o que parece, não o que deve ser ou o que devemos rejeitar. *Exit*, portanto, o cientificismo. E *exit* também o historicismo: como esse acúmulo de horrores poderia erigir-se em norma? Mesmo que a história tivesse um sentido, por que haveria que submeter-se a ela? E como poderia ela ter um, já que faria parte dela? Como a história poderia se julgar? Ela teria de ser finita, como queria Hegel, e é isso que nos impede de compreender a nossa em seus escritos. Quanto a Marx, falei demais nele em outra oportunidade[15] para voltar a ele aqui, e de resto seria

---

15. Ver o meu *Traité du désespoir et de la beatitude*, tomo 1 (*Le mythe d'Icare*), cap. 2.

inútil: o desmoronamento do marxismo (em todo caso desse marxismo: dogmático, historicista, messiânico) é espetacular o bastante para que seja inútil bombardeá-lo ainda mais. O caso é que as ciências ou a história cessaram de dizer o bem. Nossos conhecimentos, ainda que os imaginemos completos, são como o *livrão* de Wittgenstein, que conteria o conjunto de todas as proposições verdadeiras: nele, leríamos todos os crimes, mas não a condenação dos crimes; todos os fatos, mas não a avaliação dos fatos – ou antes, leríamos a condenação ou a avaliação de tal fato ou tal crime por este ou aquele indivíduo, mas não leríamos a *validade* dessa avaliação ou dessa condenação, de modo que elas não seriam mais que fatos e não poderiam nem valer nem comandar absolutamente[16]. Se entendemos por *proposição* um enunciado capaz de ser verdadeiro ou falso, não há proposições morais[17], isto é, não há proposições que enunciem juízos de valor ou que comandem absolutamente. Daí como que um silêncio terrível do verdadeiro: ainda que o conheçamos, ele se cala sobre o bem. Conhecer não é mais julgar; julgar não é mais conhecer. Os conhecimentos cessaram de erigir-se em norma; os valores cessaram de ser verdadeiros.

Quer isso dizer que não há mais valores, como às vezes se pretende? Claro que não. Mas isso quer dizer que nossos valores não podem mais se fundar (ou pretender se fundar, ou esperar se fundar) em nossos saberes. Em quê, então? No desejo. É necessário inverter a proposição de Aristóteles, e é o que faz Espinosa, e é o que faz Freud: uma coisa nos parece boa porque nós a desejamos, e não o con-

---

16. Wittgenstein, Conférence sur l'éthique, *Leçons et conversations*, trad. fr., "Idées"/Gallimard, reed. 1982, pp. 145-7.
17. Wittgenstein, *Tractatus logico-philosophicus*, 6.42.

trário: só a desejamos porque ela nos parece boa[18]. Sei muito bem que mesmo assim continuamos com o sentimento oposto. Se eu desejo esta mulher, não é porque ela é de fato linda? Se amo a justiça, não é porque ela é verdadeiramente boa? Mas o que prova um sentimento? Costumo observar que um macaco preferiria uma macaca, e um tirano, o poder. Por que o desejo deles seria *menos verdadeiro* que o meu? Com que direito erigir *meu* desejo em verdade? E como não ver que é isso que sempre, ou quase sempre, os tiranos fizeram? O que vale é o que é desejável, ou antes, o que é desejado, e é por isso que todo valor é relativo sempre. O verdadeiro não é o bem: nenhum bem é verdadeiro. É mais um abismo, que funda nossa modernidade prática. O que vale não é o que conhecemos, mas o que desejamos, queremos e amamos: assim a justiça é um valor, não por ser verdadeira, mas porque amamos a justiça. Ela vale portanto, já que é verdade que nós a amamos. Mas ela só vale para os justos, e por eles. Ela não é da ordem do ser ou da verdade, mas da ordem do valor, do desejo, do querer. "A justiça não existe", dizia Alain, "é por isso que é preciso fazê-la." O mesmo se aplica à doçura ou à paz: quem não vê que a violência ou a guerra também são verdadeiras, e até mais? Doçura e paz nem por isso deixam de ser valores, mas somente na medida em que as amamos ou desejamos: elas só valem para e pelos doces, para e pelos pacíficos! Longe de ser uma razão para cessar o combate (acaso necessito, para desejar uma mulher, que Deus também a deseje?), é ao contrário uma razão para tra-

---

18. Ver p. ex. Espinosa, *Ética*, III, 9, escólio (a confrontar com o texto de Aristóteles que citei mais acima: *Metafísica*, Λ, 7, 1072a, 26-30), e Freud, *Malaise dans la civilisation* [*O mal-estar na civilização*] (especialmente pp. 106-7 da trad. fr., PUF, 1971).

vá-lo com determinação: o verdadeiro não faz parte apenas do nosso campo, pois ele contém todos, por conseguinte não poderíamos contar com ele (como ainda faziam Condorcet ou Lênin) para assegurar nossa vitória. Sobre quem? Sobre nós mesmos, e é o que sabem os homens de ação. Nenhum niilismo, portanto: nem tudo se equivale, já que não desejamos tudo igualmente. Quem não vê a diferença entre Isabelle Adjani e uma macaca? entre a justiça e a opressão? entre a civilização e a barbárie? Tal atitude deveria no entanto desembocar numa humildade prática e, com isso, numa forma de abertura ou de tolerância. Nossos juízos de valor não decorrem de um conhecimento mas de um desejo, ou antes, de diferentes desejos (conflitantes, às vezes), na historicidade das suas determinações. Ninguém, em matéria de valores, pode portanto pretender *ter razão*, nem que seus adversários não a tenham. Irracionalismo? Nada disso: nossos valores também podem ser objetos de conhecimento, como mostram nossas ciências humanas. Mas não há nada a conhecer nelas, senão o desejo, histórica e socialmente determinado, que nelas atua ou se exprime. Elas são racionais, sem dúvida, não mais porém que seus contrários: o ódio tem suas causas, tanto quanto o amor. Elas podem ser razoáveis, já que a razão pode ser um valor, para quem a ama, e é mesmo, já que a amamos. Mas a razão não se ama a si, como tampouco o conhecimento prescreve que se deve conhecer. Se a verdade se amasse a si, ela seria Deus. Se a razão se quisesse a si, ela seria Deus. Nossos valores nos separam dela, no mesmo movimento que os separa da verdade. É o que podemos chamar de relativismo, pelo que Montaigne é novamente o primeiro – e o maior talvez – dos modernos. O que é verdade para o conhecimento também é para a ação ou o juízo: não podemos nos autorizar nenhuma relação absoluta (nem teórica nem prática) com o absoluto. Azar dos fanáticos, azar dos dogmáticos. Nossos valores são apenas humanos: o desejo também não é Deus.

Não obstante, se o que vale é o que amamos, a verdade sempre pode ser um valor – pelo menos para os que amam a verdade! Isso leva à minha terceira idéia, ao meu terceiro divórcio. Amar a Deus, se nele cremos, era amar a Verdade que nos amava – e a verdade era, assim, tanto mais amável quanto a sabíamos infinitamente amante! Daí uma história de amor entre a verdade e nós, um amor feliz, um amor compartilhado (era o que se acreditava, felizes deles!). Essa história de amor, esse par estranho, um pouco difícil às vezes, mas tão forte, tão unido, para o melhor e para o pior, de fato, é o que se chamou de Ocidente, pelo menos é a forma que ele adquiriu para nós e que fez nossa grandeza, bem como vários dos nossos limites. Mas eis que Deus morre, em outras palavras, que a verdade, sem se abolir (como poderia?), cessa de se fazer passar por amante: eis que nos anunciam, não que não há mais verdade, como seria possível?, mas que a verdade não nos ama, nem se ama a si mesma – que a verdade é indiferente a tudo, isto é, a ela própria! É o terceiro divórcio: o divórcio entre o amor e a verdade. Ele, é claro, está ligado ao precedente. O inteligível e o desejável, como dizia Aristóteles, deixaram de ser idênticos: conhecer não é amar; amar não é conhecer. Quantas verdades odiosas! Quantos erros amáveis! Por que o amor seria mais verdadeiro que o ódio? Por que a verdade seria mais amável que a mentira ou a ilusão? Vejam Nietzsche. Vejam Mallarmé. Abre-se novamente aí um abismo, que funda nossa modernidade espiritual: nem mesmo a verdade é Deus! Eis-nos na situação do marido idoso que, depois de toda uma vida de amor compartilhado, de toda uma felicidade a dois, pelo menos era o que ele acreditava, descobre, não que ela não o ama mais, o que pelo menos deixaria o passado intacto e talvez alguma chance para o futuro, mas que ela nunca o amou, que nunca o amará! O que ele vai fazer? Esquecê-la, passar a odiá-la, como se ela não existisse? Ou amá-la, apesar de tudo? Mesmo sozinho, mesmo de longe, mesmo sem esperança? É o nosso problema, em que se joga a espiritualidade do nosso tempo. Somos esse marido idoso cujo sonho se desfez: eis-nos viúvos de Deus e cornos da verdade, ou antes (porque a verdade não ama nenhum outro), viúvos de Deus e desamparados, abandonados, como que ignorados, é o cúmulo, pela própria verdade que amávamos e que acreditávamos conhecer! Que vamos fazer? Vamos esquecer, por nossa vez, essa verdade esquecidiça? Vamos negar sua existência, para puni-la por não nos amar (ouvi um dia uma criança manifestar assim sua raiva contra outra: "*você nem existe!*")? Vamos detestá-la? desprezá-la? Vamos nos encerrar no amargor e no ressentimento? Afogar-nos no niilismo e na sofística? Ou saberemos encontrar em nós alegria bastante – amor bastante – para amar a verdade apesar de tudo, ainda que ela não corresponda às nossas esperanças (Renan: "é possível que a verdade seja triste"), ainda que ela não nos ame, ainda que ela seja, como creio, indiferente ao nosso amor e a si? Saberemos aprender a amá-la sem retorno, com um amor não correspondido, um amor desinteressado, a amar em pura perda, a amar solitariamente, desesperadamente?

Compreendam-me bem: eu preferiria que não fosse necessário. Quem não prefere ser amado? Quem não gostaria que o amor fosse a própria verdade? Quem não desejaria que o amor fosse eterno como a verdade, universal como a verdade, invencível como a verdade? Quem não esperaria, como diz *O cântico dos cânticos*, que o amor fosse mais forte que a morte? Sim: é o desejo de todos nós, e é isso que faz da religião, como bem viu Freud, uma ilusão[19]. Sou como vocês: se dependesse de mim, eu preferiria, é claro, que Deus existisse (em todo caso, este Deus: o Deus de amor e de verdade). Mas isso não depende de mim, nem de vocês, e essa preferência que sentimos, longe de dar razão à religião, deve antes nos incitar à desconfiança: uma crença que corresponde a esse ponto a nossos desejos mais fortes, a nossos desejos mais loucos, como não seria suspeita? "Seria certamente lindo se houvesse um Deus criador e uma Providência cheia de bondade", escreve Freud, "uma ordem moral do universo e uma vida futura, mas é muito curioso que tudo isso seja exatamente o que poderíamos desejar para nós mesmos."[20] Daí como que uma humildade existencial. Somos amáveis a tal ponto que é necessário um Deus para nos criar? que a própria verdade deve se regozijar com a nossa existência? que ela deve nos cumular de atenções? nos amar? nos salvar? Podemos esperar que sim, claro. Mas a esperança não é um argumento, e é isso que o ateísmo significa.

Interrogamo-nos sobre a realidade última, sobre o ser em si, sobre o *real velado* dos físicos... O importante, a meu ver, não é tanto sua constituição física (ondas ou corpúsculos? substância ou energia?), nem mesmo seu estatuto on-

---

19. *L'avenir d'une illusion*, VI, trad. fr., PUF, reed. 1976, pp. 43-7. Ver também *supra* "A ilusão, a verdade e o carpete de Woody Allen", especialmente pp. 15-7.
20. *Op. cit.*, p. 47.

tológico (matéria ou pensamento? realidade ou ilusão?). O importante seria saber se essa realidade última está do lado do amor, da consciência e da vida – caso em que estamos na religião –, ou se está do lado da indiferença, da inconsciência e da morte – caso em que estamos no ateísmo e no desespero. Esse saber nos faz falta, e definitivamente. É por isso que a questão é filosófica: vale dizer que ela se coloca a todos, tanto aos físicos como a mim. Minha resposta, vocês já compreenderam, está no oposto do que todos nós esperaríamos. Por pessimismo? Digamos antes por me recusar a crer no que espero quando nada, na realidade, me parece ir nesse sentido. O universo é claramente indiferente aos nossos desejos: por que deveria ele satisfazê-los? O verdadeiro não tem nada a ver com as nossas esperanças: por que deveria ele, por fim, confirmá-las? Não vamos fazer da verdade um ídolo, que faria todas as nossas vontades. Nem um Pai, que nos protegeria. Nem uma mãe (uma *boa* mãe!), que nos consolaria. *"Meu Deus, meu Deus, por que me abandonaste?"* É que ele não é um Pai, é que ele não é um Deus. O que pode a verdade contra a morte, se a morte também é verdadeira? O que pode a verdade contra o sofrimento, se o sofrimento também é verdadeiro? O que pode a verdade contra o real, se ela é esse real mesmo? A verdade sem a caridade não é Deus, dizia mais ou menos Pascal[21]: é por isso que o Deus de Espinosa não é um Deus, é por isso que a natureza não é Deus, é por isso que o real não é Deus – e é por isso que Deus, sem dúvida, não existe.

Deve-se por isso renunciar a amar a verdade? a amar o amor? Quem quiser experimentar, que experimente! De mi-

---

21. *Pensamentos*, 926-582.

nha parte, eu não desejo nem sou capaz. Aliás, não vejo que pensamento seria possível sem o amor à verdade. Nem que humanidade, sem o amor ao amor. Nem por que necessitaríamos de um Deus para amar uma ou outra. Simplesmente, devemos aprender a amá-las sem confundi-las, sem pedir à verdade que seja amor, sem pedir ao amor que seja a própria verdade, quero dizer, sem lhe pedir outra verdade que não aquela, frágil e incerta, que ele às vezes encontra em nós, contanto que encontremos um pouco de alegria, às vezes, no conhecimento ou no encontro; em outras palavras, um pouco de amor, apesar de tudo, em nosso coração ou em nossa alma[22], um pouco de paz na nossa angústia, um pouco de felicidade, quem sabe, na nossa vida. Por que não? Desde quando é preciso ser amado para aceitar amar? Foi isso que vocês leram nos Evangelhos? Foi isso que a vida nos ensinou? que o amor ensinou a vocês? que a verdade ensinou a vocês? O amor é uma alegria[23], e a única: a verdade só é alegre para quem ama conhecer; só é triste para quem fracassa em amar.

Não há portanto, é claro, que escolher entre o conhecimento e o amor. Amar e conhecer são duas coisas diferentes, mas não incompatíveis e nem sempre separadas: o desejo de verdade pode encontrar a verdade do desejo, como se vê em Freud, o conhecimento do amor pode confortar o amor ao conhecimento, como se vê em Espinosa. E, sem dúvida, preferiríamos – sendo o bem e o verdadeiro tidos como inseparáveis – que bastasse conhecer para amar ou amar para conhecer. Mas não é assim (com o que nossa experiência, sem provar, é claro, o que quer que seja,

---

22. Espinosa, *Ética*, III, def. 6 dos afetos: "O amor é uma alegria acompanhada pela idéia de uma causa externa."
23. *Ibid.*

dá razão ao ateísmo), e é por isso que os dois são necessários, um não podendo substituir o outro e não podendo se unir de outro modo que em nós, contanto que amemos o verdadeiro, contanto que conheçamos o amor. Que isso seja pouco, que esperávamos outra coisa (a conjunção do verdadeiro e do bem, da verdade e do amor), concordo evidentemente – senão, como teria falado em desespero? Mas não se trata de esperar: trata-se de viver, e azar o nosso se é difícil.

Três divórcios, portanto: o divórcio entre conhecimento e verdade; o divórcio entre valor e verdade; enfim, o divórcio entre amor e verdade. A ciência não é Deus, a história não é Deus – tampouco (já que são disjuntos e que Deus seria sua conjunção) a verdade ou o amor. Disjunção das ordens: conhecer não é amar, amar não é conhecer. É o que condena o pensamento ao desespero e a vida ao trágico. Mas ambos só são dolorosos para quem não consegue aceitá-los – e a dor tampouco é um argumento. "O mundo não é um quarto de criança", dizia Freud. "Esta Terra", dizia Alain, "não nos prometeu nada." Quanto ao resto, vimos que isso não impede de amar a verdade, nem de conhecer o amor. Embora uma e outro sejam disjuntos, não são portanto desprovidos de uma relação ou de uma articulação possíveis: o amor faz parte da verdade (se é verdade que nós amamos) e pode tê-la por objeto (se amamos o verdadeiro). O amor e a verdade não são dois mundos diferentes, mas um só, ou antes, a verdade é o próprio mundo, o próprio universo, e é por isso que estamos sempre na verdade, ainda que o ignoremos, e é por isso que o amor também é verdadeiro, contanto – porém não mais que isso! – que ele esteja em nós e que amemos de verdade.

O desespero ou a irreligião não nos condenam portanto à esquizofrenia: se desejo e verdade são disjuntos, como creio, eles se reúnem em nós, ou antes, nós somos (*eros* e *lógos*!) essa reunião mesma. Quer isso dizer que o homem é Deus? Claro que não, porque o homem vai morrer, porque só tem acesso indireto à verdade que o contém (sim: exilado no Reino!), já que não sabe amar, ou tão pouco, ou tão mal. Finitude, solidão: é nossa sina. Nada autoriza porém a pensar que ela supera nossas forças, e aliás já estamos neste barco, como diz Pascal, e não podemos escolher nem não ter nascido nem ser imortais. Por que haveríamos que apostar, e o quê? "O contrário do jogo não é o sério, mas a realidade", dizia Freud[24]. Como poderíamos ganhar outra coisa e para quê? O conhecimento basta; o amor basta – e azar o nosso se a coragem não basta.

"Em toda vida", escreve François George, "mais cedo ou mais tarde, a cruz emerge um dia do nevoeiro das ilusões, só nos resta então carregá-la, agarrar-nos a ela, e azar o nosso se não tivermos fé."[25] É o gênero de frase que gostamos de ler da pena de um amigo, como é o caso: logo não estamos tão solitários, ou pelo menos nossa solidão não nos impede de nos encontrar às vezes, no canto de uma frase ou de um silêncio, e de comungar nessa verdade amarga e doce que é nossa vida, nossa pobre vida de amantes e de mortais! A fé se foi; a esperança se foi. Estamos por isso condenados? Poderíamos dizer igualmente que já estamos no Reino, onde, segundo o próprio santo Agostinho, a fé e a esperança não têm mais por quê (como

---

24. "La création littéraire et le rêve éveillé", *Essais de psychanalyse appliquée*, trad. fr., "Idées"/Gallimard, reed. 1980, p. 70.
25. *La traversée du désert de Mauriac*, Quimper, Calligrammes, 1990, p. 89.

acreditar em Deus quando se *é* Deus? como esperar quando não falta nada?), de modo que das três virtudes teologais, explica santo Agostinho depois de são Paulo e antes de são Tomás[26], a caridade é a única que não cessará: no Reino não haverá mais fé, não haverá mais esperança, no Reino só restará a caridade (que "põe sua alegria na verdade", dizia são Paulo), no Reino só restará o amor!

Assim estamos nós. Nada nos é prometido, nada nos espera, nada nos chama. Se já estamos no verdadeiro (não porque o conheceríamos totalmente, mas porque ele contém a todos nós!), já estamos no Reino, e não há nada mais a esperar. Já condenados? já salvos? Por que haveríamos que escolher, e é possível? "O caminho ascendente descendente é um só e o mesmo", dizia Heráclito[27]. É o caminho de viver, ou a própria vida como caminho. *Hic Rhodus, hic salta...* Não escolhemos nem nosso mundo nem nossa época. A fé se foi, resta a fidelidade. A esperança se foi, resta a coragem. Disse muitas vezes que a fidelidade é o que resta da fé quando a perdemos. A pretexto de que não cremos mais em Deus, vamos porventura renunciar aos valores que de fato se constituíram e se transmitiram através do

---

26. Ver são Paulo, *Epístola aos romanos*, 8, 24, e principalmente a *Primeira epístola aos coríntios*, 13, assim como santo Agostinho, *Solilóquios*, I, 7 (*Soliloques*, trad. fr. Pellissier, Paris, Hachette, 1853, pp. 85-6) e Sermão 158, 9 (*Oeuvres complètes*, Éd. Raulx, tomo VII, Bar-le-Duc, 1868, p. 44). São Tomás insiste também no fato de que "não pode haver no céu virtude de esperança": "a esperança, assim como a fé, desaparece na pátria, e os Bem-Aventurados não podem possuir nenhuma dessas duas virtudes" (*Suma teológica*, IIa IIae, qu. 18, art. 2). É o que confirma eminentemente o exemplo de Cristo: "Houve em Cristo uma caridade perfeita. Não houve porém nem fé nem esperança" (Ia IIae, qu. 65, art. 5; ver também Ch.-A. Bernard, S.J., *Théologie de l'espérance selon saint Thomas d'Aquin*, Paris, Vrin, 1961, pp. 160-2). Lembremos que as três virtudes teologais são a fé, a esperança e a caridade.

27. Frag. 118 (D.K. 60), trad. fr. Marcel Conche, PUF, 1986, p. 408.

monoteísmo (é claro que não foi por acaso: Deus tem de ser o mesmo para todos, assim como a verdade é a mesma para todos), quando esses valores, longe de necessitarem da fé, nos convidam hoje – por amor à verdade, por amor ao amor – a prescindir dela? A coragem também, diria eu com prazer, é o que resta da esperança quando ela nos deixou, quando ela é impossível ou supérflua. A pretexto de que nada nos é prometido (salvo a morte, que não é nada), vamos renunciar a viver, a conhecer, a amar? A ciência não é Deus, a história não é Deus, o homem não é Deus. Mas a ciência continua, e a história, e os homens. Cabe a nós ver se somos capazes de nos *contentar* com ela, no sentido mais forte do termo, se amamos o bastante o verdadeiro para poder amá-lo em pura perda – na puríssima perda do amor! –, para, em outras palavras, podermos prescindir da esperança e do consolo: para podermos prescindir da religião.

O verdadeiro? É tudo o que se oferece ao nosso conhecimento, mesmo que aproximativo, e ao nosso amor, mesmo que solitário e limitado. Esta pedra, esta árvore, esta pessoa... Estamos na verdade, sempre, quer a conheçamos, quer não. Mas no amor, somente contanto que dele sejamos capazes.

É o que chamo de a verdade do Calvário, em que, para mim, o cristianismo culmina, ao mesmo tempo que se detém, e em que nossa história começa, ao mesmo tempo que continua. Deus nos abandonou: só resta a verdade, só resta o amor – e nós, na encruzilhada dos dois, como que supliciados por seu distanciamento, como que salvos por seu encontro.

Índice analítico

Preâmbulo 9

1. A ilusão, a verdade e o carpete de Woody Allen (Divertimento) 13
   Erro e ilusão; a ilusão no sentido de Kant e no sentido de Freud; ilusão e valor: que todos os nossos valores são ilusões; o valor em Epicuro e em Espinosa; o carpete de Woody Allen: "E se tudo não passasse de ilusão?"; a tentação niilista; o cômico e o sentido; valor e verdade.

2. A vontade cínica (Virtude e democracia) 35
   Três maneiras de pensar a relação entre o valor e a verdade: dogmatismo, sofística ou cinismo; Diógenes e Maquiavel; a vontade, princípio de todo valor; cinismo e sofística; o relativismo; valor, desejo e verdade: Espinosa; o *livrão* de Wittgenstein; o círculo virtuoso; o amor: Cristo como cínico; virtude, democracia e verdade.

3. Montaigne cínico? (Valor e verdade nos *Ensaios*) ... 75
   Estoicismo, ceticismo e epicurismo em Montaigne; que, de um ponto de vista teórico, o ceticismo

prevalece; valor e verdade: o dogmatismo prático e sua crítica nos *Ensaios*; relativismo e racionalismo de Montaigne; sua rejeição do niilismo; que o epicurismo prevalece na prática; Montaigne e os cínicos; a consciência e as leis; que Montaigne não é *decisionista*; a fidelidade e a obediência; cristianismo e humanismo em Montaigne; a importância da educação; que Montaigne rejeita o dogmatismo prático tanto quanto o niilismo ou a sofística; que o cinismo de Montaigne é um cinismo ao mesmo tempo generalizado e moderado; o problema do fundamento da moral: relativismo e racionalismo nos *Ensaios*.

4. A alma-máquina ou de que o corpo é capaz 145
A união da alma e do corpo: dualismo ou monismo; materialismo e conhecimento; o *cogito* e a circularidade cartesiana; que nenhuma certeza absoluta é compatível com o materialismo: todo materialismo dogmático é contraditório ou circular; materialismo e ceticismo; materialismo e moral; que o materialismo é incompatível com o dogmatismo prático; o problema do livre-arbítrio; que o materialismo exclui toda moral absoluta, mas é compatível com uma moral relativa e com uma ética; materialismo e filosofia; verdade e valor; a felicidade.

5. Progressismo e revolução (1789-1917) 179
Progresso e progressismo; o modelo do progresso científico; Condorcet e a "matemática social"; Lênin e o materialismo histórico; o dogmatismo prático e seus perigos; materialismo e cinismo; progressismo e vontade.

6. Uma política do pior? (O socialismo entre conservadorismo e utopia) 201
Em que sentido emprego a expressão "política do pior"; crítica da utopia; o marxismo e o liberalismo: dois otimismos; idealismo e dogmatismo prático; uma política do pior: voluntarismo e cinismo; conservação e transformação; dois exemplos; desesperar do melhor sem se resignar ao pior: a ação.

7. Poder e saber (A propósito dos médicos, da tirania e do ridículo) 221
O chanceler e os médicos segundo Pascal: poder, saber e imaginação; os dois sentidos da palavra "poder": *poder de* e *poder sobre*; a confusão das ordens: o ridículo e a tirania; saber e poder: o poder médico; o círculo do poder; a democracia, a ciência e a moral; Alain e Pascal: obediência e liberdade de espírito; o trágico e a responsabilidade.

8. Moral ou ética? 251
Duas definições; um critério de distinção; moral e ilusão: Freud, Marx e Althusser; moral e humanismo; o amor e a lei: que não há que optar entre a moral e a ética; Espinosa, Kant e Cristo; que só necessitamos da moral se falta o amor; o sábio e o santo; a moral como aparência e como exigência.

9. O capitalismo é moral? (Sobre o problema dos limites e da distinção das ordens) 281
Triunfo e derrelição do capitalismo; o problema dos valores; retorno da moral e moda da ética; a distinção das ordens: a ordem tecnocientífica, a ordem jurídico-política, a ordem da moral, a ordem do amor;

o angelismo como tirania do superior; a barbárie como tirania do inferior; política, economia e moral; o bezerro de ouro; primado e primazia; o amor e a coragem.

10. Humano, nunca humano demais (Humanismo prático e anti-humanismo teórico)................ 307

O humanismo prático: o que queremos para o homem; o anti-humanismo teórico: o que sabemos do homem não permite fazer dele um princípio, uma moral ou um valor; Kant; o anti-humanismo no século XVII: Pascal; humanismo e anti-humanismo em Montaigne; o "modelo da natureza humana" em Espinosa; resistir à morte, à ilusão e à barbárie.

11. O universal, singularmente........................ 329

A Europa, pátria do universal: Atenas, Jerusalém e Roma; monoteísmo e cientificidade; grandeza e perigos do universalismo; o problema do etnocentrismo; os dois universais: universal teórico e universal prático; todas as culturas se equivalem?; o universalizável; moral e política: a idéia de República.

12. A verdade e nós 355

Verdade e conhecimento: que elas não poderiam se confundir; valor e verdade: sua conjunção na religião, no cientificismo e no historicismo; sua separação no ateísmo e na modernidade; o amor e a verdade: que a verdade não é Deus; amar a verdade sem esperança de ser correspondido; as três virtudes teologais: a fé, a esperança e a caridade; a fidelidade e a coragem; a verdade do Calvário.